중학교 진로교육의 실제

한국생애개발상담학회
진로진학상담총서 08

중학교 진로교육의 실제

2018년 3월 2일 초판 1쇄 발행
2023년 5월 1일 초판 2쇄 발행

지은이 허은영 · 김덕경
펴낸이 권현준
펴낸곳 ㈜사회평론아카데미

편집 임현규 · 장원정
디자인 김진운
마케팅 김현주

등록번호 2013-000247(2013년 8월 23일)
전화 02-326-1545
팩스 02-326-1626
주소 03978 서울특별시 마포구 월드컵북로6길 56
홈페이지 www.sapyoung.com
이메일 academy@sapyoung.com

ISBN 979-11-88108-54-1

중학교 진로교육의 실제

허은영 · 김덕경 지음

사회평론아카데미

차례

서문

    학교 진로교육의 핵심 인력이라고 할 수 있는 진로진학상담교사가 현장에 배치된 지도 벌써 7년째를 맞고 있다. 그리고 그 양성을 위한 제도로서 작년 교육대학원에 진로진학상담 전공이 개설되어 좀 더 체계적인 교육과정을 통해 진로진학상담교사를 배출하게 되었다.

    하지만 현재 진로진학상담교사의 대학원 교육과정 교재는 턱없이 부족한 편이고 현장 진로교육의 생생한 모습을 다루는 교재는 더욱 찾아보기 힘든 실정이다. 이에 중학교 현장에서 진로진학상담교사가 해야 하는 구체적인 역할을 중심으로 진로교육의 현황과 직무를 담은 이 책『중학교 진로교육의 실제』를 출간하게 되었다. 또한 학교 진로교육이 단지 진로진학상담교사만의 직무가 아니라 현장에서 학생을 가르치는 모든 교사의 직무라는 점을 고려한다면(교사가 매년 치러야 하는 교원능력개발평가에 진로교육 관련 평가 문항이 포함된다) 이 책은 모든 교사에게 필요한 책이라고 감히 자부한다. 특히 사범대의 커리큘럼에 포함되어야 함에도 불구하고 그렇지 못하여 진로교육에 대해 제대로 배우지 못하고 현장에 배치되는 신규 또는 저경력 교사에게도 권하고 싶다.

    이 책은 총 12장으로 구성되어 있다. 1장 중학교 진로교육의 목표에서는 2015 개정 교육과정 학교 진로교육 성취기준을 중심으로 진로교육의 목표를 세부적으로 다루고 있다. 2장 중학생 진로발달에서는 중학교의 진로발달 특성을 좀 더 현실적으로 살펴보기 위해 교육부에서 매년 실시하고 있는 진로교육 현황조사 자료를 중심으로 서술하였다. 3장 중학생용 심리검사에서는 심리검사 현황과 함께 심리검사를 실시하는 세부 절차 및 질적인 진로 심리를 알아볼 수 있는 직업카드 분류까지 다루고 있다. 4장 중학생용 진로정보에서는 중학생들의 진로교육에서 활용할 수 있는 주요 진로정보 및 절차 그리고 사후활동을 소개하였고, 5장 교과통합 진로교육에서는 교과통합 진로교육의 개념, 방법, 효과 및 각 교과별 사례를 상세하게 안내하였다. 6장 진로와 직업 교과 운영에서는 진로와 직업 교과에서 활용할 수 있는 다양한 교수학습 방법 및 평가를 논의하였고, 7장 동아리활동과 연계한 진로교육에서는 동아리활동과 연계한 진로교육의 효과 및 방법, 다양한 사례를 안내함으로써 교사가 쉽게 현장에 적용하는 데 도움이 되도록 구성하였다. 8장 진로상담 절차 및 방법에서는 진로발달 유형별로 학생을 진단하고 그 결과에 따라 학생을 상담할 수 있는 절차를 소개하였고, 9장 호소문제에 따른 진로상담 사례에서는 학생들이 주로 호소하는 진로 문제를 유형화하고 유형별 사례에 대하여 사이버상담 양식을 활용하여 구체적인 답변을 제공하고 있다. 10장 학부모 진로상담 및 교육에서는 학부모들이 자녀의 진로지도를 함에 있어 가져야 하는 태도 및 정보와 함께 관련 진로상담 사례를 제시하였다. 11장 진로체험 개요 및 유형에서는 진로체험의 효과 및 운영 절차, 교육부에서 제시한 진로체험 유형 및 활동 내용을 다루었고, 12장 유형별 진로체험과 안전지도에서는 유형별 진로체험의 관련 양식을 포함하여 세부적인 내용 및 진로체험에서 가장 중요하다고 할 수 있는 안전지도의 내용을 안내하였다.

끝으로 이 책을 읽는 독자에게 다음의 세 가지를 부탁하고 싶다.

첫째, 본 단행본은 일반적인 진로교육과 관련하여 학교 여건과 담당자의 역할을 중심으로 서술하였기 때문에 단위 학교의 실제 환경과 담당자의 철학 및 역량에 따라 그 구체적인 모습은 달라질 수 있다. 따라서 독자가 이 책을 현장에 적용할 때 학교의 현황과 독자의 역량을 최대한 고려하여 현장 밀착형 진로지도 계획을 디자인하시기 바란다.

둘째, 진로교육과 관련된 사항들은 현재 교육 현장에서 가장 관심을 모으고 있는 영역이고 또한 사회 변화에 따라 빠르게 진화하고 그 결과가 반영되는 추세에 있다. 따라서 이 책에 담은 정보 중 적지 않은 부분이 앞으로 달라질 수 있다는 점을 간과하지 마시기 바란다. 이 책을 활용함에 있어 바뀔 수 있는 정보는 반드시 최종 단계에서 확인하고 적용하시기 바란다.

셋째, 이 책의 경우 기획 단계에서 정해진 책 분량이 있었기 때문에 소개하고 싶은 주제의 내용을 저자들의 욕심만큼 담아낼 수 없었다. 이에 따라 당연히 아쉬움이 있을 것으로 예상하며 독자들의 양해를 바란다. 이 책을 바탕으로 진로교육을 진행할 때 더 상세한 내용이 필요하다면 책에서 소개하고 있는 참고 자료 및 홈페이지 등을 최대한 활용하시기 바란다.

2018년 2월
저자 일동

1장

중학교 진로교육 목표

허은영

2015 개정 교육과정에서 제시된 학교 진로교육 목표 및 학교급별(초등학교, 중학교, 일반고등학교)의 진로교육 목표는 아래와 같다.

1) 학교 진로교육의 목표

> 학생 자신의 진로를 창의적으로 개발하고 지속적으로 발전시켜 성숙한 민주 시민으로서 행복한 삶을 살아갈 수 있는 역량을 기른다.

- 첫째, 긍정적 자아개념을 형성하고 소질과 적성에 대하여 정확하고 객관적으로 이해하며 타인과 적절하게 관계를 맺고 소통할 수 있는 역량을 기른다.
- 둘째, 일과 직업의 중요성과 가치, 직업세계의 다양성과 변화를 이해하고 건강한 직업의식을 배양한다.
- 셋째, 자신의 진로와 관련된 교육 기회 및 직업정보를 적극적이고 체계적으로 탐색하고 체험하며 활용하는 역량을 기른다.
- 넷째, 자기이해와 다양한 진로탐색을 바탕으로 자신의 진로를 창의적으로 설계하고 적절한 계획을 수립하고 준비하는 역량을 기른다.

2) 초등학교 진로교육의 목표

> 자신과 일에 대한 이해와 긍정적 가치를 형성하고 다양한 진로탐색과 체험을 바탕으로 자신의 꿈을 찾고 진로를 설계할 수 있는 진로개발역량의 기초를 배양한다.

- 긍정적 자아개념을 형성하고 자신의 흥미와 적성을 탐색하며 타인을 배려하고 의사소통하는 역량의 기초를 기른다.
- 일과 직업의 의미와 역할, 직업세계의 다양성과 변화를 이해하고 일에 대한 긍정적이고 개방적인 태도를 형성한다.
- 진로에서 학습의 중요성을 이해하고 바른 학습 태도를 가지며 다양한 방법과 체험을 통해 직업정보를 탐색하는 능력을 키운다.
- 자기이해와 다양한 진로탐색을 바탕으로 자신의 진로를 설계하고 계획할 수 있는 기초적인 의사결정과 계획수립 역량을 기른다.

3) 중학교 진로교육의 목표

> 초등학교에서 함양한 진로개발역량의 기초를 발전시키고, 다양한 직업세계와 교육 기회를 탐색하여 중학교 생활 및 이후의 진로를 설계하고 준비한다.

- 긍정적 자아개념을 강화하고 자신의 특성에 대한 이해의 폭을 넓히며 다양한 사회적 관계에서의 대인관계능력 및 의사소통역량을 발전시킨다.
- 직업세계의 다양함과 역동적인 변화의 모습을 이해하고 직업에 대한 건강한 가치관과 진취적 태도를 갖춘다.

- 다양한 정보원을 활용하여 중학교 이후의 교육 및 직업정보를 파악하고, 관심 분야의 진로경로를 탐색하는 역량을 기른다.
- 자신에게 적합한 진로목표를 수립하고, 중학교 이후의 진로를 다양하고 창의적으로 설계하고 실천하기 위한 역량을 기른다.

4) 일반고등학교 진로교육의 목표

> 미래 직업세계 변화에 대한 이해를 바탕으로 자신의 진로목표를 세우고 구체적인 정보 탐색을 통해 고등학교 이후의 진로계획을 수립하고 실천하기 위한 역량을 개발한다.

- 자신에 대한 종합적인 이해를 통해 긍정적인 자아정체감을 형성하고 직업생활에 필요한 대인관계 및 의사소통역량을 발전시킨다.
- 미래 직업세계의 변화가 자신의 진로에 미치는 영향을 파악하여 대비하는 역량을 기르고 건강한 직업의식과 태도를 갖춘다.
- 자신의 관심 직업, 전공, 고등교육 기회에 대한 구체적인 정보를 탐색하고 활용하는 역량을 기른다.
- 자신의 진로목표를 바탕으로 고등학교 이후 진로에 대하여 체계적인 계획을 수립하고 상황 변화에 대응하는 역량을 기른다.

1) 2015 개정 교육과정 진로교육 체계(대영역과 중영역)

2015 개정 교육과정 학교 진로교육 목표 및 성취기준의 기본 체계는 4개의 대영역으로 구성되어 있다. 대영역은 각각 2개씩의 중영역으로 나누어지는데 그것을 표로 제시하면 아래와 같다.

대영역	중영역
I. 자아이해와 사회적 역량 개발	1. 자아이해 및 긍정적 자아개념 형성
	2. 대인관계 및 의사소통역량 개발
II. 일과 직업세계 이해	1. 변화하는 직업세계 이해
	2. 건강한 직업의식 형성
III. 진로탐색	1. 교육 기회의 탐색
	2. 직업정보의 탐색
IV. 진로 디자인과 준비	1. 진로의사결정 능력 개발
	2. 진로 설계와 준비

대영역의 순서는 진로교육의 절차와도 깊은 관계가 있다고 볼 수 있다. 대영역을 중심으로 한 진로교육의 절차 및 각 대영역의 소영역들이 어떤 논리로 구성되어 있는지를 살펴보면 아래와 같다.

진로교육을 할 때 가장 먼저 출발해야 하는 것은 자아이해와 사회적 역량의 개발이다. 흔히 진로교육하면 직업 소개 및 직업정보검색 등을 쉽게 떠올리는데 이보다 더 중요한 것은 자기 자신의 진로와 관련된 특성을 이해하는 자아이해이다. 그리고 성공적인 직업 생활을 위해서는 혼자만의 능력으로 되는 것이 아니라 조직 속에서 다른 사람과 원만하게 어울리고 그들과 원활한 의사소통을 해야 하기 때문에 사회적 역량 개발이 중요할 수밖에 없다.

자아이해를 통해 자신의 진로 특성을 잘 알게 되고 직업 생활에서 필요한 대인관계 능력과 의사소통역량을 길렀다면 다음으로 해야 할 일은 일과 직업세계의 이해이다. 일과 직업세계의 이해는 마치 지피지기(知彼知己)면 백전백승(百戰百勝)이라는 말에서 지기와 지피의 순서를 바꾼 것이라고 볼 수도 있다. 즉 자신을 알고 내가 헤쳐나가야 하는 대상으로서 직업세계를 잘 알면 누구보다 행복하고 성공적인 직업생활을 할 수 있다는 맥락으로 이해해 볼 수도 있다. 일과 직업세계 이해 대영역은 다시 변화하는 직업세계 이해와 건강한 직업의식으로 구성되어 있다. 이는 급변하는 세상을 가장 빨리 반영하는 영역으로서의 직업세계의 변화의 키워드를 아는 것이 무엇보다 중요한 직업세계 이해를 위해 중요하다는 점과 직업에 대한 잘못된 고정관념이나 편견에서 벗어나 건강한 직업의식이 역시 행복한 직업생활의 바탕이 된다는 점을 강조하고 있다.

세 번째 대영역 진로탐색은 두 번째 대영역인 일과 직업세계 이해의 연속선상에 있다고 볼 수 있다. 즉 직업세계 이해를 위한 기본적인 지식으로서 직업세계의 변화와 건강한 직업의식이 갖춰졌다면 이번에는 자신이 관심 있는 직업에 대해 좀 더 구체적인 정보를 갖춰야 한다는 것이다. 따라서 자신이 관심 있는 직업에 대해 막연하게 직업명만 아는 것이 아니라 그 직업에서 하는 일, 필요한 적성과 흥미, 준비 방법(학력, 자격증, 관련학과, 개설대학 등), 연봉과 전망 등 정확하고 풍부한 정보를 탐색하는 것이 합리적인 진로의사결정을 위해 다음 순서로 반드시 해야 하는 일이라는 것이다. 그런데 여기서 청소년들은 지금 당장 입직을 해야 하는 상황이 아니라 아직은 원하는 직업을 갖기 위한 준비 과정으로서 학력을 갖추는, 즉 진학을 해야 하는 시기이기 때문에 직업정보와 함께 상급학교 탐색이 중요한 주제가 될 수밖에 없다. 따라서 교육 기회의 탐색이 진로탐색의 중영역의 하나로 제시되어 있다.

이렇게 자신의 진로 특성을 이해하고(자아이해), 직업세계의 변화와 건강한 직업의식을 갖추며(직업세계 이해), 자신이 원하는 직업 및 학교, 학과에 대한 정보 탐색을 마친 후에 해야 하는 일은 바로 여러 진로대안 중에서 자신에게 가장 적합한 학교 또는 직업을 결정하는 일이다. 이것이 마지막 대영역인 진로 디자인과 준비라고 할 수 있다.

이 영역에서는 먼저 합리적 진로의사결정의 조건과 절차 등을 배운 후(진로의사결정 능력 개발) 그 목표를 이루기 위해 앞으로 해야 하는 일들을 계획하고 실천(진로 설계와 준비)하는 과정을 배우게 된다.

2) 2015 개정 교육과정 진로교육 체계(세부목표와 성취기준)

(1) 자아이해와 사회적 역량 개발

자아이해와 사회적 역량 개발 대영역과 관련된 2개의 중영역, 각 중영역별 세부목표 및 성취기준을 알아보면 아래와 같다.

대영역	중영역	세부목표	성취기준
I. 자아 이해와 사회적 역량 개발	1. 자아이해 및 긍정적 자아개념 형성	자아존중감을 발달시켜 자기효능감을 갖도록 노력한다.	진로의 의미를 알고 행복한 삶에 대해 자신의 의견을 말할 수 있다.
			자신이 가족, 친구, 주변 사람들에게 중요한 존재임을 설명할 수 있다.
			자신의 능력이나 특성, 강·약점 등을 존중할 수 있다.
			자신에게 주어진 과제와 행동을 성공적으로 수행할 수 있다는 자신감을 갖고 그런 예를 설명할 수 있다.
		자신의 흥미, 적성, 성격, 가치관 등 다양한 특성을 탐색한다.	다양한 방법으로 자신의 직업흥미와 적성을 탐색할 수 있다.
			다양한 방법으로 자신의 성격과 가치를 탐색할 수 있다.
			자신의 여러 가지 특성을 종합하여 설명할 수 있다.
	2. 대인관계 및 의사 소통역량 개발	대인관계의 중요성을 이해하고 대상과 상황에 맞는 대인관계 능력을 함양한다.	대인관계의 중요성을 이해하고, 가족, 친구, 선생님, 이웃 등 주변 사람들과 적절한 관계를 맺을 수 있다.
			다른 생각, 감정, 문화를 가진 사람을 존중하는 태도를 기를 수 있다.
			진로체험 과정에서 만나는 사람들을 존중하고 배려하는 태도를 지닐 수 있다.
		사회생활에서 의사소통의 중요성을 이해하고 효과적인 의사소통 방법을 이해하고 활용한다.	사회생활에서 팀워크와 의사소통의 중요성을 이해할 수 있다.
			경청, 질문, 설득 등을 상황에 맞게 활용하여 효과적으로 의사소통할 수 있다.

먼저 자기이해 영역에서는 자아존중감이 포함되어 있는데, 이는 적성과 흥미, 가치관과 같은 자기이해를 하고 싶은 동기를 갖기 위해서는 먼저 자신을 가치 있고 소중한 존재라고 여기는 자아존중감이 바탕이 되어야 하기 때문이다. 간단하게 생각해서 '자신이 소중하고 귀하다'라는 자아개념이 부족하다면, 즉 '나는 쓸모없다. 그러니까 아무렇게나 살겠다' 등으로 생각하는 사람이 자신의 미래를 위해 적성, 흥미, 가치관 등의 진로 특성을 파악하는 데 성실하고 진지하게 참여하기는 어렵다는 것이다. 그리고 대인관계능력과 의사소통능력이 포함되어 있다는 점도 눈여겨 볼 필요가 있다. 2014년 4월 19일 취업포털 커리어가 설문조사한 결과에 따르면 응답자 가운데 74.6%(복수 응답)는 '직장의 신이란 어떤 사람인가'라는 질문에 일 잘하는 사람을 꼽았으며, 직장 내 대인관계가 좋은 사람은 49.7%로 2위였다. 한편 취업포털 사람인이 설문조사한 결과에 따르면 직장인들이 가장 동경하는 것은 '하고 싶은 말을 참지 않고 다 하는 것'(22.4%)이라고 한다. 그만큼 직장생활을 하다보면 하고 싶은 말을 다하지 못하고 참을 수밖에 없는 답답한 상황이 발생하고 그만큼 자신이 하고자 하는 말을 그저 참는 것이 아니라 다른 사람의 감정을 상하지 않게 표현하는 능력이 중요하다는 의미일 수 있다. 이 두 기사 내용을 통해 볼 때 성공적이고 행복한 직업 생활을 위해서는 업무 능력을 기르는 것도 중요하지만 대인관계능력 및 의사소통능력을 기르는 것이 매우 도움이 된다는 것을 알 수 있다. 그래서 이것들은 어떤 직업에 종사하느냐와 관계없이 모든 직업에 필요한 '직업기초능력'이라고도 한다.

여기서 직업기초능력에 대해 조금 더 알아보자. 직업능력이란 '직장에서 일을 하는 데 필요한 지식, 기술 그리고 태도로 구성된 큰 능력 집합'이라 할 수 있다. 이러한 직업능력은 두 개의 부분집합으로 구성된다. 하나가 직업기초능력이고 다른 하나가 직무수행능력이다. 직업기초능력과 직무수행능력을 구분하는 중요한 기준은 어떤 직업능력이 얼마나 넓은 직업들에 사용될 수 있는가 하는 점이다. 직업기초능력은 대부분의 직업에서 공통적으로 요구되는 직업능력인 반면 직무수행능력은 특정한 직업에서만 요구되는 직업능력이다. 예컨대 더하기, 빼기, 곱하기, 나누기와 같은 산술능력은 대부분의 직업에서 필요하기 때문에 직업기초능력이고, 뻗은 다리에 침을 놓는 능력은 한의사라는 특정한 직업에서만 요구되기 때문에 직무수행능력이다. 직업기초능력에는 의사소통능력과 대인관계능력 외에 수리능력, 문제해결능력, 자원활용능력, 정보수집능력, 기술활용능력 등이 있다.

국가직무능력표준(NCS, National Competency Standards)은 산업 현장에서 직무를 수행하기 위해 요구되는 지식·기술·태도 등의 내용을 국가가 체계화한 것이다. 이에 대해서 더 자세히 알고 싶다면 NCS 홈페이지(http://www.ncs.go.kr)에서 찾아볼 수 있다. 이 NCS를 통해 10개의 직업기초능력을 알아보면 아래 표와 같다. 직업기초능력 학습자용, 교수자용 파일은 NCS 사이트의 [자료실]-[일반자료실] 54번 '직업기초능력 파일'에 위치하고 있다. 학교에서 진로와 직업 교육과정을 구성할 때 심화학습을 해야 하는 상황에서 또는 이미 진로와 직업 교과목을 수강한 학생들에게 추가로 진로교육을 장시간 해야 할 경우 활용한다면 매우 유용할 것이다.

직업기초능력	의미
의사소통능력	업무를 수행함에 있어 글과 말을 읽고 들음으로써 다른 사람이 뜻한 바를 파악하고 자기가 뜻한 바를 글과 말을 통해 정확하게 쓰거나 말하는 능력이다.
수리능력	업무를 수행함에 있어 사칙연산, 통계, 확률의 의미를 정확하게 이해하고 이를 업무에 적용하는 능력이다.
문제해결능력	업무를 수행함에 있어 문제 상황이 발생하였을 경우, 창조적이고 논리적인 사고를 통하여 이를 올바르게 인식하고 적절히 해결하는 능력이다.
자기개발능력	업무를 추진하는 데 스스로를 관리하고 개발하는 능력이다
자원관리능력	업무를 수행하는 데 시간, 자본, 재료 및 시설, 인적자원 등의 자원 가운데 무엇이 얼마나 필요한지를 확인하고, 이용 가능한 자원을 최대한 수집하여 실제 업무에 어떻게 활용할 것인지를 계획하고, 계획대로 업무 수행에 이를 할당하는 능력이다.
대인관계능력	업무를 수행함에 있어 접촉하게 되는 사람들과 문제를 일으키지 않고 원만하게 지내는 능력이다.
정보능력	업무와 관련된 정보를 수집하고, 이를 분석하여 의미 있는 정보를 찾아내며, 의미 있는 정보를 업무 수행에 적절하도록 조직하고, 조직된 정보를 관리하며, 업무 수행에 이러한 정보를 활용하고, 이러한 제 과정에 컴퓨터를 사용하는 능력이다.
기술능력	업무를 수행함에 있어 도구, 장치 등을 포함하여 필요한 기술에는 어떠한 것들이 있는지 이해하고 실제로 업무를 수행함에 있어 적절한 기술을 선택하여 적용하는 능력이다.
조직이해능력	업무를 원활하게 수행하기 위해 국제적인 추세를 포함하여 조직의 체제와 경영에 대해 이해하는 능력이다.
직업윤리	업무를 수행함에 있어 원만한 직업생활을 위해 필요한 태도, 매너, 올바른 직업관이다.

(2) 일과 직업세계 이해

일과 직업세계 이해 대영역과 관련된 2개의 중영역, 각 중영역별 세부목표 및 성취기준을 알아보면 아래와 같다.

대영역	중영역	세부목표	성취기준
II. 일과 직업 세계 이해	1. 변화하는 직업세계 이해	직업의 역할을 알고 다양한 종류의 직업을 탐색한다.	직업의 개인적 · 사회적 역할을 설명할 수 있다.
			다양한 직업을 분야별로 분류하고 각 직업이 하는 일을 설명할 수 있다.
		사회변화에 따른 직업세계의 변화를 탐색한다.	다양한 사회변화가 직업세계에 미치는 영향을 이해할 수 있다.
			사회적 변화에 따라 새롭게 등장한 직업과 사라진 직업에 대해 설명할 수 있다.
			10년 후에 나타날 새로운 직업이나 일의 유형을 상상할 수 있다.
		창업과 창직의 의미를 이해하고 관련 모의 활동을 해 본다.	다양한 진취적 역량(창의성, 협업능력, 창업가정신 및 리더십 등)들을 이해할 수 있다.
			다양한 창업과 창직 사례를 탐색할 수 있다.
			새로운 종류의 직업이나 사업을 상상하고 만드는 모의 활동을 할 수 있다.
	2. 건강한 직업의식 형성	직업선택에 영향을 주는 다양한 가치를 탐색한다.	직업이 자신에게 주는 긍정적 가치(자아실현, 보람 등)를 이해할 수 있다.
			자신이 어떠한 삶을 살고 싶은지를 관심 직업과 연결 지어 그려볼 수 있다.
		직업인으로서 가져야 할 직업윤리 및 권리를 이해한다.	직업인이 공통적으로 갖추어야 할 직업윤리를 이해할 수 있다.
			직업인의 기본적인 권리를 이해할 수 있다.
		직업에 대한 편견과 고정관념을 성찰하고 개선 방법을 찾아본다.	직업에 대한 사회의 여러 가지 편견과 고정관념을 제시하고 이에 대한 문제점을 설명할 수 있다.
			직업에 대한 편견과 고정관념을 개선하기 위한 여러 가지 노력과 방법을 탐색해 볼 수 있다.

일과 직업세계 이해 영역은 변화하는 직업세계 이해와 건강한 직업의식 형성 등 2개의 중영역으로 나뉘어 있다. 변화하는 직업세계 이해는 다시 3개의 성취지표로 구분되어 있는데 첫 번째는 직업의 역할을 알고 다양한 종류의 직업을 탐색하는 것이다. 직업의 역할에 있어서는 개인적으로는 생계유지, 자아실현 기능과 함께 사회적으로는 사회적 역할분담(사회적 기여)의 기능이 있다는 점을 주목해야 한다. 다양한 종류의 직

업을 탐색하는 것인데 고용노동부에서 제시한 한국표준직업분류는 아래와 같다. 워크넷 사이트의 직업·정보 메뉴에서 각 군의 개별 직업명 및 상세한 직업정보를 수집할 수 있다. 또한 직업 분류 방법에는 한국표준산업분류와 한국고용직업분류도 있는데 이 역시 자세한 내용을 워크넷 사이트의 직업·진로 메뉴에서 확인할 수 있다. 두 번째는 사회변화에 따른 직업세계 변화 탐색으로서 사라진 직업 및 미래에 등장할 직업을 예측해 보게 할 수 있다. 마지막으로 다루어지는 내용은 창업과 함께 새로운 직업을 만들어보는 창직으로서 창업가의 역량 및 관련 사례 탐색과 함께 체험을 통해 필요한 역량을 길러줄 수 있다. 건강한 직업의식 형성 중영역은 다시 직업을 선택할 때 중요하게 여기는 기준이나 조건을 의미하는 직업가치의 탐색, 직업인이 지켜야 할 윤리와 누려야 할 권리를 학습하는 직업 윤리 및 권리, 직업에 대한 잘못된 고정관념을 살펴보고 개선하는 건강한 직업의식의 형성 등으로 구성되어 있다.

〈한국표준산업분류〉

직업군	하위 직업군	
01. 관리자	11.공공 및 기업 고위직 13.전문서비스 관리직 15.판매 및 고객서비스 관리직	12.행정 및 경영지원 관리직 14.건설/전기 및 생산 관련 관리직
02. 전문가 및 관련 종사자	21.과학 전문가 및 관련직 23.공학 전문가 및 기술직 25.교육 전문가 및 관련직 27.경영/금융 전문가 및 관련직	22.정보통신 전문가 및 기술직 24.보건/사회복지 및 종교 관련직 26.법률 및 행정 전문직 28.문화/예술/스포츠 전문가 및 관련직
03. 사무 종사자	31.경영 및 회계 관련 사무직 33.법률 및 감사 사무직	32.금융 및 보험 사무직 39.상담/안내/통계 및 기타 사무직
04. 서비스 종사자	41.경찰/소방 및 보안 관련 서비스직 43.운송 및 여가 서비스직	42.이미용/예식 및 의료보조 서비스직 44.조리 및 음식 서비스직
05. 판매 종사자	51.영업직 53.방문/노점 및 통신 판매 관련직	52.매장 판매직
06. 농림어업 숙련 종사자	61.농/축산 숙련직 63.어업 숙련직	62.임업 숙련직

07. 기능원 및 관련 기능 종사자	71.식품가공관련 기능직 73.목재/가구/악기 및 간판 관련 기능직 75.운송 및 기계 관련 기능직 77.건설 및 채굴 관련 기능직 79.기타 기능 관련직	72.섬유/의복 및 가죽 관련 기능직 74.금속성형관련 기능직 76.전기 및 전자 관련 기능직 78.영상 및 통신 장비 관련 기능직
08. 장치, 기계 조작 및 조립 종사자	81.식품가공관련 기계조작직 83.화학관련 기계조작직 85.기계제조 및 관련 기계 조작직 87.운전 및 운송 관련직 89.목재/인쇄 및 기타 기계조작직	82.섬유 및 신발 관련 기계조작직 84.금속 및 비금속 관련 기계조작직 86.전기 및 전자 관련 기계조작직 88.상/하수도 및 재활용 처리관련 기계조작직
09. 단순 노무 종사자	91.건설 및 광업 관련 단순노무직 93.제조관련 단순노무직 95.가사/음식 및 판매 관련 단순노무직	92.운송관련 단순노무직 94.청소 및 경비 관련 단순노무직 99.농림어업 및 기타 서비스 단순노무직
A. 군인	A1.군인	

(3) 진로탐색

진로탐색 대영역과 관련된 2개의 중영역, 각 중영역별 세부목표 및 성취기준을 알아보면 아래와 같다.

대영역	중영역	세부목표	성취기준
Ⅲ. 진로 탐색	1. 교육 기회의 탐색	진로에서 학습의 중요성을 이해하고 자기주도적 학습 태도를 갖는다.	진로에서 학습의 중요성을 이해하고 설명할 수 있다.
			자기주도적으로 학습 계획을 세우고 실천할 수 있다.
		고등학교의 유형과 특성에 대한 다양한 정보를 탐색한다.	다양한 방법으로 고등학교 및 학과의 유형 및 특성을 탐색할 수 있다.
			고등학교 및 학과 선택을 위한 적절한 기준을 제시할 수 있다.
	2. 직업 정보의 탐색	다양한 방법과 체험활동을 통해 구체적인 직업정보를 탐색한다.	다양한 직업정보원(교과서, 위인전, 잡지, 서적, 인터넷 등)을 알고 구체적인 직업정보를 탐색할 수 있다.
			체험활동의 방법을 이해하고 적극적인 태도를 가질 수 있다.
		직업에 대해 수집한 정보를 분석하여 직업 이해에 활용한다.	탐색한 직업정보와 자신의 특성을 비교하고 분석할 수 있다.
			관심 직업분야의 다양한 진로경로를 탐색할 수 있다.
			관심 직업분야에 종사하는 인물들의 특성과 진로경로를 탐색할 수 있다.

진로탐색은 앞에서 언급한 것처럼 두 번째 대영역인 '일과 직업세계의 이해'의 연

장선상에서 살펴볼 수 있다. 이 대영역은 다시 교육 기회의 탐색과 직업정보의 탐색 등 2개의 중영역으로 구분된다. 교육 기회의 탐색 영역의 세부목표는 자기주도적 학습 태도 형성과 중학생에게 1차적인 상급 학교인 고등학교 유형 및 특성에 대한 다양한 정보 검색으로 이루어져 있다. 여기서 주목해야 하는 것은 단순히 상급 학교에 대한 정보를 제공하는 데서 그치는 것이 아니라 진로에서 진로와 학습의 관련성을 인식하고 자기주도적 학습 태도를 통해 학업성취도 향상을 위해 노력하는 것이 포함되어 있다는 점이다. 진로선택과 학업성취의 관계를 다음과 같은 이야기를 통해 들려줄 수도 있다.

백화점에 바지를 한 개 사러 갔습니다. 디자인, 색상, 브랜드, 질감, 바느질 상태, 유행 정도, 집에 있는 옷과의 어울림 정도, 부모님의 반응 등 정말 꼼꼼히 찾은 끝에 매우 마음에 드는 바지 하나를 발견했습니다. 신나는 기분으로 점원에게 가격을 물었더니 7만원이라고 합니다. 사실 내 수중에는 3만원밖에 없습니다. 이러한 경우 어떻게 하면 바지를 살 수 있을까요? 먼저 집에 가서 긴 시간 동안 용돈을 아끼고 모아 4만원을 더 마련해 오는 것입니다. 아니면 내 수중에 있는 돈으로 살 수 있는 바지가 있는 시장이나 할인 매장으로 가야겠지요? 결국 이러한 경우 만약에 나에게 10만원 정도의 돈이 있다면 내가 원하는 어떤 바지도 살 수 있지만, 돈이 부족하다면 그만큼 마음껏 바지를 선택할 수 있는 폭은 좁아지고, 아니면 부족한 만큼의 돈을 마련하기 위해 그 이후 한 동안 경제적으로 힘들어야 한다는 것입니다. 그럼 여기서 돈은 학업 성적으로, 바지는 직업 목표로 바꿔서 생각해 볼까요? 적지 않은 직업이 성적의 영향을 받기 때문에 학업 성적이 높다면 직업을 마음대로 선택할 수 있지만, 성적이 충분하지 못하면 아무리 적성, 흥미, 신체적 조건, 연봉과 전망, 부모님의 기대 등 여러 조건에 딱 맞는 직업을 발견했다고 해도 그것을 내 것으로 만들기가 어렵다는 것입니다.

자기주도학습 능력과 구성요소는 아래와 같으며 『현장적용을 위한 자기주도학습』(송인섭, 2006)을 참고하면 더 자세한 내용을 알 수 있다.

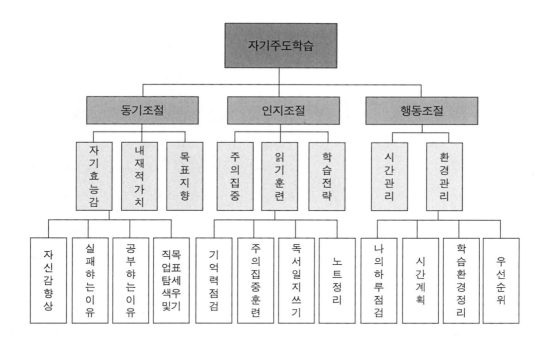

(4) 진로 디자인과 준비

　진로 디자인과 준비 대영역과 관련된 2개의 중영역, 각 중영역별 세부목표 및 성취기준을 알아보면 아래와 같다.

대영역	중영역	세부목표	성취기준
IV. 진로 디자 인과 준비	1. 진로의사 결정 능력 개발	진로의사결정 능력을 함양한다.	진로의사결정의 과정과 절차를 이해할 수 있다.
			진로의사결정에 필요한 정보와 조언을 수집할 수 있다.
		진로를 선택하는 데 영향을 주는 진로장벽 요인을 알아보고 해결 방법을 찾는다.	진로선택에 장애가 되는 진로장벽 요인에 대해 알아보고 설명할 수 있다.
			자신의 진로장벽 요인을 파악하고 해결 방안을 모색할 수 있다.
	2. 진로 설계와 준비	자신의 특성을 바탕으로 미래 진로에 대해 잠정적인 목표와 계획을 세운다.	관심 있는 직업을 2~3가지 정하고 그 직업에 관심을 갖는 이유를 말할 수 있다.
			잠정적인 진로목표(직업, 학과 등)를 세울 수 있다.
			잠정적인 진로목표와 관련된 다양한 교육, 진로경로를 계획할 수 있다.
			자신의 진로목표와 관련된 학교 활동을 계획하고 참여할 수 있다.

대영역	중영역	세부목표	성취기준
		진로목표에 따른 고등학교 진학계획을 수립하고 준비한다.	자신이 원하는 진로와 관련 있는 고등학교를 선택할 수 있다.
			지망하는 고등학교의 입학 정보를 알아보고 필요한 조건을 갖출 수 있다.
			고등학교 생활에 적응하기 위해 계획을 세우고 준비할 수 있다.
			자기 관리의 여러 가지 방법을 알고 실천할 수 있다.
			자신의 진로설계를 위해 담임교사, 진로교사 등에게 도움을 요청할 수 있다.

위 표에서 살펴볼 수 있듯이 진로 디자인과 준비 대영역은 진로의사결정 능력 개발과 진로 설계와 준비 등 2개의 중영역으로 구분되어 있다. 진로의사결정 능력 개발 중영역은 다시 진로의사결정 능력 함양과 진로장벽 요인 및 해결 방법 탐색으로 구성되어 있다. 여기서 주목해야 하는 것은 단순히 진로 문제에 대한 합리적 의사결정능력을 함양하는 데서 그치지 말고 학생들이 자신의 상황이나 직업세계의 상황 변화에 따라 또는 예기치 않은 난관을 만났을 때 의사결정을 변경해야 하는 경우 효과적으로 대처할 수 있도록 역량을 길러주어야 한다는 사실이다.

진로장벽이란 진로와 관련된 여러 경험들, 취업·진학·승진·직업의 지속, 가사와 직장생활의 병행, 직무 행동 등을 수행해 나가는 과정에서 개인의 진로선택, 목표, 포부, 동기 등에 영향을 미치거나 역할 행동을 방해하는 여러 부정적 요인이나 상황을 의미한다. 자신이 진로 목표를 선택하고 목표를 달성하는 데 있어 만나게 되는 진로장벽에는 무엇이 있고 이것들을 어떻게 극복할 수 있으며, 이것을 자신의 상황에 어떻게 적용할 수 있을지에 대한 대처 능력을 키워주는 것 또한 진로교육의 목표라는 점도 주목해야 한다. 학생들이 전형적으로 호소하는 진로장벽에는 진로목표에 대한 부모와의 갈등, 가정 형편의 어려움, 진로목표를 달성하기에 부족한 성적이나 신체적 문제, 적성 파악의 어려움 등이 있다.

그런데 여기서 놓치지 말아야 하는 것은 진로장벽의 객관적인 상태보다 주관적 인식이 더 중요하다는 것이다. 즉 진로장벽의 객관적인 조건이나 상태도 중요하지만 진로장벽에 대한 개인의 인식이 중요한 문제라는 것을 주목해야 한다. 진로장벽의 객관적인 심각성보다는 개인이 얼마나 심각하게 지각하느냐가 더 중요한 문제가 되고 아무리 심각한 진로장벽이라 하더라도 개인이 그 심각성을 지각하지 못한다면 당장의 진로 선택이나 진로행동에 큰 영향을 미치지 못할 수도 있다는 것이다.

조지혜(2007)의 성취동기, 직업가치, 진로장벽이 대학생의 진로태도성숙 및 진로준비행동에 미치는 영향에 대한 연구에 의하면 성취동기, 직업가치, 진로장벽 중에서 진로태도성숙 수준에 가장 유의한 영향을 주는 것은 진로장벽으로 진로태도성숙의 48.3%를 설명해 주었다. 총 6가지 변인(진로장벽, 미래지향성, 외적직업가치, 내적직업가치, 책임감, 모험심)으로 진로태도성숙의 변량 중 64%를 설명하였다. 진로준비행동에 가장 유의한 영향을 주는 것은 성취동기의 하위 변인인 책임감이 15.5%로 나타났다. 진로준비행동은 최종 2가지 변인으로 설명되었는데 책임감 변인에 외적직업가치가 추가되면서 17.9%의 설명력을 보여주었다. 이 연구에서 지각된 진로장벽 변인이 진로태도성숙 및 진로준비행동, 즉 진로 결정 및 준비과정을 가장 유의하게 설명해 준 변인이라는 결론이다. 이에 따라 이 연구에서 시사하는 바는 대학생들의 진로 결정 및 준비과정을 조력하기 위해서는 대학생들의 개인적 특성과 함께 자신 및 외부 환경에 대한 인지과정이 현실적이고 합리적인지를 여러 도구를 통해 평가해야 한다는 것이다. 그러므로 진로와 관련된 잘못된 정보처리, 인지 왜곡, 역기능적인 비합리적 신념 등으로 인한 지각된 진로장벽에 대하여 무력감을 느끼는 내담자에게 인지 재구조화를 통하여 장벽요인들에 대한 시각을 수정함으로써 진로장벽을 극복할 수 있도록 내담자를 도울 수 있다고 주장한다. 이 부분은 중학교 청소년에게도 충분히 적용할 여지가 있다.

단 진로장벽 지각은 진로성숙도에 있어 방해 또는 촉진 두 가지 설이 공존하고 있다는 사실도 놓쳐서는 안 된다. Swanson과 Tokar(1991)의 "어떤 사람에게는 장벽의 지각이 진로의사결정과정을 방해하지만 다른 사람에게는 보다 효과적으로 진로를 탐색하고 진로의사결정을 할 수 있는 촉매제로 기능할 가능성도 있으므로 진로장벽 지각과 진로 결정이 단선적으로 관련되기보다는 그 사이를 매개하는 여러 변인들이 존재할 가능성이 있다"(손은령, 2001)는 주장이 이와 관련된다.

다음으로 진로 설계와 준비 중영역에서는 '진로목표에 따른 고등학교 진학 계획을 수립하고 준비한다'를 두 번째 세부목표로 제시하고 있다. 여기서 물론 앞에서 시도한 진로결정에 따라 세부 계획을 수립하고 잘 실천할 수 있도록 돕는 것도 중요하지만 한편으로 급변하는 사회 상황에서 자의든 타의든 계획대로만 될 수 없다는 점과 함께 이러한 상황에서의 대처 능력을 키워주는 것도 매우 중요하다는 것이다. 사실 그동안의 진로교육 패러다임은 먼저 자신의 적성과 흥미와 같은 특성을 잘 이해하고 직업, 학과, 학교에 대한 정보 수집 결과를 바탕으로 합리적으로 의사결정을 하여 목표를 수립한 후 목표 실현을 위한 세부 계획을 세워 한눈팔지 말고 실천하면 성공한 삶을 살 수 있다는 것이었다. 하지만 어떻게 그 긴 인생 동안 하나의 목표만을 바라보며 한 우물만 팔 수 있을까? 인간이 살아가다 보면 자신의 적성을 뒤늦게 발견할 수도 있고 정말 어렵게 준비해서 취업에 성공했지만 막상 자신이 생각했던 직업세계가 아닐 수도 있으며 기술의 변화가 나의 앞길을 가로막을 때도 있다. 이러한 상황에서 효과적인 대처 전략으로 활용할 수 있는 이론이 비교적 최근에 제기된 '계획된 우연(planned happenstance)'이다. 이 이론에 대한 간단한 개관은 아래와 같으며 더 자세한 내용을 알고 싶다면 『행운에도 법칙이 있다—우연을 기회로 바꾸는 인생』(모로토미 요시히코 저, 정세환 역, 2009, 앱투스미디어)을 참고하기 바란다.

미국 스탠포드대학의 크롬볼츠 박사는 성공한 사람들을 인터뷰한 결과 그들 중 80%는 "나는 지금의 성공을 목표하거나 계획했다기보다 그냥 주어진 현실 속에서 열심히 했을 뿐이다"라고 말했는데 이것을 토대로 '계획된 우연이론(planned happenstance theory)'을 주장하게 되었다. 이 이론에 따르면 인생에서 일어나는 모든 일은 의미가 있고, 개인의 인생관과 태도에 따라 우연히 찾아오며, 이런 우연은 단순한 우연이 아니라 필연이라는 것이다. 또한 자신이 얼마나 준비되어 있느냐에 따라 결정적인 기회로서 작용할 수도 있다.

크롬볼츠 박사는 이렇게 우연한 사건을 필연으로 또는 인생의 기회로 만들 수 있기 위해 필요한 요소로서 다음과 같은 다섯 가지 요소를 들고 있다.

- 호기심: 새로운 진로를 탐색하는 것이 흥미롭다.
- 인내심: 예기치 못하게 중요한 일을 망쳤어도 침착하게 내가 할 수 있는 일을

하겠다.

- 유연성: 내 진로의 방향성은 언제든지 바뀔 수 있다고 생각한다.

- 낙관성: 시대의 변화는 내 진로에 위기가 아니라 기회로 작용할 것이다.

- 위험감수: 준비해온 것과는 다른 적성을 발견하였다면 위험을 무릅쓰고 진로를 바꿀 용의가 있다.

학습문제

1. 본문에서 제시된 2015 개정 교육과정 진로교육 세부목표 및 성취지표 항목 중 학생들에게 이를 학습시킬 때 자신에게 가장 부족한 점은 무엇인지 3개를 선정하고 이를 기르기 위해 앞으로 어떤 부분을 어떻게 보완해 나갈지에 대한 계획을 상세하게 수립해 보세요. 그리고 그것을 다른 동료들과 서로 나눈다면 진로진학상담교사로서 자신의 역량을 키워나가는 데 큰 도움이 될 것입니다.

2. 본문에서 제시된 2015 개정 교육과정 진로교육 세부목표 및 성취지표 항목 중 학생들에게 이를 학습시킬 때 자신이 가장 잘할 수 있는 점은 무엇인지 3개를 선정하고 이에 대해 자신이 가지고 있는 정보와 지식을 자세하게 정리해 보세요. 그리고 정리하는 데서 끝내지 말고 그 결과물을 다른 동료들과 나눈다면 진로진학상담교사로서 자신의 역량을 키워나가는 데 큰 도움이 될 것입니다.

참고문헌

교육부(2012). 2015 개정 교육과정 진로교육 목표 및 성취기준.

메트로신문(2014. 10. 20). 직장인 첫인상 결정 주요 요인 '표정'과 '말투'.

모로토미 요시히코(2009). 행운에도 법칙이 있다. 앱투스미디어.

세계일보(2015. 1. 19). 침묵의 벽에 막힌 소통.

손은령(2001). 여자대학생이 지각한 진로장벽. 서울대학교 박사학위 논문.

송인섭(2006). 현장적용을 위한 자기주도학습. 서울: 학지사.

조지혜(2007) 성취동기, 직업가치, 진로장벽이 대학생의 진로태도성숙 및 진로준비행동에 미치는 영향.
　　숙명여자대학교 석사학위 논문.

NCS 홈페이지 http://www.ncs.go.kr

2장

중학생 진로발달 및 진로교육 현황

허은영

중학생 시기는 아동기에서 성인기로 이행하는 과도기로 정신적으로나 육체적으로 급격하게 성장하고 정체성의 혼란을 겪는 등 다양한 변화와 발달 양상이 나타난다. 그리고 학생들 사이에서는 신체적, 지적, 정서적 발달 면에서 개인차가 드러나고 남녀 간의 성차(sex difference)가 나타나는 특징을 보인다. 또한 이 시기에 이미 장래에 어떤 고등학교와 대학교를 진학할 것인지 결정하는 기초가 이루어지는데, 이러한 과정에서 불확실한 미래에 대한 불안감을 느낄 수 있다. 인지발달단계에 따르면 대략 12세경에 구체적 조작단계의 사고에서 형식적 조작단계의 사고로의 전환이 시작된다. 그렇기 때문에 중학생이 문제해결을 하고 계획을 세우는 일 등은 상당히 비체계적일 수 있다(김봉환·정철영·김병석, 2006).

수퍼(Super)의 이론에 따르면 중학생은 진로발달단계의 첫 번째와 두 번째 단계인 성장기와 탐색기에 걸쳐 있다. 즉 성장기의 하위 단계인 능력기(13~14세)에 해당되며 이때는 진로선택에 있어 능력을 중시하고 직업에서의 훈련조건을 중시하는 시기이다. 이 시기는 아동기와 청소년기의 전환기에 해당하며 진로발달단계상 진로탐색(career exploration)단계에 해당한다. 또 탐색기의 하위 단계인 잠정기(15~17세)는 자신의 욕구, 흥미, 능력, 가치, 직업적 기회 등을 고려하기 시작하는 시기로 잠정적인 진로를 선택하고 그것을 환상, 토의, 일, 기타 경험을 통해 시행해 보는 시기로 보고 있다(윤매리, 1996).

학자에 따라 차이는 있지만 중학교 단계에서는 자신의 특성에 대한 객관적인 이해가 성숙되어야 하며 자신의 지적 능력, 소질과 적성, 성격, 흥미, 신체적 능력 등에 대하여 자신을 평가하고 그 결과를 자신이 원하는 직업적 특성과 관련해서 생각할 수 있는 시기이다. 특히 고등학교 이전의 중학교 시기는 초등학교의 일과 사회에 대한 기초적인 가치관을 형성하는 인식단계를 거치고 고등학교의 구체적인 결정을 앞둔 시기여서 자신의 미래에 대한 관심이 보다 구체화되고 증가된다. 중학교 교육목표 중 하나가 "사회에서 필요한 직업에 관한 지식과 기능, 근로를 존중하는 정신과 행동 또는 개성에 맞는 장래의 진로를 결정하는 능력을 기른다(교육법 제101조 2항)"이다. 즉 자신의 성격 특성, 흥미, 적성, 가치관, 학업 성적, 직업에 대한 전망 등의 다양한 요소를 신중히 고려하게 되는 시기로 진로탐색이 가장 필요한 시기이고 진로를 결정하는 능력을 기르기 위해 진로지도를 충분히 받아야 하는 중요한 시기라고 할 수 있다(오은영, 2013).

중학교 진로교육은 중학생 시기의 진로발달 수준에 따라 진로탐색에 초점을 두어야 한다. 따라서 구체적인 직업선택을 강조하기보다는 다양한 활동을 통한 자아정체성 확립과 직업세계의 탐색에 주안점을 둔다. 이 시기에는 초등학교에서의 진로교육에 이어서 자기이해를 증진시키고, 다양한 직업을 탐색하며, 관련 기술을 습득하고 합리적인 진로의사결정을 할 수 있는 능력을 증진하며 진로계획을 수립하는 능력을 증진하는 것을 주요 목표로 한다.

진로지도를 할 때 학생들이 자신의 감정과 태도를 자연스럽게 표현하고 탐색할 수 있는 기회를 제공해 주는 것이 좋으며, 개인상담뿐만 아니라 집단상담을 활용함으로써 더 좋은 효과를 거둘 수 있다. 또한 구체적이고 직업적인 경험을 하도록 하는 것이 탐색에 도움이 된다(김봉환 외, 2006).

2 중학생 진로교육 현황

(교육부 2016 진로교육 현황조사 결과를 중심으로)

1) 진로교육 현황조사

중학생의 진로교육 현황을 보여주는 자료는 다양할 수 있지만 여기서는 교육부와 한국직업능력개발원이 해마다 실시하는 진로교육 현황조사 결과 중 2016년 자료를 바탕으로 제시하고자 한다.

진로교육 현황조사는 현행 진로교육이 국가가 지향하는 목표치에 어느 정도 도달했는지 또한 진로교육을 실시하는 학교의 현실은 어떠한지를 객관적으로 파악함과 동시에 진로교육의 수요자인 학생의 주관적인 평가를 함께 알아봄으로써 우리나라 진로교육의 현 주소와 나아 갈 방향에 관한 정보를 제공하는 데 사용되는 표식이다. 진로교육지표는 진로교육 현황조사를 통해 산출된다.

진로교육 현황조사는 '진로교육법' 제6조 1항에 따라 교육부장관이 국가차원의 진로교육 정책 수립을 위하여 진로교육 관련 인력 및 시설, 초·중등학교 진로교육 운영 여건 및 현황, 학교 구성원 인식 등을 조사하는 국가승인통계(제11216호)이다. 이 조사는 2007년부터 시작되어 매년 진로교육 정책 수립 및 제도 개선에 있어 시사점을 제공하는 중요한 자료로 활용되고 있으며 2015년부터 국가승인통계로 지정되어 각급 학교(초·중등)를 대상으로 6, 7월경에 진로교육 전반에 대한 현황조사를 실시하고 있다.

진로교육 현황조사는 매년 국가가 주체가 되어 진로교육의 대상이 되는 학생과 함께 주요 주체로서 학부모, 교원을 아울러 학교 진로교육 운영 여건 및 성과, 인식 등 다각적인 측면에서 하는 조사이기 때문에 진로교육의 과정 및 결과에 대한 전반적인 내용을 객관적으로 파악하는 데 가장 도움이 되는 자료라고 할 수 있다. 특히 매년 실시하는 조사이므로 진로교육의 과정과 결과에 대한 전반적인 변화와 추이를 살펴보는 데 있어서도 매우 요긴하다고 할 수 있다.

여기서는 가장 최근의 진로교육 현황조사 자료로서 2016년 것을 제시하지만 학교에서 진로교육에 대한 계획의 수립 및 진행에 있어 최고 책임자라고 할 수 있는 관리자부터 학교 진로교육 현장에서 가장 많은 활약을 하고 있는 진로진학상담교사 그리고 진로진학상담교사를 도와 학교 진로교육을 지원하고 있는 일반교사 등은 이 자료를 매년 챙겨보고 학교 진로교육 관련 계획 수립 및 운영에 적극 활용할 수 있다.

2016년 진로교육 현황조사 개요를 살펴보면 다음과 같다.

내용 　　학교 진로교육 운영 여건 및 성과, 인식 등(199개 항목)

근거 　　진로교육법 제6조 및 통계법 제17조

주관기관 　한국직업능력개발원

기간/방법 2016. 6. 22.~ 7. 29.(5주간)/온라인 조사

대상   초중고 1,196교의 학생, 학부모, 교원 총 48,739명

             학생 27,264명(초 6: 7,346명/중 3: 9,626명/고 2: 10,292명), 학부모 18,688명

             교원 2,787명[학교관리자 1,194명/진로전담교사 1,196명/담임교사(고) 397명]

진로교육 현황조사는 위에서 살펴본 것처럼 초중고를 모두 대상으로 한다. 학교 진로교육에 대한 종합적이고 체계적인 파악을 위해서 여기서는 자료를 제시함에 있어 중학교 내용을 중심으로 하되 초등학교와 고등학교 자료도 아울러 살펴볼 것이다. 이 과정을 통해 중학교 학생들의 진로지도가 어떤 흐름과 변화의 추이 속에서 이루어지고 또 그 결과는 어떠한지 좀 더 정확히 알 수 있을 것이다. 진로교육 현황조사 결과 자료는 한국직업능력개발원에서 운영하는 커리어넷 사이트의 진로교육 자료 메뉴에 매년 탑재되고 있으므로 진로교육 현황을 세부적으로 파악하고 향후 계획과 실행하는 데 있어 적극적으로 활용하는 것이 중요하다.

2) 2016 진로교육 현황조사 주요 결과

(1) 진로개발역량

진로개발이란 개인이 전 생애에 걸쳐 보람 있는 삶을 영위하기 위해 자신의 진로를 정하고 진로에 따른 직업을 선택하며 새로운 직업 기회와 개인의 진로목표를 지속적으로 추구해 가는 과정을 의미한다. 그리고 진로개발역량이란 이러한 진로개발을 수행할 수 있는 능력을 말한다. 이 진로개발역량은 진로교육이 교육의 대상인 청소년들에게 효과적으로 영향력을 미치고 있는가를 보여주기 때문에 진로교육 현황에 있어서는 가장 중요한 요소라고 볼 수 있다.

2016 진로교육 현황조사에서 학생의 진로개발역량 수준은 학교 진로교육 목표와 성취기준에서 제시하고 있는 진로교육에서 추구해야 할 학생의 역량 제고 기준들을 토대로 학생들의 응답 수준을 고려하여 학교급별 학생에게 부합하는 문항을 구성하여 조

사하였다. 진로개발역량 문항은 초등학생 20문항, 중학생 20문항, 고등학생 21문항으로 측정하고 있으며, 각각 해당 학교급에 맞는 서로 다른 문항들로 구성되기 때문에 학교급별 비교는 의미가 없다. 진로개발역량은 크게 4가지의 하위 영역으로 구성되는데, 그 영역은 '자기이해와 사회성', '직업이해', '진로탐색', '진로설계와 준비도'이며, 각 영역은 학교 진로교육 목표와 성취기준의 4가지 영역에 대한 성취 수준을 나타내는 문항들로 구성되었다. 각 문항은 1점부터 5점까지 리커트 척도로 구성되었으며, 분석 결과는 문항수로 나누어 5점 만점으로 환산한 결과를 제시하였다. 학생의 진로개발역량 전체 수준은 초등학생 4.27점, 중학생은 3.90점, 고등학생은 3.70점이었다. 학교급별로 진로개발역량의 하위 영역별로 어떠한 수준을 나타내는지 조사한 결과는 다음과 같다. 초등학생은 '자기이해와 사회성'이 4.49점으로 높고, '진로탐색'은 3.95점으로 상대적으로 낮았다. 중학생은 '자기이해와 사회성'이 4.10점으로 높고, '직업이해'는 3.73점으로 상대적으로 낮았다. 고등학생은 '자기이해와 사회성'이 3.93점으로 높고, '진로탐색'은 3.57점으로 상대적으로 낮았다.

표 2-1 학생의 진로개발역량 수준

(단위: 점)

진로개발역량	초등학생		중학생		고등학생	
	평균	표준편차	평균	표준편차	평균	표준편차
자기이해와 사회성	4.49	0.58	4.10	0.72	3.93	0.73
직업이해	4.39	0.63	3.73	0.78	3.60	0.77
진로탐색	3.95	0.85	3.92	0.77	3.57	0.77
진로설계와 준비도	4.18	0.74	3.77	0.81	3.65	0.79
전체	4.27	0.58	3.90	0.67	3.70	0.68

중학생의 진로개발역량 수준을 하위 영역별로 살펴보았을 때 직업이해 영역이 가장 낮았다는 점은 중학생을 대상으로 하는 진로교육을 계획하고 실행함에 있어 다른 영역에 비해 직업이해에 좀 더 강조점을 두어야 함을 시사한다. 중학생의 진로발달과업이 초, 고등학교와는 달리 다양한 진로탐색이라는 점을 감안할 때 이는 더욱 중요하

다고 할 수 있다. 두 번째로 낮은 영역은 진로설계와 준비도 영역이었는데 이는 중학생에게 있어 다양한 진로탐색도 중요하지만 고등학교 선택이라는 쉽지 않은 의사결정을 해야 한다는 현실적인 여건이 바탕이 되었을 것이다. 이를 통해 볼 때 중학교 진로교육 담당자들은 학생들에게 다양한 진로탐색과 함께 그 속에서 합리적인 진로의사결정능력을 길러주고 더 나아가 결정 이후 구체적인 진로 설계와 준비를 할 수 있도록 적극 조력해야 할 것이다.

(2) 학교 진로활동별 참여 현황 및 만족도

2016 진로교육 현황조사 결과 학교 진로활동별 참여 현황 및 만족도를 살펴보면 중학생은 '진로와 직업 수업(88.4%)'을 가장 많이 경험했으며, 그 다음으로 '교과 수업 중 진로탐색(80.6%)', '진로체험(79.9%)' 등의 순으로 나타났다. 진로활동별로 참여한 학생들의 만족도는 '진로동아리(3.93)', '진로상담(3.90)' 등의 순으로 높게 나타났다.

이에 비해 고등학생은 학교 진로활동 중 '진로와 직업 수업(83.7%)'을 경험해 본 학생이 가장 많았으며, 그다음으로 '진로심리검사(82.3%)', '교과 수업 중 진로탐색(76.0%)' 등의 순으로 많이 경험한 것으로 나타났다. 진로활동별 만족도는 '진로동아리(3.82)'가 가장 높은 만족도를 보였다.

중고등학교의 학교 진로활동 항목에서 2016년 조사에 추가된 항목인 '수업 중 진로탐색' 활동은 중학생의 경우 '진로와 직업 수업' 다음으로 많이 참여하는 것으로 나타났다. 이는 '진로와 직업 수업'뿐만 아니라 일반 교과에서도 진로를 연계한 수업이 많이 이루어지고 있음을 보여 준다. 이 결과를 중학교 관점에서 살펴볼 때 시험의 부담에서 벗어나 강의와 이론 중심 수업이 아닌 활동과 체험 중심 수업을 통해 꿈과 끼를 마음껏 탐색할 수 있는 자유학기제가 큰 역할을 했을 것으로 추론할 수 있다. 이러한 자유학기제 수업에서는 진로와 직업 교과에서뿐 아니라 일반 교과에서도 교과 지식과 관련되는 다양한 직업세계에 노출시키고 이를 수행평가에도 반영함으로써 교과 수업 중 진로탐색이 매우 활성화되었던 것이다. 이 결과는 일반 교과와 진로를 연계한 수업, 즉 교과통합 진로교육이 진로교육에서 차지하는 비중이 그만큼 크다는 것을 말해 준다. 또한 만족도 면에서 살펴보면 진로와 직업 수업에 비해 교과 수업 중 진로탐색이 크지는 않지만 오히려 만족도가 높다는 점을 감안할 때 더욱 그 중요성을 알 수 있다. 더 나아가 앞으로 진로와 직업 교과를 담당하는 진로진학상담교사의 교과 운영 역량 증진과 함께 일반 교과를 담당하는 교사들 대상으로 교과통합 진로교육을 효과적으로 실시할 수 있도록 충분한 교육을 제공해야 하며 이들이 손쉽게 사용할 수 있는 자료의 보급 또한 게을리하지 말아야 할 것이다.

중고등학생의 조사 결과에서 특징적인 점은 진로활동 가운데 경험 비율이 상대적으로 낮은 '진로동아리'나 '진로체험' 등의 활동에 대한 참여 만족도가 가장 높았다는 점이다. 이는 학생들이 자기주도적으로 참여하는 진로활동을 선호하는 경향이 있음을 보여 준다.

표 2-2 학교 진로활동별 참여 현황 및 만족도(중·고등학생)

(단위: 명, %, 점)

학교 진로활동	중학생				고등학생			
	참여 현황		만족도		참여 현황		만족도	
	빈도	비율	평균	표준편차	빈도	비율	평균	표준편차
「진로와 직업」수업	8,512	88,4	3.77	0.91	8,615	83.7	3.61	0.91
교과 수업 중 진로탐색	7,758	80.6	3.80	0.90	7,822	76.0	3.67	0.89
진로체험	7.695	79.9	3.89	0.93	7,573	73.6	3.76	0.92
진로심리검사	7.683.	79.8	3.87	0.89	8,474	82.3	3.76	0.86
진로상담	6.234	64.8	3.90	0.90	6,961	67.6	3.76	0.88
진로동아리	4.065	42.2	3.93	0.93	5,252	51.0	3.82	0.90

* 중학교의 활동 현황을 기준으로 내림차순 정렬하고, 가장 참여 현황이 많은 2개를 음영 처리함.
* 참여 현황은 예(참여해봤다)라고 응답한 학생들이며, 만족도는 1~5점 리커트 척도에 응답한 평균임.

학교 진로활동 영역별로 세부적인 실태를 살펴보면 아래와 같다.

① 진로 수업

선택과목인 '진로와 직업'의 채택 비율은 중학교 76.6%, 고등학교 46.8%로 중학교가 상대적으로 많이 채택하고 있다. 현재 '진로와 직업'과목을 채택하지 않은 학교에서도 학생들이 진로교육을 정규 수업에서 접할 수 있도록 향후 지속적인 노력이 요구된다.

학교의 진로 수업 활성화를 위하여 가장 필요한 지원으로 진로전담교사는 초·중등 모두 '진로수업 활용 자료 보급(초 54.4%, 중 51.7%, 고 47.3%)'을 최우선순위로 꼽았다. 그다음으로 진로수업 여건이 안착된 중·고등학교의 진로전담교사는 '진로수업 전용 공간 마련(중 35.0%, 고 44.2%)'을 요구한 반면 2016년 진로전담교사가 배치되기 시작한 초등학교는 '보조교사 지원(33.8%)' 등 수업의 전문성 관련 요구가 앞섰다.

② 진로심리검사

중학교는 직업흥미검사(83.1%), 고등학교는 직업적성검사(88.5%)를 주로 실시하는 것으로 나타났다. 실시방법으로는 '오프라인 유료검사(중 48.2%, 고 51.5%)', '온라인 무료검사(중 29.3%, 고 32.4%)' 순이다.

진로전담교사의 85% 이상(중 87.4%, 고 88.2%)이 '검사 결과 토대로 진로상담(중 76.5%, 고 79.2%)', '검사결과 단체설명(중 63.8%, 고 68.6%)' 등 진로심리검사 후 연계 활동을 실시하는 것으로 나타났다. 진로전담교사는 학교 진로심리검사의 효과를 더욱 높이기 위해 '검사 결과와 연계한 프로그램 개발·보급(초 60.6%, 중 60.3%, 고 57.4%)'이 가장 중요하다고 인식하고 있었다.

③ 진로상담

진로전담교사의 월평균 진로상담 학생 수는 중학교 26.9명, 고등학교 27.9명이었으며, 진로상담 1회당 소요 시간은 중학교 38.9분, 고등학교 46.9분으로 나타났다. 중등학교 진로전담교사는 상담시간의 확보를 학교 진로상담 활성화의 선결 과제로 인식하고 있었다.

- 학생의 진로상담 시간 확보 필요성: 중학교 50.5%, 고등학교 48.6%
- 진로전담교사의 진로상담 시간 확보 필요성: 중학교 34.7%, 고등학교 42.2%

초등학교에서는 '진로상담 정보 및 자료 안내(40.4%)', '진로전담교사 진로상담 시간 확보(29.1%)' 등이 필요한 것으로 나타났다.

④ 진로체험

중등학교의 진로체험 유형별 연간 실시 횟수는 '직업인 특강·멘토링'이 중학교 5.33회, 고등학교 7.79회로 가장 많고, 이어 '현장견학(중 3.16회, 고 3.24회)', '현장직업체험(중 2.92회, 고 2.68회)' 순 이었다. 중등학교에서는 '진로체험처 발굴(중 41.6%, 고 43.0%)', 초등학교에서는 '진로체험 예산 지원(48.9%)'을 학교 진로체험 활성화를 위해 가장 필요한 사항으로 인식하고 있었다.

3) 진로정보 내용별 필요도

2016 진로교육 현황조사 결과 중학생과 고등학생에게 진로정보의 내용에 대한 필요도를 1점부터 5점까지 리커트 척도에 따라 응답하게 하였다. 조사 결과에 따르면, 중고등학생들은 모든 진로정보 내용에 대하여 3.82점 이상의 높은 수준으로 필요하다고 응답하였다. 자세한 내용은 아래 표와 같다.

아울러 중고등학생 모두 다양한 진로정보 내용 가운데 '진학·입시 정보', '학과 정보'가 가장 필요하다고 응답하였다. 이는 조사 대상이 중학생은 3학년, 고등학생은 2학년이기 때문에 각각 고등학교와 대학 진학에 대한 정보들을 중요하게 필요로 하는 시기이기 때문인 것으로 보인다.

이 결과를 통해서 볼 때 중학생들의 경우 진로발달과업으로서 폭넓은 진로탐색을 위한 직업정보도 중요하지만 중3의 경우 고등학교 선택을 앞두고 현실적으로 가장 필요한 것은 진학·입시 정보이기 때문에 학생 수준에 적합한 정보 개발 및 제공이 앞으로 더욱 활발하게 이루어져야 할 것이다.

표 2-3 진로정보 내용별 학생의 필요도(중 · 고등학생)

(단위: 점)

진로정보 내용	중학생		고등학생	
	평균	표준편차	평균	표준편차
진학 · 입시 정보	4.06	0.90	4.11	0.89
학과 정보	4.01	0.90	4.06	0.88
취업 정보	4.01	0.91	4.04	0.91
직업정보	3.99	0.90	4.04	0.87
진로설계 정보	3.94	0.90	3.98	0.89
학습방법 정보	3.93	0.93	3.95	0.92
진로체험 정보	3.88	0.91	3.92	0.89
자기이해 정보	3.82	0.95	3.82	*0.94*

* 중학생을 기준으로 내림차순 정렬함.
* 중학생과 고등학생에서 가장 빈도가 높은 1개 항목을 음영 처리함.
* 응답범위는 1점(전혀 필요 없음)~5점(매우 필요함)임.

4) 학부모의 자녀 진로지도 역량 강화

2016 진로교육 현황조사 결과 학부모의 자녀 지도 영역을 살펴보면 먼저 자녀의 진로상담을 받은 학부모 중 담임교사에게 상담받은 비율(초 36.6%, 중 50.2%, 고 48.4%)이 진로전담교사에게 상담받은 비율(초 10.9%, 중 19.6%, 고 19.5%)보다 높게 나타났다. 이 결과를 통해 '학부모는 학교 진로상담에 있어서 담임교사를 더 중요하게 인식'하는 것으로 보인다. 다만 자녀의 진로상담에 대한 학부모 만족도(5점 만점)는 담임교사(초 4.30점, 중 4.15점, 고 4.04점), 진로전담교사(초 4.24점, 중 4.05점, 고 4.08점) 모두 높게 나타났다. 이 결과는 진로전담교사의 진로상담 역량 증진과 함께 담임교사의 진로상담 역량이 매우 중요하기 때문에 향후 이러한 측면에서의 교사 교육이 이루어져야 함을 시사한다. 진로전담교사제도가 생기면서 학교 진로교육의 질이 향상된 것은 분명하지만 다른 측면에서 보면 담임교사들이 진로상담 측면에 있어 책임을 적게 인식하고 진로전담

교사에게 의존하는 경우가 늘어날 수도 있기 때문에 더욱 절실하다고 할 것이다.

학부모는 '자녀 진로지도 자료 및 정보 제공(초 63.6%, 중 62.2%, 고 57.8%)', '학부모 진로교육 프로그램 개발(초 40.5%, 중 37.6%, 고 39.0%)' 등을 자녀의 진로지도에 필요한 사항으로 인식하고 있었다.

학부모가 자녀의 진로지도를 하기 위한 역량을 강화하기 위한 조건을 살펴본 결과, 먼저 초등학생의 학부모들은 학부모 진로교육 프로그램 개발(37.1%)이라는 응답이 가장 많았고, 이어서 자녀 진로지도를 위한 자료 및 정보 제공(36.6%)라는 응답이 많았다. 중·고등학교 학부모들이 가장 많이 응답한 필요조건은 학부모 진로의식 제고를 위한 온·오프라인 설명회 및 연수 지원(중학교 41.6%, 고등학교 43.9%)으로 나타났다.

현재 많은 학교에서 학부모 대상 진로교육 연수를 자주 실시하고 있다. 하지만 이러한 연수들이 과연 얼마나 실제적으로 학부모의 자녀 진로지도 역량 증진에 기여하고 있는지 점검이 필요하다. 학부모들이 어떤 연수를 필요로 하고 만족하는지에 대한 분석 결과를 바탕으로 좀 더 효과성 있는 연수를 기획하고 실행하기 위해 노력해야 할 것이다.

표 2-4 학부모의 자녀 진로지도 역량 강화 필요 조건

(단위: 개교, %)

구분	초등학교		중학교		고등학교	
	빈도	비율	빈도	비율	빈도	비율
학부모 진로교육 프로그램 개발	148	37.1	107	26.6	110	27.4
자녀 진로지도를 위한 자료 및 정보 제공	146	36.6	125	31.2	111	27.6
학부모 참여 기회 확대	144	36.1	152	37.9	130	32.4
학부모 진로의식 제고를 위한 온·오프라인 설명회 및 연수 지원	143	35.9	166	41.6	176	43.9
학부모 진로교육을 위한 학교 및 교육청 예산 지원	98	24.6	79	19.6	101	25.4
공익광고 등 대국민 캠페인 실시	71	17.8	111	27.7	107	26.8
기타	3	0.8	3	0.8	3	0.8

* 2개 이내로 고르도록 한 중복 응답 문항임.
* 초등학교 응답 빈도에 따라 내림차순 정렬함.

5) 학생의 희망 직업 학교급별 순위

2016 진로교육 현황조사 결과를 통해 학생의 희망 직업 학교급별 순위를 살펴보자. 여기서 학생의 희망 직업은 향후 희망하는 직업이 있다고 응답한 학생들을 대상으로 구체적인 직업을 직접 적도록 한 결과를 연구진이 응답자의 수준을 고려하여 분류 원칙과 기준을 정하여 분류하였으며, 이를 양적인 자료의 형태로 가공하여 제시한 결과이다.

먼저 학생의 희망 직업을 응답자가 많은 순으로 상위 20개씩 정리하여 제시하면 아래 표와 같다. 초등학생들 가운데 많은 학생들이 희망하는 직업은 '선생님(교사)', '운동선수', '의사', '요리사', '경찰' 등의 순이었다. 중학생은 '선생님(교사)', '경찰', '의사', '운동선수', '군인' 순이었다. 고등학생은 '선생님(교사)', '간호사', '생명자연과학자 및 연구원', '경찰', '군인' 순이었다. 또한 상위 20개 직업이 차지하는 비율을 보면 초등학생은 68.2%, 중학생은 61.8%, 고등학생은 57.8%로 나타나 학교급이 올라갈수록 보다 다양한 직업을 희망하는 것으로 나타났다. 전체 학생의 희망 직업 영역을 살펴보면 4차 산업혁명의 영향으로 이공계 직업에 대한 선호도가 급증했다. '생명·자연 과학자 및 연구원', '정보시스템 및 보안 전문가' 등이 선호 직업 상위 10위에 진입했다.

표 2-5 학생의 희망 직업 – 상위 20개

(단위: %)

순위	초등학생		중학생		고등학생	
	직업명	비율	직업명	비율	직업명	비율
1	선생님(교사)	9.6	선생님(교사)	13.5	선생님(교사)	12.0
2	운동선수	8.8	경찰	5.8	간호사	5.0
3	의사	6.8	의사	4.0	생명자연과학자 및 연구원	4.5
4	요리사	5.7	운동선수	3.7	경찰	4.5
5	경찰	4.8	군인	3.5	군인	3.6
6	판사·검사·변호사	3.7	요리사	3.3	정보시스템 및 보안 전문가	2.6
7	가수	3.2	생명자연과학자 및 연구원	3.1	요리사	2.5

8	제빵원 및 제과원	2.7	정보시스템 및 보안 전문가	3.0	의사	2.4
9	과학자	2.7	가수	2.5	기계공학 기술자 및 연구원	2.4
10	프로게이머	2.6	공무원	2.4	승무원	2.4
11	생명자연과학자 및 연구원	2.2	간호사	2.3	건축가 · 건축디자이너	2.2
12	아나운서 · 방송인	2.1	건축가 · 건축디자이너	2.2	감독 · 연출가(PD)	1.9
13	만화가	2.1	승무원	1.9	공무원	1.9
14	기계공학 기술자 및 연구원	1.9	작가 · 평론가	1.8	작가 · 평론가	1.6
15	군인	1.7	감독 · 연출가(PD)	1.6	배우	1.6
16	수의사	1.6	판사 · 검사 · 변호사	1.6	운동선수	1.4
17	건축가 · 건축디자이너	1.6	만화가	1.5	CEO/회장/사장	1.4
18	컴퓨터 프로그래머	1.6	기계공학 기술자 및 연구원	1.4	호텔리어	1.4
19	배우	1.4	제빵원 및 제과원	1.4	사회복지사	1.3
20	작가 · 평론가	1.4	엔지니어	1.3	가수	1.2
	누계		누계		누계	

* 초등학교의 '과학자'는 학생들이 실제로 응답한 직업명임.
* '선생님(교사)'는 초등교사, 중등교사, 교사, 유치원교사, 보육교사를 포함함.

희망 직업에 대해 학교급을 고려하지 않고 전체적인 순위를 살펴보면 아래 표와 같다.

표 2-6 학생의 희망 직업- 상위 20개

(단위: 명, %)

순위	희망 직업	빈도수	비율
1	경찰	368	5.2
2	요리사/셰프	216	3.1
3	선생님/교사	206	2.9
4	초등학교 교사	188	2.7
5	군인/직업군인	168	2.4
6	가수	162	2.3
7	스투어디스/승무원	159	2.2
8	간호사	158	2.2

9	공무원	137	1.9
10	건축가/건축 디자이너	136	1.9
11	체육 선생님	130	1.8
12	유치원/어린이집 교사	128	1.8
13	의사/의료인	122	1.7
14	수의사	92	1.3
15	외교관	91	1.3
16	컴퓨터 프로그래머	86	1.2
17	엔지니어/기술자	83	1.2
18	작곡가/작사가	83	1.2
19	PD/ 프로듀서	81	1.1
20	CEO/회장,사장/기업가/사업가	79	1.1

* 응답자 Base: 앞으로 이루고 싶은 꿈(또는 희망하는 직업)이 있는 응답자

학생 희망 직업 상위 10위까지의 누계 비율을 보면 2007년부터 2016년까지 모두 줄어들고 있어(초 21.2%p, 중 14.6%p, 고 4.4%p), 지난 10년간 학생 희망 직업이 특정 직업에 쏠리는 현상은 감소 추세를 보였다.

- 초 : ('07) 71.8% → ('12) 62.2% → ('16) 50.6% (21.2%p ↓)
- 중 : ('07) 59.4% → ('12) 50.9% → ('16) 44.8% (14.6%p ↓)
- 고 : ('07) 46.3% → ('12) 46.6% → ('16) 41.9% (4.4%p ↓)

6) 학생의 희망 직업 업무 내용에 대한 인지 수준

2016 진로교육 현황조사 결과 희망 직업의 업무 내용을 '어느 정도 알고 있다(매우 잘 안다, 잘 안다, 보통)'고 응답한 중학생은 94.4%, 고등학생은 93.6%로 상당한 학생들이 희망 직업이 하는 일을 알고 있다고 응답하였다. 한편, 희망 직업의 업무 내용을 '모

른다(잘 모른다, 전혀 모른다)'고 응답한 학생은 중학생 5.6%, 고등학생 6.4%이며, 이들은 충분히 직업에 대하여 알지 못한 채 희망 직업을 결정한 학생들인 것으로 나타났다.

표 2-7 학생의 희망 직업에 대한 업무 내용 인지 수준

(단위: 점, %)

업무 내용 인지 수준		중학생		고등학생	
평균(표준편차)		3.67(0.84)		3.62(0.84)	
응답지별 응답비율	매우 잘 알고 있음	17.3%		15.6%	
	잘 알고 있음	38.1%	94.4%	37.9%	93.6%
	보통	9.0%		40.1%	
	잘 모름	5.0%	5.6%	5.7%	6.4%
	전혀 모름	0.6%		0.6%	

* 중학생 응답자 수 = 7,068, 고등학생 응답자수 = 8,376, 초등학생에게는 조사하지 않음.
* 인지 수준의 응답범위는 1점(전혀 모름)~5점(매우 잘 알고 있음)

이 결과를 통해서 볼 때 대다수의 학생들이 자신이 희망하는 직업의 업무 내용을 어느 정도 알고 있다는 점에서 매우 고무적이라고 할 수 있다. 하지만 과연 학생들이 희망하는 직업의 업무 내용을 제대로 알고 있는지에 대한 점검은 필요하다. 검사 방식이 자기보고식 검사이기 때문에 객관성까지 확신하기가 어려운 측면이 있기 때문이다. 향후 가능하다면 자기보고식 검사와 함께 직업정보에 대해 객관적인 상황을 파악할 수 있는 능력검사를 함께 실시하고 그 결과를 비교한 후 학생들이 실제로는 잘 모르고 있지만 알고 있다고 답한 부분에 대해서 왜 그러한 결과가 도출되었는지 이러한 간극을 개선하기 위해서는 어떠한 지도 방법이 있는지에 대한 심층적인 접근이 요구된다고 할 수 있다.

7) 학생의 희망 직업 학교급별 인지 경로

2016 진로교육 현황조사에서 학생들이 희망 직업을 알게 된 경로를 조사한 결과

는 다음과 같다. 학생의 희망 직업을 알게 된 경로는 초등학생은 '부모님(26.3%)', '대중매체(24.7%)', '서적(9.8%)', '학교선생님(8.7%)' 등의 순이었으며, 중학생은 '대중매체(27.1%)', '부모님(22.9%)', '학교선생님(9.9%)', '웹사이트(8.7%)' 등의 순으로 나타났다. 고등학생은 '대중매체(21.7%)', '부모님(20.5%)', '학교선생님(13.7%)', '웹사이트(11.0%)' 등의 순으로 나타났다. 학생들은 대중매체를 통해서 희망 직업을 인지하는 경향을 보이는데 이는 작년부터 대중매체에 자주 등장하는 '요리사'나 인기 드라마 속 직업이 학생의 희망 직업조사에서 높은 순위에 올라 있는 것을 설명해 준다. 자세한 내용은 아래 표 2-8과 같다.

표 2-8 학생의 희망 직업을 알게 된 경로

(단위: %)

순위	초등학교		중학교		고등학교	
	영향 경로	비율	영향 경로	비율	영향 경로	비율
1	부모님	26.3	대중매체	27.1	대중매체	21.7
2	대중매체	24.7	부모님	22.9	부모님	20.5
3	서적(책)	9.8	학교선생님	9.9	학교선생님	13.7
4	학교선생님	8.7	웹사이트	8.7	웹사이트	11.0
5	친구	6.6	서적(책)	7.3	서적(책)	7.1
6	웹사이트	5.8	친구	5.4	친구	5.3
7	학원선생님	2.9	학원선생님	3.4	학원선생님	3.4
8	친척	2.7	친척	3.3	이웃 또는 아는 사람	3.4
9	형제자매	2.2	이웃 또는 아는 사람	2.8	친척	3.2
10	이웃 또는 아는 사람	1.8	형제자매	1.9	형제자매	2.5
–	기타	8.5	기타	7.3	기타	8.3

＊기타 의견으로는 '본인', '체험활동', '봉사활동' 등이 있었음.

이 결과를 통해서 볼 때 중학생의 경우 희망 직업을 알게 된 경로로서 가장 높은 순위를 차지한 대중매체를 앞으로 진로교육의 통로로서 적극 활용해야 함을 알 수 있다. 먼저 대중매체에서 보여주고 있는 편협한 직업 고정관념 분석 및 올바른 지도 방법, 대중매체에서 다루고 있는 직업 종류의 한계와 잘못된 직업정보에 대한 고찰과 향후 바람직한 지도 방법에 대한 대책이 반드시 필요하다고 볼 수 있다.

아울러 희망 직업을 알게 된 경로 2위를 차지한 부모님에 주목하고 앞으로 학부모에 대한 진로지도 역량 강화가 지속적으로 이루어져야 할 것이다. 특히 사회경제적으로 지위가 낮은 학부모들의 경우 자신의 충분하지 않은 직업정보가 자녀에게 대물림될 수 있다는 점을 감안할 때 이러한 지역의 학부모 진로지도 연수는 이들을 위한 맞춤형 콘텐츠의 개발과 함께 더욱 활성화되어야 한다.

8) 중학생의 진로계획과 영향 요인

2016 진로교육 현황조사에서 중학생의 진로계획과 영향 요인은 중학생의 졸업 후 진로(진학하고자 하는 고등학교) 계획, 진로미결정 이유, 중학생의 진로(진학하고자 하는 고등학교) 선택의 영향 요인, 희망진로를 결정하지 않아서 겪는 어려움 정도를 조사하였다. 그 결과를 살펴보면 아래와 같다.

① 중학생의 졸업 후 진로계획

먼저 중학생들 가운데 졸업 후 진학하는 것으로 진로를 결정한 학생은 93.2%이며, 아직 결정하지 않은 학생은 6.2%이었다. 진학을 결정한 중학생을 100.0%로 보면, 일반 고등학교를 선택한 중학생이 66.3%로 과반수가 넘었고, 특성화고등학교 11.9%, 자율고등학교(자율형 사립고등학교, 자율형 공립고등학교) 6.7% 순으로 나타났다. 자세한 내용은 아래 표 2-9와 같다.

표 2-9 중학생의 졸업 후 진로계획

(단위: 명, %)

구분		빈도	비율	참고
진학 진로 결정	일반고	5,949	61.8	66.3
	과학고 · 영재고 · 외국어고 · 국제고	56	5.6	6.0
	예술고 · 체육고	486	5.0	5.4
	마이스터고	280	3.0	3.1
	특성화고	1,63	11.0	11.9
	자율고(자사고 · 자공고)	601	6.2	6.7
	기타	55	0.6	0.6
소계		9,033	93.2	100.0
진학하지 않음		61	0.6	–
진로미결정(아직 결정하지 않음)		593	6.2	–
계		9,625	100.0	–

　　2015년 조사결과와 비교해 보면 진로를 결정한 비율이 높아졌고 일반고, 과학고, 영재고, 외국어고, 국제고, 특성화고 진학을 계획한 학생의 비율이 소폭 상승한 것으로 나타났다. 또한 진로미결정 비율은 2015년에 비해 감소하였다.

표 2-10 중학생의 졸업 후 진로계획 변화

(단위: %)

구분		2015	2016
진학 진로 결정	일반고	54.2	61.8
	과학고 · 영재고 · 외국어고 · 국제고	5.2	5.6
	예술고 · 체육고	5.7	5.0
	마이스터고	2.7	3.0
	특성화고	9.5	11.0
	자율고(자사고 · 자공고)	6.0	6.2
	기타	0.1	0.6

소계	83.4	93.2
진학하지 않음	0.2	0.6
진로미결정(아직 결정하지 않음)	16.4	6.2
계	100.0	100.0

② 진로미결정의 이유와 어려움 정도

2016 진로교육 현황조사 결과 진로미결정이라고 응답한 중학생들에게 그 이유를 조사하였는데 '나의 적성과 흥미를 몰라서(37.5%)'라고 응답한 학생이 가장 많았고 그 다음으로 '하고 싶은 것이 많아 선택하기 힘들어서(19.8%)', '관심이 없어서(17.0%)' 등의 순으로 나타났다. 아직 진로를 결정하지 않은 학생들이 자신의 적성과 흥미를 알고 진로에 대한 관심도를 제고할 수 있도록 지속적인 지원이 필요할 것으로 보인다.

이러한 결과를 통해서 볼 때 진로미결정 이유를 기준으로 학생들의 합리적 진로의사결정을 도와줄 수 있는 맞춤형 전략이 필요함을 알 수 있다. 즉 가장 많은 비중을 차지한 '나의 적성과 흥미를 몰라서'의 경우 일차적으로 적성과 흥미를 충분히 그리고 종합적으로 탐색할 수 있는 기회를 제공하는 데 주력해야 할 것이다. 다음으로 '하고 싶은 것이 많아 선택하기 힘들어서'를 이유로 든 학생들에게는 여러 가지 대안 중에서 대안별로 충분하고 정확한 정보를 탐색한 후 장단점 비교 결과를 바탕으로 합리적인 진로의사결정을 할 수 있도록 도와야 한다. 다음으로 '관심이 없어서'의 경우는 진로가 인간의 삶에 미치는 영향력에 대한 정보 및 경험의 제공이 선행되어야 할 것이다.

또한 '부모님과 의견 차이가 커서'라는 이유를 든 학생이 무려 8.7%에 달한다는 점도 눈여겨봐야 할 것이다. 어쩌면 이 학생들의 심리적인 고통은 가장 클 수도 있다. 따라서 부모와 진로갈등이 일어난 진정한 이유가 무엇인지, 충분한 자아 탐색과 직업탐색을 바탕으로 희망 직업이 결정된 것인지, 희망 직업을 반대하는 부모를 설득할 수 있는 효과적인 방법은 무엇인지 등을 알려주어 이 학생들이 진로장벽을 스스로의 힘으로 극복할 수 있도록 도와야 한다.

표 2-11 진로미결정 이유

(단위 :%)

순위	이유	비율
1	나의 적성과 흥미를 몰라서	37.5
2	하고 싶은 것이 많아 선택하기 힘들어서	19.8
3	관심이 없어서	17.0
4	부모님(의사결정에 영향력이 큰 사람)과 의견 차이가 커서	8.7
5	지금 결정할 필요는 없을 것 같아서	8.0
-	기타	5.6
-	모름/무응답	3.3
-	없음	0.1
	계	100.0

* 기타 의견으로 '성적 때문에', '아직 진학 문제도 결정하지 못해서', '외국 이주' 등이 있음.

진로미결정으로 겪는 어려움 정도를 조사하였는데 '어렵지 않다'고 응답한 학생은 24.6%, '어렵다'고 응답한 학생은 36.6%로 어려움을 겪는 학생이 더 많은 것으로 나타났다. '보통'이라는 응답자는 38.8%였다. 현재 진로교육에서는 학생이 진로목표를 잠정적으로 정하는 것이 도움이 된다고 보고 있으나 학생들이 이로 인하여 지나치게 스트레스를 받거나 심리적으로 위축되지 않도록 교사가 지도할 필요가 있다. 진로목표를 정하기 위한 적당한 스트레스는 진로정보의 탐색과 노력에 도움이 될 수 있지만 지나친 스트레스는 오히려 학생들에게 부정적인 영향을 줄 수 있다.

표 2-12 중학생의 진로미결정으로 겪는 어려움

(단위: %, 점)

척도	전혀 어렵지 않음	어렵지 않음	보통	어려움	매우 어려움	평균(표준편차)
비율	15.0	9.6	38.8	22.5	14.1	3.11(1.22)

③ 중학생의 고등학교 선택에 영향 요인

2016 진로교육 현황조사 결과 고등학교로 진학하기로 결정한 중학생들을 대상으로 계획하는 고등학교 선택에 가장 큰 영향을 주는 요인이 무엇인지 조사한 결과, '희망

하는 진로·직업 목표(23.9%)'라는 응답이 가장 많았고 그다음으로 '성적(20.8%)', '좋아하는 것과 잘하는 것(13.3%)' 등의 순으로 나타났다. 이를 통해 볼 때 학생들이 우선적으로는 자신이 목표로 한 진로와 직업에 따라 진학을 결정하는 것으로 나타났으며, 성적에 따라 선택하는 경우도 상당한 것을 볼 수 있다. 자세한 내용은 아래 표 2-13과 같다.

표 2-13 중학생의 고등학교 선택에 가장 큰 영향 요인

(단위: 명, %)

순위	영향 요인	빈도	비율
1	희망하는 진로·직업목표	2,144	23.9
2	성적	1,865	20.8
3	좋아하는 것(흥미)과 잘하는 것(적성)	1,197	13.3
4	통학거리	945	10.5
5	부모님의 희망	834	9.3
6	친구	334	3.7
7	선생님의 조언	226	2.5
8	경제적 이유	105	1.2
-	없음	1,173	13.1
-	기타	147	1.6
	계	8,970	100.0

* 무응답은 제외하고 분석한 결과임.
* 기타 의견으로 '형제/자매', '본인의 선호', '취업' 등이 있었음.

　여기서 살펴볼 수 있는 것은 고등학교 선택에 영향 요인으로서 성적이 차지하는 비중(20.8%)이 결코 적지 않다는 것이다. 성적을 위주로 진학할 고등학교를 선택한 학생들이 진학 후 즐겁게 고등학교 생활을 하고 더 나아가 행복한 직업인으로 성장할 가능성은 결코 높지 않다. 성적으로 상급 학교를 선택하는 경우 어떠한 불행한 상황이 올 수 있는지 예측해 보게 하고 성적과 함께 자신이 희망하는 진로·직업 목표 그리고 좋아하는 것과 잘하는 것을 함께 접목시킴으로써 합리적인 진로의사결정을 할 수 있도록 중학교 진로교육 담당자들은 최선을 다해 조력해야 할 것이다.

학습문제

1. 본문에서 제시한 진로교육 현황조사 결과 중 가장 바람직하게 느껴지는 것을 한 가지 선택한 후 그것을 학교 진로교육 프로그램에 반영할 때 어떤 프로그램이 가능한지 생각해 봅시다. 그리고 그 결과를 동료들과 공유하고 소감을 나눠 봅시다.

2. 본문에서 제시한 진로교육 현황조사 결과 중 가장 문제라고 느껴지는 것을 한 가지 선택한 후 그것을 학교 진로교육 프로그램에 반영할 때 어떤 프로그램이 가능한지 생각해 봅시다. 그리고 그 결과를 동료들과 공유하고 소감을 나눠 봅시다.

참고문헌

교육부(2016). 2016 진로교육 현황조사.

김봉환, 정철영, 김병석(2006). 학교진로상담. 서울: 학지사.

오은영(2013). 대학생의 성인애착이 진로준비행동에 미치는 영향 : 진로결정 자기효능감과 사회적지지
　　의 매개효과. 광운대학교 석사학위논문.

윤매리(1996). 진로 집단상담이 중학생의 진로성숙에 미치는 효과. 경상대학교 석사학위 논문.

3장

중학교 진로심리검사 및 활용

허은영

진로심리검사는 학생의 소질과 적성을 이해하고 진로상담을 위한 자료로 활용할 수 있도록 단위학교에서 제공할 수 있다고 진로교육법 제10조에 규정되어 있으며, 중등학교 진로심리검사 관련 현황을 2016 진로교육 현황조사(교육부·한국직업능력개발원) 결과를 통해 알아보면 아래와 같다.

1) 진로심리검사 실시 여부

중학교와 고등학교의 진로심리검사 실시 여부 및 그 종류를 살펴본 결과 우선 대부분의 학교에서 진로심리검사를 실시(중학교 99.7%, 고등학교 99.3%)하고 있는 것으로 나타났다. 중학교의 경우 학년에 관계없이 진로검사 실시율이 유사하게 유지되는 경향이 있었지만, 고등학교의 경우 학년이 올라갈수록 진로검사 실시율이 낮아졌다. 특히 3학년의 경우 진로검사 실시율이 42.5%로 나타나 98.5%에 이르렀던 1학년에 비해 절반 이하 수준으로 떨어졌다.

표 3-1 진로심리검사 실시 여부

(단위: 개교, %)

학교급 및 학년		실시함		실시하지 않음	
		빈도	비율	빈도	비율
초등학교 전체		338	84.4	62	15.6
중학교	1학년	385	96.2	15	3.8
	2학년	371	92.7	29	7.3
	3학년	392	98.0	8	2.0
중학교 전체		399	99.7	1	0.3

고등학교	1학년	394	98.5	6	1.5
	2학년	324	81.0	76	19.0
	3학년	170	42.5	230	57.5
고등학교 전체		397	99.3	3	0.8

* 중·고등학교는 학년별로 실시하는 진로심리검사를 모두 체크하도록 하였으며, 1개의 진로심리검사라도 실시하는 경우에는 '실시함'으로 체크하여 조사함.
* 초등학교는 진로심리검사를 실시하는지를 '예/아니오'로만 조사함.

2) 실시하는 진로심리검사의 종류

실시하고 있는 진로심리검사의 종류를 살펴본 결과 중고등학교 모두에서 직업흥미검사(중학교 83.1%, 고등학교 84.5%)와 직업적성검사(중학교 79.9%, 고등학교 88.5%)를 가장 많이 하는 것으로 나타났다.

표 3-2 진로심리검사 실시 종류(중·고등학교)

(단위: 개교, %)

학교급 및 학년		진로심리검사 종류별 실시 현황									
		직업흥미검사		직업적성검사		진로성숙도검사		직업가치관검사		기타	
		빈도	비율	빈도	비율	빈도	비율	빈도	비율	빈도	비율
중학교	1학년	265	66.3	186	46.5	119	29.8	123.5	30.9	145	36.2
	2학년	158	39.4	182	45.5	96	23.9	104.7	26.2	158	29.4
	3학년	182	45.5	227	56.8	135	33.6	133.8	33.5	106	26.4
중학교 전체		333	83.1	320	79.9	199	49.7	203.1	50.8	201	50.3
고등학교	1학년	315	78.7	287	71.6	157	39.3	189	47.3	131	32.7
	2학년	135	33.8	192	48.1	111	27.7	98	24.5	116	28.9
	3학년	66	16.6	84	21.2	77	19.2	78	19.4	44	11.1
고등학교 전체		338	84.5	354	88.5	224	56.1	236	58.9	180	45.0

* 중복 응답이 이루어진 문항임.

3) 진로심리검사 실시 방식

진로심리검사를 실시하는 주된 방식으로는 중고등학교 모두 오프라인에서 유료(중학교 48.2%, 고등학교 51.5%)로 실시하는 경우가 가장 많았으며, 온라인에서 유료(중학교 2.0%, 고등학교 1.5%)로 실시하는 경우가 가장 적었다. 전반적으로 온라인보다는 오프라인(중학교 68.6%, 고등학교 66.1%)을 이용하는 경우가 많았으며, 이 같은 순위는 2015년과도 동일한 결과로 나타났다. 온라인에서는 무료로, 오프라인에서는 유료로 진로심리검사를 실시하는 경우가 더 많았다. 중고등학교의 진로심리검사 실시 방식을 그래프로 표현하면 아래 그림 3-1과 같다.

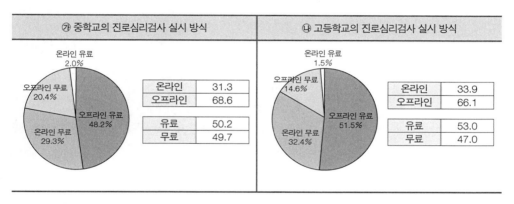

그림 3-1 진로심리검사 실시 방식(중 · 고등학교)

중고등학교에서 진로심리검사를 제공하는 기관을 살펴본 결과 중고등학교 모두 민간기관에서 제공받는다고 응답한 비율이 약 절반이었다. 그다음으로 진로심리검사를 제공하는 기관은 커리어넷으로서 중학교는 40.9%로 나타났고, 고등학교는 42.7%로 나타났다.

표 3-3 활용하는 진로심리검사의 제공처

(단위: 명, %)

학교급	커리어넷		민간기관		기타		계	
	빈도	비율	빈도	비율	빈도	비율	빈도	비율
중학교	164	40.9	198	49.5	38	9.6	400	100.0
고등학교	171	42.7	199	49.7	30	7.5	400	100.0

4) 진로심리검사 결과 제공 방식

중고등학교에서 진로심리검사 결과를 제공하는 방식을 살펴본 결과 2015년의 결과와 마찬가지로 대부분의 교사가 결과지 제공 후 추가적인 활동을 진행하고 있는 것으로 나타났다. 그러나 '진로심리검사 결과만 단순히 제공(중학교 12.6%, 고등학교 11.8%)'한다고 응답한 경우도 여전히 존재하고 있어 보완이 요구되었다.

결과지 제공 후 추가적인 활동을 한다고 응답한 교사를 토대로 어떤 활동을 하는지 살펴본 결과, 아래 그림에서 제시한 바와 같이 중고등학교 모두 '검사 결과를 토대로 학생과 진로상담(중학교 76.5%, 고등학교 79.2%)'을 하는 경우가 가장 많았다. 다음으로는 '검사 결과에 대한 단체 설명(중학교 63.8%, 고등학교 68.6%)'이 많은 것으로 나타났다.

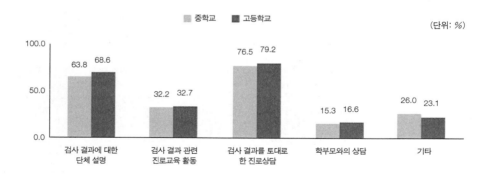

그림 3-2 진로심리검사 이후 추가 활동(중 · 고등학교)

① 진로특성 진단 도입환경 파악

- 개인의 진로특성 요인 파악
- 진로특성 진단 교구 및 장소 파악
- 진로특성 진단을 위한 교구사용 적정유형 파악

② 검사 대상의 목적 설정

- 검사 실시 대상 파악
- 검사 대상의 목적 명료화
- 이전 검사 경험 탐색

③ 검사 도구 선정

- 검사 실시 대상의 특징 분석
- 검사 실시 방식 확인
- 상담자 역량 파악

④ 검사 전 오리엔테이션과 검사 실시

- 검사 목적과 제한점 설명
- 검사 실시 유의 사항, 시간 및 방법 공지
- 검사 실시

⑤ 검사 결과 해석을 통한 진로특성 진단

- 검사 해석 과정
- 검사 목적과 기대 재확인
- 하위 척도 및 각 점수의 의미 설명
- 검사 결과에 대한 반응 확인

⑥ 심화 · 보충 상담 및 진로탐색 방향 안내

- 검사 해석에 관한 심화 · 보충 상담 실시
- 이후의 진로탐색 방향 안내

---

1   이 내용은 『진로진학상담교사 직무매뉴얼(중학교)』의 내용을 바탕으로 기술되었음.

1) 진로특성 진단 도입환경 파악

먼저 개인의 진로의식과 진로판단에 영향을 미치는 개인적 특성 요인(인지적, 정의적, 신체적 영역 요인)과 함께 환경적 특성 요인(가정, 사회문화적 환경 요인) 등을 파악해야 한다. 다음으로 진로특성 요인 표준화 검사도구 및 비표준화 도구현황을 파악하고 검사 실시 장소에 대한 점검 및 선정이 필요하다.

2) 검사 대상의 목적 설정

개인별 검사와 집단검사 등 검사 실시 대상을 파악하고 자기이해를 위한 다양한 방법의 하나인 진로심리검사는 자신의 진로의식 신장과 탐색 및 진학 선택을 결정하기 위한 유용한 도구임을 알려 줌으로써 학생들에게 검사를 실시하는 목적을 분명하게 제시해야 한다. 이때 이전에 받은 검사 목록 파악 및 검사 경험 결과를 어떻게 지각하고 있는지 점검하는 것도 필요하다.

개인 진로심리검사 실시를 원하는 경우
- 자신의 진로선택이 잘 된 것인지 명료화하기를 원하는 경우
- 자신의 진로선택을 이행하기 위해 도움을 필요로 하는 경우
- 진로가 결정된 것처럼 보이나 실제로는 우유부단한 경우
- 자신의 모습, 진로 혹은 의사결정을 위한 지식이 부족한 경우
- 자신의 능력 보유 정도에 대한 정보가 부족한 경우

---

3) 검사 도구 선정

검사 실시 대상의 특징 분석이 필요한데 대상에 따라 유용한 검사의 범위가 다를 수 있으므로 학년별, 학교 특성별, 학급별, 지역별 등의 특징을 고려하여 선정해야 한다. 다음으로 개인검사인지, 집단검사인지 또는 오프라인 검사 혹은 온라인 검사 등 검사 실시 방식에 대해 확인해야 한다. 아울러 검사 선정 시, 검사를 실시 및 해석하는 교사가 전문적으로 접근 가능한 것으로 선정하여야 한다.

(1) 온라인 진로심리검사 목록

① 적성검사

검사명	제작 연도	개발처	주소	특징
직업적성검사	03	한국직업능력개발원	http://www.career.go.kr〉중학생〉심리검사〉심리검사실시	웹 심리검사, 중2~고3 대상, 총 59문항, 20분 소요
청소년용 적성검사	-	한국고용정보원	http://www.work.go.kr/youth〉중학생〉직업심리검사〉청소년용 적성검사	153문항, 중1~고3 대상, 70분 소요, 9개 적성 요인, 11개 하위 검사
진로적성검사	-	서울진로진학정보센터	http://www.jinhak.or.kr〉진로적성검사	웹 심리검사, 중1 이상 청소년 대상, 진로에 관련된 성격유형, 직업흥미, 다중지능의 하위 검사가 있음.

② 흥미검사

검사명	제작 연도	개발처	주소	특징
직업흥미검사	01	한국직업능력개발원	http://www.career.go.kr〉중학생〉심리검사〉심리검사실시	웹 심리검사, 중학생 이상 청소년 대상, 총 192문항, 30분 소요
홀랜드 진로탐색검사 (중학생)	-	한국가이던스	http://www.jinhak.or.kr〉진로심리검사〉중학생〉홀랜드진로탐색검사	서울 거주 학생 대상 1년 1회에 걸쳐 검사를 실시할 수 있도록 링크

검사명	제작 연도	개발처	주소	특징
청소년용 직업흥미검사	-	한국고용 정보원	http://www.work.go.kr/ youth〉중학생〉직업심리검사〉 청소년용 직업흥미검사	185문항, 중1~고3 대상, 30~40분 소요, 3개 하위 척도, 6가지 일반흥미유형 (RIASEC), 13가지 기초흥미 분야
중학생용 진로탐색검사	-	부산광역시 교육청	http://peitho1.busanedu. net〉메인〉진로정보센터〉진로 검사〉진로탐색검사	적성 41문항, 성취 23문항, 성격 5문항, 37분 소요

③성격검사

검사명	제작 연도	개발처	주소	특징
청소년용 직업인성검사 (L형)	-	한국고용 정보원	http://www.work.go.kr/ youth〉중학생〉직업심리검사〉 청소년용 직업인성검사(L형)	204문항, 중2~고3 대상, 30분 소요, 3가지 하위 척도, 6가지 일반흥미유형, 13가지 기초흥미유형 측정
청소년용 직업인성검사 (S형)	-	한국고용 정보원	http://www.work.go.kr/ youth〉중학생〉직업심리검사〉 청소년용 직업인성검사(S형)	180문항, 청소년 대상, 20분 소요, 5요인, 30개 하위 요인

④ 가치관검사

검사명	제작 연도	개발처	주소	특징
직업가치관 검사	02	한국직업 능력개발원	http://www.career.go.kr〉중 학생〉심리검사〉심리검사실시	웹 심리검사, 중 2 이상 대상, 총 55문항, 20분 소요
청소년용 직업가치관 검사	-	한국고용 정보원	http://www.work.go.kr/ youth〉중학생〉직업심리검사〉 청소년용 직업가치관검사	15세 이상 대상, 20분 소요, 13개 하위 요인

⑤진로발달검사 및 기타

검사명	제작 연도	개발처	주소	특징
진로성숙도 검사	03	한국직업 능력개발원	http://www.career.go.kr〉중 학생〉심리검사〉심리검사실시	웹 심리검사, 중2~고3 대상, 총 105문항, 25~30분 소요
홀랜드 진로발달검사 (중학생)	-	한국가이던스 (서울특별시 교육청)	http://www.jinhak.or.kr〉진로 심리검사〉중학생〉홀랜드진로발 달검사	서울 거주 학생 대상 1년 1회에 걸쳐 검사를 실시할 수 있도록 링크

청소년용 진로발달검사	–	한국고용 정보원	http://www.work.go.kr/ youth〉중학생〉직업심리검사〉 청소년용 진로발달검사	97문항, 청소년 대상, 40분 소요, 진로성숙도 검사(57문항), 진로미결정검사(40문항)
간편 진로심리검사	10	한국가이던스 (제주특별자 치도 교육청)	http://jinro.jje.go.kr〉진로심리 검사〉간편 진로심리검사	한국가이던스에서 제작한 간편 검사들로 주의력결핍 과잉행동장애부터 성공도 예측 검사까지 18개의 간이 검사와 결과 해석 가능

4) 검사 전 오리엔테이션과 검사 실시

먼저 오리엔테이션으로 학생들에게 검사가 측정하고자 하는 영역이 무엇인지, 도움이 되는 점 외에 어떤 제한점이 있을 수 있는지를 공지해야 한다. 또한 검사를 통해 학생의 진로 특성에 대해 많은 정보를 주기 위해서는 검사의 유의 사항, 실시 방법, 시간 등에 대한 자세한 설명을 해 주어야 한다.

다음으로 검사가 실시되면 검사하는 과정에서 학생들의 상황을 면밀히 확인해야 하는데 검사를 하는 학생의 행동을 관찰함으로써 때로는 검사 결과만큼이나 의미 있는 정보를 얻을 수 있기 때문이다. 검사 후 검사의 난이도 등에 대해 학생의 소감을 청취한다.

5) 검사 결과 해석

검사 결과 해석 과정과 시간은 아래와 같이 진행할 수 있다.
• 간단한 인사 및 자유 대화 (2~3분)
• 검사 실시 시 느낀 점 및 검사 결과로 기대하는 점, 청소년이 염두에 두고 있는 직업에 대해 묻기(5분)
• 검사결과표 제시하고 살펴보게 하기(5분)
• 검사의 의미 및 검사 결과 중 점수의 의미 설명(5분)
• 검사 결과의 주요 상위 요인에 대해 각각 설명(나머지 요인에 대해서는 질문이 들어

올 경우 설명, 5분)

- 진로특성에 해당되는 직업군과 대표적인 직업 설명(5분)
- 원하는 직업 찾아보기(직업군에 포함되지 않는 직업의 경우 직업의 특성을 생각하여 비슷한 직업군으로 예측, 2분)
- 원하는 직업과 진로특성 일치도 파악. 높게 나타난 진로특성과 낮게 나타난 진로특성에 대해 각각 파악 및 강화·보완 방법 모색(10분)
- 직업사전을 통해 원하는 직업에 대한 정보 살펴보기(5분)

검사가 제공하는 다양한 전문용어를 학생을 위해 상식적인 수준에서 이해할 수 있도록 조작적으로 정의하여 충분히 설명해야 한다. 또한 학생을 대상으로 검사를 해석할 경우 점수의 의미, 결과표를 보는 법 등에 대하여 쉽게 설명해 줄 수 있어야 한다. 끝으로 검사의 해석과정에서 교사가 검사 결과를 일방적으로 설명하지 않도록 주의해야 하며 검사 결과와 실제 자신의 모습과의 일치 여부를 확인하는 것도 필요하다.

검사 결과의 해석에 필요한 척도의 이해

- 규준

규준(norm)이란 원점수의 상대적 위치를 설명하기 위하여 쓰이는 일종의 자(scale)로서 규준집단으로부터 얻어지고 표준화검사는 모두 규준을 갖는다. 원점수는 규준집단에서 개인의 상대적 위치를 보여주는 교정점수로 변환되어 그 심리검사에서 보인 개인 수행의 상대적 측정치를 제공해 준다.

- 백분위 점수

백분위 점수(percentile rank, percentile score)는 비교집단의 크기와 상관없이 일정한 정보를 제공하기 때문에 자주 사용된다. 백분위 점수는 어떤 점수를 높은 점수부터 낮은 점수로 나열할 때 그 점수보다 낮은 점수를 받은 사람들의 비율로 나타낸다. 백분위 점수가 65라면 비교집단에서 65%의 사람이 그 점수보다 더 아래에 있다는 의미이다. 점수가 높을수록 백분위 점수도 높다.

- 표준점수

  백분위 점수가 실제 분포 모습을 그대로 반영하지 못하기 때문에 많은 검사에서 검사결과를 작성하는 방법으로 흔히 표준점수(standard scores)를 사용한다. 표준점수는 표준편차 및 평균에 기초하며 원점수와 평균 사이의 거리라고 정의할 수 있다. 가장 흔히 쓰이는 표준점수는 T점수로, 평균을 50, 표준편차를 10으로 임의로 정한 것이다. T점수는 거의 모든 점수에 걸쳐 있으며 대부분의 원점수가 (평균±3표준편차) 사이에 있기 때문에 T점수는 20~80 사이에 대부분 분포한다.

6) 심화·보충 상담 및 진로탐색 방향 안내

검사를 실시하기 전이나 검사를 실시한 후, 원하는 학생에 한해 면담시간을 정하여 검사 해석에 관한 심화·보충 상담을 실시해야 한다. 상담자는 검사를 해석하면서 이전에 학생을 파악했던 정보와 검사 결과를 연결하도록 노력해야 한다. 아울러 검사 자체에 대한 해석 외에 상담과정에서 다른 어려움을 탐색하여 해결해 주도록 한다. 상담 경험에 대해 긍정적이면 충분히 격려하고, 부정적이거나 아쉬움 등이 있을 경우 공감해 주고 이후에 어떤 방향으로 노력하면 되는지에 관하여 함께 논의할 수 있다.

끝으로 검사 결과를 바탕으로 이후에 어떤 식으로 진로탐색을 할 수 있는지 방향을 제시한다. 검사 결과에서 높게 나온 진로특성과 관련된 진로정보를 탐색할 수 있는 사이트에서 자신에 대한 이해뿐만 아니라 직업세계에 대한 이해를 할 수 있도록 지도한다.

1) 관심이 있는 직업은 적성이 낮게 나왔어요. 저는 꼭 관심 있는 일을 하고 싶은데 어떻게 해야 하나요? 적성이 낮으면 성공하기 어렵나요?

반드시 하고 싶은 일이어서 평소에 관심도 많았는데 적성이 낮게 나왔네요. 적성이 높게 나왔으면 자신감을 가지고 더 열심히 할 텐데 그렇지 않아서 좀 주저하게 될지도 모르고 그렇겠네요. 결론부터 말하면 적성이 낮아서 성공하기 어려운 것은 아닙니다. 이렇게 생각해 보면 어떨까요? 관심과 적성의 차이가 무엇일까요? 평양감사도 자기가 싫으면 그만이라는 속담이 있습니다. 남에게 아무리 좋아 보이는 일이라도 본인이 싫으면 하기 어렵다는 말입니다. 바꿔 말하면 내가 관심이 있는 일이면 그 일을 위해 노력할 수 있다는 의미이기도 합니다. 직업을 선택하는 데 흥미를 중요시할 것이냐, 적성을 중요시할 것이냐는 자신의 판단입니다. 만약 관심 있는 직업을 갖기로 결정한다면, 직업사전 등을 통해 그 직업에 대해 살펴보면서 어떤 능력과 기준이 필요한지 생각해 보고 이를 개발하기 위해 더 많은 시간을 투자할 수 있겠죠.

2) 검사결과에서 나온 직업들이 마음에 들지 않아요. 결과에 나온 직업들 중에는 선택하고 싶은 직업이 없어요.

검사결과에 나온 직업들이 마음에 들지 않는다면 그 직업들 중에서 꼭 선택하지 않아도 됩니다. 결과에 제시된 직업 외에 내가 관심이 있는 직업들이 무엇인지를 살펴보

---

2   이 부분은 커리어넷 사이트 진로심리검사-중/고등학교 심리검사 활용 안내서 자료를 바탕으로 기술되었음.

고 관심분야의 직업을 선택할 수 있습니다. 적성검사에서 추천된 직업은 나의 적성 결과와 관련된 직업이 나타나는 것이기에 나에게 딱 맞는 직업이라고 하기에는 더 검토가 필요합니다. 결과에 제시된 직업을 선택하도록 하는 것이 검사의 목표는 아닙니다. 내가 어떤 적성을 가지고 있는지 나에 대한 이해를 하는 것이 더 중요합니다. 결과에 나온 직업이 마음에 들지 않는다면 내가 잘하는 것이 무엇인지를 확인해 보고 나의 흥미와 가치관, 기타 나의 환경을 고려해서 하고 싶은 일을 더 찾아볼 수 있습니다. 커리어넷의 '직업사전', '미래의 직업세계'에 나와 있는 직업들을 좀 더 탐색해 보세요. 또한 새로운 직업을 소개하는 책자(예를 들어 『세상을 바꾸는 천 개의 직업』 등)를 읽어보는 것도 좋겠네요.

3) 직업흥미와 직업적성 검사 결과가 달라요.

자신의 흥미와 적성이 일치하는 일을 직업으로 가지게 된다면 그보다 더 좋을 수는 없겠지요. 하지만 많은 사람이 흥미와 적성이 완벽하게 일치하는 직업을 선택할 수 없기에 흥미 분야를 직업으로 선택한 후 적성과 능력을 연마하는 경우도 있고, 반대로 흥미를 직업이 아니라 취미 생활로 즐기기도 합니다. 그리고 검사 결과에 따라 진로를 결정해야 하는 것은 아닙니다. 검사 결과는 진로를 결정하는 데 있어 하나의 참고 사항입니다. 진로 결정에는 적성뿐만 아니라 흥미, 성격, 가치관, 연봉, 근무 환경, 성공 기회등을 다 고려해야 합니다. 일단 흥미와 적성이 각각 높은 관련 직업에 대한 정보를 더수집할 필요가 있습니다. 그 분야에서 일하기 위해 어떤 능력이 필요한지, 어떻게 준비해야 하는지 탐색해 본 후 선택하고 준비할 수 있습니다.

4) 모든 직업가치관이 중요한 것 같아요. 꼭 하나를 포기해야 하나요?

직업가치관과 관련해서 항상 고민해야 할 내용은 '타협'입니다. 타협은 여러 가지 선택지 중에 일부를 양보하거나 포기하는 것을 의미합니다. 다시 말하면 모든 직업가치관을 충족할 수 있는 직업은 매우 드물다는 것입니다.

모든 직업가치관을 중요하게 생각하는 것은 어찌 보면 당연한 일입니다. 그렇지만 한 발자국 나아가서 가치관 중에 어떤 것을 내가 가장 중요하게 생각하고, 어떤 것은 그래도 포기가 가능한 가치관인지 고민해 보는 과정이 필요할 것입니다.

직업가치관 검사는 이와 같이 모두 중요하다고 생각하는 가치관의 순위를 매기는 것을 돕습니다. 만일 검사를 진행하면서 둘 중 하나를 선택하기 어렵다면 다음의 상황을 생각해 보길 바랍니다. "A와 B중 하나를 포기해야 한다면 무엇을 포기할 것인가?" 아마 좀 더 쉽게 답을 할 수 있을 것입니다.

5) 직업가치관 검사는 다른 검사(흥미·적성 검사)에 비해 덜 중요한 것 아닌가요?

직업가치관은 흥미, 적성, 성격 등과 마찬가지로 여러분이 직업을 선택할 때 고려해야 할 요소 중 하나입니다. 그렇기 때문에 어떤 요소가 더 중요하다, 중요하지 않다고 말하기 어렵답니다. 직업가치관이 중요한 이유는 이것이 직업만족도에 중요한 영향을 미치기 때문입니다. 예를 들어 '안정성'을 제일 중요하게 여기는 친구가 있습니다. 이 친구는 다른 가치관들(예, 보수, 사회적 인정, 창의성 등)을 충족시키는 직업보다는 '안정성'이 충족되는 직업을 선택했을 때 더욱 만족할 확률이 높습니다. 따라서 여러분이 중요하게 생각하는 직업가치관에 대해 잘 알고 있으면 나중에 직업을 선택할 때 많은 도움이 될 수 있습니다. 직업가치관 검사 결과를 다른 흥미·적성 검사 결과와 종합하기 위해서 커리어넷 사이트에서 제공하는 아로플러스 시스템을 활용하는 것도 좋습니다.

6) 검사 결과는 왜 직업군으로 제시되나요? 나에게 맞는 딱 하나의 직업만 얘기해 줄 수는 없나요?

검사 결과를 직업군으로 제시하는 이유는 첫째, 같은 직업군에 포함된 직업들은 비슷한 적성을 요구하기 때문입니다. 만약 검사 결과 IT 관련 공학 전문직이 추천되었다면 나는 시스템엔지니어도 잘할 가능성이 높고 웹프로그래머도 잘할 가능성이 높습니다. 비슷한 성격의 직업들이기 때문입니다. 평소에 프로그래머에 관심이 있었다면 이번 기회를 통해 그 옆의 다른 직업에 대해서도 관심을 가져보는 계기가 될 것입니다. 만약 딱 한 가지 직업만 추천한다면 다른 직업을 생각해 보지 못할 위험성이 있겠죠? 다양한 직업에 대해서 관심을 가져보는 기회가 되기 바랍니다. 둘째, 세상에 있는 모든 직업을 다 소개할 수 없기 때문입니다. 그래서 점수가 높게 나온 적성과 관련된 직업군을 제시하고 그 직업군의 대표적인 특성을 가진 몇 개의 직업을 제시하게 됩니다. 그러니까 실제 '그 직업을 선택해야 한다'라고 생각하기보다는 '그러한 직업을 갖게 되었을 때 나의 능력을 더 잘 발휘할 수 있구나'라고 생각하는 것이 맞습니다. 혹 평소에 생각하지 못했던 직업들이라도 어떤 직업들이 있고 어떤 일을 하는 직업인지 알기 위해 결과에 제시된 직업에 대해서 살펴보는 것이 좋겠습니다.

7) 영역별 점수가 다 높아요. 전 어떤 직업을 선택해야 하나요?

영역별 점수가 다 높아서 어떻게 진로를 정해야 하는지 고민이군요. 여러 가지 가능성을 놓고 하나를 선택한다는 것은 어렵습니다. 더구나 그것이 내 직업과 연관이 된다면 더욱 어렵지요. 긍정적으로 생각하면 영역별 점수가 다 높다는 것은 무슨 일이든지 잘 해낼 능력이 된다는 말입니다. 이럴 때에는 진로를 결정하는 데 고려해야 할 다른 요소들을 생각해 봅니다. 예를 들어 내가 정말 하고 싶은 일이 무엇인가, 즉 흥미는 어디에 있는지 생각한 뒤, 가치관이나 직업전망 등을 고려하되 내가 어떤 기준을 더 중요하게 생각하는지 다양한 측면에서 신중하게 생각하여 직업을 결정하시기 바랍니다. 그리고 동시에 직업에 대해 더 자세하고 정확하게 알아가는 공부도 해야 합니다.

8) 점수가 거의 비슷비슷해요. 전 어떤 직업을 선택해야 하나요?

각 영역별 점수가 비슷해서 어떤 직업을 선택해야 할지 판단이 서지 않는군요. 점수가 비슷하다는 말은 어떤 일을 해도 성공 가능성이 비슷하다는 것을 뜻합니다. 이런 경우 내가 어디에 관심과 흥미가 더 있느냐를 알아보는 것이 필요합니다. 현실적인 여건도 직업 선택에 중요한 결정 요인이 됩니다. 가령 거주 지역 같은 것은 직업을 정할 때 미처 생각하지 못하고 있다가 큰 변수로 작용하는 경우가 있습니다. 그 외에도 가치관이나 직업전망 등을 고려해야 합니다. 여러 가지 가능성을 염두에 두고 좀 더 관심이 있는 직업에 대한 정보를 알아보고 그 직업에 맞는 적성을 기르려고 노력하다 보면 점차 진로선택의 폭을 좁혀 나갈 수 있을 것입니다.

9) 검사 결과에서 모든 영역이 낮게 나왔어요!

적성검사 결과에는 각 직업이 가지고 있는 직업의 특성이나 능력, 내가 가지고 있는 적성과 능력을 비교해 놓은 결과가 나타납니다. 검사 결과에 높게 표시되었다고 해서 지금 그 능력을 완벽하게 갖추었다는 것을 의미하는 것도 아니며 낮게 나왔다고 해서 그 직업을 준비하기가 어렵다는 것을 의미하는 것도 아닙니다. 검사 결과가 낮게 나타났다 하더라도 앞으로의 노력에 의해 충분히 적성을 기를 수 있기 때문입니다. 그러나 여기에서 한 가지를 고려해 보아야 합니다. 모든 영역이 낮게 나온 것에는 여러 가지 이유가 있을 수 있습니다. 검사를 성의 있게 하지 않았을 가능성도 있고, 실제로 모든 영역의 적성이 낮을 수도 있습니다. 하지만 실제로 모든 적성이 낮기보다는 스스로를 낮게 평가하고 있을 가능성이 훨씬 높습니다. 시험을 본 지 얼마 안 되었는데 성적이 너무 많이 떨어졌다거나 친구나 가족들과 심한 다툼이 있었다거나 하는 특별한 사건이나 스트레스, 우울증과 같은 마음의 질환 등은 자신감을 많이 떨어뜨리고 결과적으로 검사 결과에도 반영되었을 확률이 높습니다. 이런 경우라면 먼저 자신의 마음을 다스리는 게 우선입니다. 혹시 무슨 일이 있는 상황이라면 학교 내의 상담실이나 믿을 만한 주변 사람들과 먼저 상담해 보기 바랍니다.

10) 적성은 변하지 않나요?

적성은 저절로 변하기도 하고 노력을 통해 변화시킬 수도 있습니다. 물론 적성은 '선천적으로 타고난 소질'이기 때문에 남들보다 조금 덜 노력하는데도 금방 잘할 수 있으며, 나도 모르게 그 행동을 더 많이 함으로써 그 능력은 더 빨리 자라납니다. 자동차 조립을 잘하는 친구들은 자동차 조립에 더 많은 시간을 쏟고 그러면 그와 관련된 능력이 다른 사람들보다 빨리 향상될 것입니다. 또한 사람들과 어울리는 것을 좋아하는 친구들은 대인관계 능력이 높을 것입니다. 이 친구들은 평상시에도 끊임없이 사람들과 어울리면서 자신의 대인관계 능력이라는 적성을 높이게 되죠. 반대로 가만히 있으면 점점 적성은 퇴보할 수도 있습니다. 어렸을 때에는 달리기에서 1등만 했던 친구도 운동을 하지 않으면 계속 1등을 하기는 어렵습니다. 이런 경우에는 신체운동 능력 점수는 떨어지게 되겠죠. 개인의 노력을 통해서도 적성이 변하기도 합니다. 예전에는 반성이나 성찰을 하지 않던 친구가 어떤 사건을 계기로 자신을 돌아보고 감정 표현을 자제하게 된다면 이 친구의 자기성찰 능력은 올라갈 수 있습니다. 언어능력 점수가 낮았던 친구가 책을 많이 읽고 매일 일기를 쓰면서 언어 능력을 높일 수도 있죠. 이처럼 적성은 노력에 따라 많이 변화할 수 있습니다.

1) 직업카드 개념과 장단점

직업카드는 일정한 크기의 카드에 직업명과 관련 직업정보가 기입되어 있는 것을 말하며 직업카드를 분류하는 활동 등을 통해 직업흥미를 탐색하는 방법으로 사용되는 도구이다.

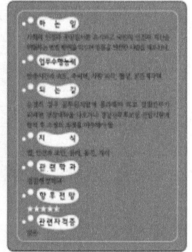

그림 3-3 직업카드 예시

직업카드 분류의 장점은 기존의 표준화된 심리검사에 비해 내담자가 능동적으로 진로탐색 활동의 주체로서 참여한다는 점, 즉각적인 피드백을 제공한다는 점, 상담자가 내담자의 자기개념, 진로성숙도, 의사결정유형, 직업세계의 지식 정도 등 의미 있는 정

---

3   이 부분은 워크넷 사이트의 청소년 직업카드 활용 매뉴얼을 바탕으로 기술되었음.

보를 얻을 수 있다는 점, 진로상담자가 자신의 목적에 맞게끔 변형하여 활동할 수 있는 점 등이 있다. 단점으로는 표준화된 심리검사와는 달리 검사 대상 전체 모집단 속에서 객관적인 위치를 파악하기는 어렵다는 점이 있다.

2) 직업카드 분류 활동

직업카드를 잘 활용하기 위해서는 먼저 제시된 직업의 선정과정을 이해하고 있어야 한다. 예를 들어 한국고용정보원이 개발한 직업카드는 『한국직업 전망서』를 기초자료로 하여 홀랜드 각 유형별 직업이 최소한 6개 이상 포함되도록 일차적으로 직업을 선정한 뒤 90장으로 제작되었다. 중등용 직업카드는 직업카드 번호, WIC-OES 코드, 직업명, 직업개요 관련 세부정보, 홀랜드 유형 직업분류, 업무수행 능력, 지식, 성격 등 10개의 항목으로 이루어져 있다.

다음으로 직업카드 분류 활동의 단계별 과정을 인지하는 것이 중요하다. 직업카드 분류 활동은 참여 학생 인원에 따라 크게 개인별, 소집단별, 학급별의 세 가지 방식으로 진행 가능하다. 직업카드 분류활동은 도입, 분류, 주제 찾기, 순위 결정, 흥미유형 탐색, 결과 요약 및 정보 제공 단계로 구성되어 있다. 도입 단계는 카드 분류 활동에 대한 학생들의 준비도를 높이고 효율적인 진행을 위해 설정한 단계로 학생들에게 직업카드의 구성내용과 카드 분류 활동의 진행과정을 설명해 주고 카드에 기입된 직업과 설명 사항을 살펴보는 시간을 잠시 주며 궁금한 점이 있으면 질문을 받는 활동 등을 한다. 분류 단계에서는 직업카드를 좋아하는 직업과 싫어하는 직업 그리고 미결정 직업의 세 가지 범주로 나누어 보는 단계로 학생들이 실제적으로 카드 분류 활동에 참여하는 단계이다. 주제 찾기 단계는 카드 분류 과정에서 가장 중요한 단계로 학생들이 특정 직업에 대해 막연히 좋다 또는 싫다고 생각하던 것에서 그 이유를 보다 구체적으로 명료화시킴으로써 자신의 직업흥미를 심층적으로 탐색하는 핵심적인 단계이다. 순위결정 단계는 학생들이 선택한 좋아하는 직업 중 가장 좋아하는 3개의 직업을 골라내고 여기에 다시 순위를 정하는 단계로 학생들에게 가장 마음에 드는 직업을 고른 이유를 활동지에 쓰거나 설명하게 함으로써 상담자는 학생들이 가장 선호하는 직업이 무엇인지에 대한 정보를 얻을 수 있다. 흥미유형 탐색 단계는 학생들이 좋아한다고 선택한 직업의 경향을 파악하고 직업 목록을 이용하여 직업카드에 제시되어 있지 않은 다른 직업들에 대해서 살펴보도록 할 수 있다. 결과 요약 및 정보 제공 단계는 학생들이 카드 분류 활동을 통해서 알게 된 여러 가지 자신의 진로특성 중 하나인 직업흥미와 직업정보들을 스스로 정리하고 요약하도록 돕고 새로운 진로관련 정보를 어떻게 찾는지 알려주는 마지막 단계이다.

직업카드 분류활동은 학생들에게 좋아하는 직업과 싫어하는 직업을 선택하게 하고 그 이유를 탐색하는 활동을 통해 학생들이 자신의 직업흥미에 대해서 구체적으로 파악하도록 도움을 줄 수 있다. 또한 직업카드에 제시된 직업목록을 살펴보는 활동과 6개의 홀랜드 유형 중 자신과 가깝다고 생각되는 유형을 선택하는 활동을 통해 직업세계의 다양성을 알게 하고 자신의 홀랜드 유형에 대해 관심을 갖도록 유도할 수 있다. 학생들에게 카드 분류 작업을 통해 알게 된 자신의 직업선호의 특징과 소감을 정리하는 활동을 함으로써 자신과 관련된 진로정보를 명확하게 이해하도록 돕는 데 큰 효과가 있다.

■ 직업카드 분류 활동지 예시

활동1 여러분이 가진 직업카드를 '좋아하는 직업', '결정할 수 없는 직업', '싫어하는 직업'의
세 군으로 분류해 보세요.

좋아하는 직업	결정할 수 없는 직업	싫어하는 직업
카드 개수:	카드 개수:	카드 개수:

활동 2 가장 좋아하는 직업카드 3개를 순서대로 골라 그 직업명과 좋아하는 이유를 적어 보세요.

순위	직업명	좋아하는 이유
1		
2		
3		

활동3 가장 싫어하는 직업카드 3개를 순서대로 골라 그 직업명과 싫어하는 이유를 적어 보세요.

순위	직업명	싫어하는 이유
1		
2		
3		

활동 4 내가 좋아하는 직업 및 싫어하는 직업들의 특징은 어떤지 얘기해 보세요.

• 내가 좋아하는 직업들의 특징은

_____

_____

_____

• 내가 싫어하는 직업들의 특징은

_____

_____

_____

활동 5 직업카드 분류활동에서 느낀 점을 써 주세요.

_____

_____

_____

_____

관심 있는 직업의 세부적인 정보를 알아보고 싶거나, 다른 직업흥미검사를 해 보고 싶은 사람은 아래의
웹사이트를 방문하세요.

• 워크넷　http://www.work.go.kr
• 커리어넷　http://www.career.go.kr

학습문제

1. 학생들에게 심리검사를 실시한 후 심리검사 결과 하나를 임의로 선택하여 결과를 해석하는 연습을 해 보자. 검사를 해석할 때 검사 결과의 해석에 필요한 척도, 즉 백분위나 표준 점수 등을 충분히 활용하는 것이 중요하다. 먼저 개인적으로 해석해 보고 모둠 안에서 그 결과를 공유하자. 결과 해석에 대한 견해가 다를 경우 왜 그러한 결과가 나왔는지 모둠원 전체가 토의해 보자.

2. 시중에 나와 있는 다양한 직업카드를 살펴보자. 그리고 그 특징을 장단점 위주로 비교해 보자. 직업카드는 본문에 제시한 기본적인 카드 분류 활동 외에 다채롭게 활용할 수 있다. 예를 들어 카드를 활용하여 빙고 게임, 스피드 게임 등을 할 수 있는데 이러한 재미있는 활동을 통해 학생들을 직업세계에 노출시켜 직업정보 수준을 자연스럽게 높일 수 있다. 직업카드로 할 수 있는 흥미로운 활동을 모둠에서 개발해 보자.

참고문헌

교육부(2012). 진로진학상담교사 직무 매뉴얼(중학교).

교육부(2016). 2016 진로교육 현황조사.

서현주, 강옥희, 노경란(2009). 청소년 직업카드 활용 매뉴얼. 한국고용정보원.

최명운(2002). 직업카드를 이용한 고등학생의 직업흥미 탐색. 한국교원대학교 석사학위 논문.

4장

중학생 대상 진로정보 제공 및 활용

허은영

자료(data)는 인간의 편익에 기여할 때 비로소 정보로서의 가치를 지닌다. 정보는 인간이 자신의 환경이나 자신으로부터 획득한 자료를 처리한 후 새롭게 구성한 지식이라고 볼 수 있다(Tricot, 2002). 이러한 정보 구성 내용은 새로운 지식을 생산하기 위해 정보 수용자의 욕구나 흥미에 상응해야 한다.

직업정보는 직업적 기회나 직업 자체와 관련된 사실의 기술이나 설명은 물론이고 직업에 관한 분석, 직업 활동에 필요한 자질과 훈련, 직업 전망 등과 같이 일의 세계와 관련된 광범한 사실을 기술·설명·예언하는 체계적이고 조직적인 자료이다(교육학용어사전). 이러한 직업정보에는 취업 기회, 고용 인원, 직업 전망, 임금 및 작업 환경 같은 직장의 근무 조건, 업무 수행에 필요한 자격과 훈련 경험, 지식, 직업 능력, 직업 특성에 어울리는 성격, 흥미, 가치 등이 포함될 수 있다. 직업정보는 특정 기업체나 기관에 한정되는 것이 아니라 체계적인 분석을 통해 모든 직종에 대한 정보로 구성된다.

직업정보를 제공받는 사람은 관심 직업의 업무, 요구되는 지식, 능력, 적합한 흥미, 성격, 가치 등 역량, 임금, 근무시간, 작업 환경 등에 관한 구체적인 직업정보를 바탕으로 합리적인 진로선택을 추구한다. 이처럼 최신의 정확한 직업정보는 새롭게 노동시장으로 이행하려는 청년층과 전직을 통해 제2의 인생설계를 고민하는 중·장년에게 정보 비대칭에 따른 기회비용과 장기 실업을 예방하는 데 기여할 수 있다.

직업정보가 부족하면 많은 청소년이 자신의 미래에 대한 설계를 하는 데 어려움을 느끼게 되고 개인적으로 불행해질 뿐만 아니라 국가적으로도 제한된 인적자원의 소모와 낭비가 생길 수 있다(금재호 외, 2001). 반면에 적절한 직업정보 제공은 개인적인 측면에서는 직업탐색 비용의 절감과 더불어 합리적인 직업선택을 통한 만족스러운 직업 생활을 영위할 수 있도록 지원해 준다. 이처럼 직업정보는 자신에게 적합한 직업선택을 지원함으로써 만족스러운 직업 생활을 통한 개인의 행복에 기여하며, 나아가 국가·사회적으로 인적자원의 효율적 개발 및 관리에 일익을 담당한다.

위와 같은 진로정보의 중요성을 바탕으로 최근 정보통신을 기반으로 한 국가적 차원의 진로정보 전달 체계가 확대되고 있는데 이것이 가지는 정책적 의의는 다음의 세 가지로 설명할 수 있다.

첫째, 정보지식기반사회로의 이행 측면이다. 지식기반의 인프라가 급격히 구축되면서 정보화 부분은 가치 혁명이라 할 정도의 큰 변화를 겪고 있다. 모든 정보와 지식이 디지털화되고 인터넷 등 네트워크로 연결됨에 따라 정보의 생산과 소비, 교환이 실시간으로 이루어져 정보의 저장 및 소비 방식도 과거와 크게 달라지고 있으며 이로 인해 생성·유통되는 정보와 양과 질 또한 엄청난 규모로 성장하게 되었다 청소년 대상의 진로교육 및 진로지도 분야 전반에서 정보화에 의존하는 경향성과 정보의 비중이 커지는 것은 자연스러운 일이다.

둘째, 평생교육 혹은 생애 차원의 진로개발 측면이다. 한층 가속화되고 있는 지식정보사회의 진행으로 인해 개인의 진로정보 활용능력에 대한 필요성이 커졌고 이는 진로정보 차원에서도 새로운 계기로 작용하고 있다. 청소년 시기 이후 안정적이고 순차적인 삶의 단계가 비교적 뚜렷했던 산업화 시대와 달리 지식정보사회는 복잡성과 유동성 측면에서 질적으로 다른 양상을 보이고 있다. 이에 따라 스스로에게 필요한 정보를 탐색하고 분석·가공하여 자신의 진로 관련 지식을 구축할 수 있는 진로역량은 사회와 개인의 생애진로 과정에서 나타나는 다양한 의사결정을 지원하는 필수적인 기능으로 자리매김하게 된다.

셋째, 진로지도서비스 제공의 전달 체계 측면이다. 진로지도서비스에서 가장 전통적인 제공 형태에는 일대일 면접상담활동이다. 그러나 이러한 방식은 비용이 많이 들고 증대하는 진로지원서비스에 대한 요구를 감당하기가 어렵다. 진로지원서비스의 정확성 및 접근편리성, 다양성과 운영효율성 추구는 결국 노동집약성을 완화시켜 비용을 절감하고 이를 대체·보완할 수단을 도입할 수 있을지의 문제로 압축된다. 따라서 정보통신을 기반으로 셀프서비스 진로개발 체계를 강화하는 방식 등으로 해법 모색이 이루어지고 있다(김영빈 외, 2017)

2 **진로정보 관련 진로교육 현황**

진로교육 현황조사는 매년 교육부가 한국직업능력개발원 주관으로 현행 진로교육이 국가가 지향하는 목표치에 어느 정도 도달했는지 또한 진로교육을 실시하는 학교의 현실은 어떠한지를 객관적으로 파악함과 동시에 진로교육의 수요자인 학생의 주관적인 평가를 함께 알아봄으로써 우리나라 진로교육의 현 주소와 나아갈 방향에 관한 정보를 제공하는 데 사용되는 표식이다. 따라서 이를 통해 진로정보 관련 현황을 알아보는 것은 진로정보에 대한 주요 교육 계획 수립과 운영에 있어 매우 의미 있는 일이라고할 수 있다. 2016 진로교육 현황조사 결과를 통해 진로정보 관련 현황을 알아보면 아래와 같다.

1) 진로정보 주요 획득 경로

학생들이 진로정보를 주로 획득하는 경로에 대하여 중학생은 주로 학부모·가족(52.5%), 진로교사(41.7%), 담임교사(39.8%), 커리어넷(38.3%), 친구(32.5), 워크넷(20.4) 등의 순으로, 고등학생은 커리어넷(51.6%), 담임교사(43.2%), 가족(39.4%), 진로교사(37.2%), 워크넷(30.9%), 친구(30.1) 등의 순으로 더 많이 정보를 얻는 것으로 나타났다. 이를 통해 볼 때 학부모를 포함한 가족과 교사가 학생의 주요 진로정보 획득에 있어서 중요한 경로임을 알 수 있다. 따라서 학생들이 진로정보를 잘 획득할 수 있도록 학부모와 교사를 대상으로 진로정보에 대한 홍보 및 연수가 지속적으로 이루어져야 할 필요가 있다. 또한 학생들이 진로정보를 주로 획득하는 경로가 순위와 비율은 조금씩 다르지만 중고등학생들 모두 가족, 교사, 친구 등 주변 사람을 매개하지 않을 경우 커리어넷과 워크넷 등 인터넷 사이트 등을 통해 진로정보를 얻고 있는 것을 알 수 있다. 또한 진로정보의 주요 획득 경로로 나타난 커리어넷과 워크넷의 기능을 확대·강화하여 학생들에게 필요한 진로정보를 지속적으로 제공하는 방안이 필요한 것으로 보이며 이를 적극 활용한 현장 진로교육이 이루어져야 할 것이다.

표 4-1 진로정보 주요 획득 경로(중 · 고등학생)

(단위: 명, %)

진로정보 내용	중학생		고등학생	
	빈도	비율	빈도	비율
학부모, 가족	5,052	52.5	4,057	39.4
진로교사	4,010	41.7	3,880	37.7
담임교사	3.826	39.8	4,443	43.2
커리어넷	3,688	38.3	5,308	51.6
친구	3,126	32.5	3,097	30.1
워크넷	965	20.4	3,176	30.9
학원	1,884	19.6	1,795	17.4
특성화고 · 마이스터고 포털(하이파이브)	592	6.2	350	3.4
한국대학교교육협의회 · 대입정보포털(어디가)	431	4.5	779	7.6
시 · 도교육청 진로진학지원센터	233	2.4	278	2.7
한국전문대학교육협의회	207	2.2	322	3.1

* 3개 이내로 고르도록 한 문항임.
* 중학생을 기준으로 내림차순 정렬함.
* 중학생가 고등학생에서 가장 빈도가 높은 1개 항목을 음영으로 처리함.

2) 진로정보 내용별 필요도

중학생과 고등학생에게 진로정보의 내용에 대한 필요도를 1점부터 5점까지 리커트 척도에 따라 응답하도록 조사하였다. 조사 결과에 따르면, 중고등학생들은 모든 진로정보 내용에 대하여 3.82점 이상으로 높은 수준으로 필요하다고 응답하였다. 아울러 중고등학생 모두 다양한 진로정보 내용 가운데 '진학 · 입시 정보', '학과 정보'가 가장 필요하다고 응답하였다. 이는 조사 대상이 중학생은 3학년, 고등학생은 2학년이기 때문에 각각 고등학교와 대학 진학에 대한 정보들을 중요하게 필요로 하는 시기이기 때문인 것으로 보인다.

표 4-2 진로정보 내용별 학생의 필요도(중·고등학생)

(단위: 점)

진로정보 내용	중학생		고등학생	
	평균	표준편차	평균	표준편차
진학·입시 정보	4.06	0.90	4.11	0.89
학과 정보	4.01	0.90	4.06	0.88
취업 정보	4.01	0.91	4.04	0.91
직업정보	3.99	0.90	4.04	0.87
진로설계 정보	3.94	0.90	3.98	0.89
학습방법 정보	3.93	0.93	3.95	0.92
진로체험 정보	3.88	0.91	3.92	0.89
자기이해 정보	3.82	0.95	3.82	0.94

* 중학생을 기준으로 내림차순 정렬함.
* 중학생과 고등학생에서 가장 빈도가 높은 1개 항목을 음영으로 처리함.
* 응답범위는 1점(전혀 필요 없음)~5점(매우 필요함)임.

3 진로정보 제공 관련 흐름도[1]

| ① 학생의 진로정보 요구 확인 | • 진로정보에 대한 요구 파악
• 진로정보의 영역과 내용 파악 |

| ② 진로정보 자료 수집 · 분석 | • 관련된 다양한 진로정보 수집 방법 결정
• 관련된 다양한 진로정보의 수집
• 수집된 진로정보의 적절성 판단
• 최종적으로 제공할 진로정보 결정 |

| ③ 진로정보의 최신성 · 정확성 · 신뢰성 모니터링 | • 제공할 진로정보의 최신성 확인
• 제공할 진로정보의 정확성 확인
• 제공할 진로정보의 신뢰성 확인 |

| ④ 학생 특성을 고려한 진로정보 자료 제공 | • 효과적인 진로정보 전달 매체(방법) 선택
• 매체별 진로정보 가공 및 자료 제작(필요시)
• 진로정보 제공 및 활용 방법 안내 |

| ⑤ 직업정보 제공 만족도 확인 및 피드백 | • 제공된 직업정보에 대한 만족도 확인
• 추가로 요구하는 직업정보 확인
• 자기 주도적 직업정보 탐색 방법 안내 |

---

1   이 부분은 진로진학상담교사 직무 매뉴얼(중학교)을 바탕으로 기술되었음.

1) 학생의 진로정보 요구 확인

먼저 진로정보에 대한 요구 파악을 해야 하는데 이때 학생의 진로탐색 단계에 있어서 관심 있는 직업분야 등을 고려하여 제공해야 할 직업정보의 유형이나 내용, 깊이 등을 달리하여야 한다. 다음으로 학생에게 필요한 직업정보의 영역이나 유형이 어떠한 것인지 파악해야 한다.

진로정보의 유형과 관련된 질문 유형

- 업무: 구체적으로 하는 일과 그것의 성격(근무 환경, 근무시간, 복리·후생제도)에 관한 질문
- 필요한 능력과 기술: 직업에서 필요로 하는 혹은 관련된 능력, 기술, 자격(증), 교과 목에 관한 질문
- 준비 경로 및 방법: 특정 직업인이 되기 위한 과정과 방법에 대한 질문
- 수입: 특정 직업의 수입(월급, 연봉)에 관한 질문
- 직업 전망: 특정 직업의 안정성, 장래성, 지위 및 승진의 기회, 진로 개척의 정도에 관한 질문
- 채용 정보: 특정 직업 혹은 특정 기업에 대한 질문(회사 정보, 입사 절차, 업무 내용 등)
- 학과 정보: 계열별 학과, 학과의 교육 내용, 졸업 후 진출 분야 등
- 학교 정보: 상급학교의 취업률, 등록금, 학생 선발 방법 등

---

2) 진로정보 자료 수집·분석

관련된 다양한 직업정보 수집 방법을 결정해야 하는데 가장 많이 활용되는 것이 커리어넷과 워크넷 사이트이다.

온라인을 통한 직업정보 수집

• 온라인 사이트를 통한 정보 수집처는 매우 다양하여 여기서는 정부기관에서 운영하는 대표적인 기관을 예로 제시함.

정보 항목	주요 내용
커리어넷	한국직업능력개발원이 교육과학기술부의 위탁을 받아 1999년부터 운영을 시작한 종합 진로정보망임. - 커리어넷(http://www.career.go.kr): 직업정보, 학교 · 학과 정보 등 진로선택에 필요한 정보와 심리검사, 진로상담 등의 서비스를 제공하고 있음.
한국고용정보원	한국고용정보원은 고용노동부 산하기관으로 고용창출을 위한 사이트를 하위에 별도로 개설, 운영함. - 워크넷(http://www.work.go.kr): 워크넷은 취업정보전산망으로 일자리정보와 직업심리검사, 직업 · 취업 · 학과 동영상, 직업탐방(이색 직업, 테마별 직업, 직업인 인터뷰)을 통한 직업정보를 제공함. - 사이버진로교육센터(https://www.work.go.kr/cyberedu/main.do): 성공적인 진로개발을 위하여 청소년, 청년, 진로지도 전문가를 위한 맞춤형 진로교육시스템을 운영하고 있으며 진로교육 자료 소개 및 제공, 취업 및 진로정보를 제공함. - 그 밖에도 다양한 하위 사이트를 운영하여 정보를 제공함.
진로진학정보센터	서울특별시 교육연구정보원에서 운영하는 사이트로 진학정보를 비롯하여 직업정보 등 진로정보를 제공하고 있으며 청소년을 위한 방송을 통해 전문직업인의 동영상 정보도 볼 수 있음. 그 외 경기도진로진학지원센터(http://jinhak.goedu.kr/)등 각 도별로 운영하는 진로정보센터에서도 각종 직업정보를 탐색해 볼 수 있음.

오프라인 직업정보 수집 방법은 미래의 직업세계, 한국직업사전, 한국직업전망 등이 있다.

아래는 그 주요 내용이다.

정보 항목	주요 내용
미래의 직업세계	- 한국직업능력개발원에서 2년을 주기로 발행되는 청소년 직업탐색 자료로 150여 개의 우리나라 대표 직업에 대한 정보를 제공하고 있음 - 직업개요, 준비방법, 적성 및 흥미, 전망 등의 정보를 제공하며, 보상, 고용현황, 고용안정 등 7개 항목에 대해 10년 후 전망 결과를 종합 또는 개별적으로 제공함

한국직업사전	– 한국고용정보원에서 발간하고 있는 한국직업사전은 1969년 발간된 이후 매년 발간되는 직업정보 서로 산업구조의 변화 등에 따라 변동 · 소멸되는 직업세계를 체계적으로 조사 · 분석하여 표준직 업명을 제정하고, 객관적이며 표준화된 직업정보를 제공함 – 수행직무, 정규교육, 숙련기간, 작업강도, 육체적 조건 등 직무와 작업자의 특성이 수록된 직업정 보서임
한국직업전망	한국고용정보원에서 2년마다 정기적으로 출간되는 직업정보서임 • 2010년에 발간된 '2011 한국직업전망'은 우리나라를 대표하는 16개 분야 202개 직업에 대한 상 세정보를 수록하고 있음 • 한국직업전망은 해당 직업의 하는 일, 근무 환경, 되는 길, 필요한 적성과 흥미 및 수록 직업에 대 한 향후 5년간 일자리 증감 여부와 그 원인 등을 제공함으로써 각 직업에 대한 상세한 정보를 얻을 수 있도록 구성되어 있음

정보 항목	주요 내용
하는 일	해당 직업 종사자들이 일반적으로 수행하는 주요 업무 내용을 수록. 여러 직업을 하 나로 통합하여 수록한 경우는 각각의 세부 직업별로 수행하는 업무를 구분하여 소개
근무 환경	해당 직업 종사자들의 일반적인 근무시간, 초과 근무, 교대 근무 여부 등 근로 형태 를 비롯하여 부상 위험과 질병 노출 정도, 육체적 · 정신적 스트레스의 강도, 근무 장 소의 청결 상태나 소음 등과 같은 물리적 환경을 기술
되는 길	– 교육 및 훈련: 해당 직업에 취업하거나 업무를 수행하는 데 유리한 학력과 전공, 전공별 교육내용, 직업훈련기관이나 사설학원의 훈련과정 등을 소개 – 관련 학과: 전문대학, 대학교 등에 개설된 관련 학과 및 훈련전문기관, 직업전문 학교에 대한 정보 수록 – 관련 자격 및 면허: 해당 직업에 종사하기 위해 반드시 취득해야 하거나 취득 시 취업에 유리한 면허와 국가(기술)자격, (공인)민간자격을 수록 – 입직경로 및 진출분야: 해당 직업에 입직하기 위한 방법, 주요 채용기관들의 채용 전형 등을 소개하고 해당 직업 종사자들의 진출분야 등을 수록 – 승진 및 경력개발: 해당 직업의 승진 체계와 이 · 전직을 할 수 있는 분야 및 직업 등을 수록. 단 승진 체계는 기업체에 따라 차이가 있을 수 있으므로 일반적인 승 진 경로를 설명함.
적성 및 흥미	해당 직업에 취업하거나 업무를 수행하는 데 유리한 적성, 흥미, 성격 등을 수록
직업 전망	향후 5년간 해당 직업의 일자리가 감소할 것인지 혹은 증가할 것인지와 그 이유를 들어 직업 전망을 기술
관련 정보처	직업정보와 관련된 협회, 공공기관, 정부부처, 학회 등의 전화번호와 홈페이지 주소 를 수록

고등학교 관련 진학정보 관련 사이트 및 주요 내용은 아래와 같다.

구분	내용
① 고입정보포털	www.hischool.go.kr
	– 전국 고교의 입시 정보를 한눈에 볼 수 있도록 개설됨 – 고교 유형별 특징과 입학 전형 방법을 제공함 – 자기주도학습전형과 학습 방법에 대해 상세한 설명 자료를 제공함 – 고입 전형의 절차, 방법, 일정 등의 기본적인 정보와 학교별 전형에 관한 정보를 제공함 – 고등학교 관련 정책 정보를 제공함 – 고교 진학 관련 자료와 통계, 관련 사이트 정보를 제공함
② 특성화고 포털	www.hifive.go.kr
	– 학생, 학부모에게는 특성화고 정보, 취업 정보, 후진학 정보를, 기업에는 우수인재 정보를, 교사들에게는 학생, 학부모, 기업과의 만남과 정보교류의 장을 제공하고자 함
③ 마이스터고 진학정보 안내	www.hifive.go.kr
	– 마이스터고는 특화된 산업수요와 연계된 교육과정을 운영하는 고등학교로 우리나라 최고의 기술 명장의 인재를 찾고자 교육 수요자들에게 알 권리를 보장하기 위함
④ 하이인포	http://hinfo.sen.go.kr/index.do
	– 서울시교육청 서울 고교 홍보사이트 – 서울시의 고교선택제의 의미와 각 계열별, 남녀공학, 공·사립별 등을 쉽게 찾아볼 수 있도록 하기 위하여 만들어짐
⑤ 학교알리미	www.schoolinfo.go.kr
	– 학교 관련 정확한 정보를 제공하여 교육과정에 국민 참여를 촉진하고 교육행정의 투명성 확보, 학교교육에 대한 수요자(학생, 학부모 등)의 알 권리를 보장하기 위한 목적으로 만들어짐 – 학교알리미 사이트에는 다양한 정보 외에도 학교 포트폴리오와 학교교육계획서도 탑재되어 있어 활용이 가능함

학교알리미에 탑재된 학교 정보

구분	내용
학생 현황	– 학생 재학 현황, 전·출입 및 학업중단 학생 수, 입학생 현황, 졸업생 진로 및 장학금 수혜 현황
교원 현황	– 직위별 교원 현황, 자격종별 교원 현황, 연수 참여 교원 현황, 교원단체 및 노조 가입 현황
교육 활동	– 각종 규정, 교육계획 편성·운영, 평가기준 및 계획, 학교운영위원회, 동아리활동 및 방과 후 학교 등
교육 여건	– 학교 시설 및 개방 현황, 학교급식에 관한 사항, 학교폭력 및 학생·학부모 상담실적, 학교보건 및 환경위생 현황, 학교도서관, 사무직원 및 노조 가입 현황, 자율공시
예·결산 현황	– 학교 회계 예·결산서(국·공립), 학교발전기금
학업성취도	– 학년별·교과별 성적사항

구분	내용
⑥ 커리어넷	www.career.go.kr
	– 전국 초·중·고·대학교, 특수/기타학교, 대안학교 정보를 제공함 – 원하는 조건 선택 후 검색을 누르면 해당학교 홈페이지로 이동함

시청각 매체로 학교에 제공되는 직업정보로는 한국직업능력개발원의 커리어넷 '직업인 인터뷰'와 한국고용정보원의 '2012 내일을 JOB아라' 등이 있다. 그밖에도 EBS 교육방송, 케이블방송, 위성방송, DMB, IPTV 등을 통해 송출되는 각종 진로(직업·취업)동영상 및 다양한 진로 프로그램 등을 들 수 있다.

시청각 매체 자료 수집	
정보 항목	주요 내용
웹디자이너	• 워크넷 사이트 – 직업·진로 – 직업정보 – 동영상 – 직업 동영상 • 다양한 키워드를 통해 직업동영상을 검색하고 해당직업의 생생한 현장모습 및 인터뷰를 열람할 수 있음 • 직업군별, 신직업, 국제기구 등으로 구분하여 직업동영상 제공함 • 직업인의 활동 모습을 인터뷰하여 하는 일, 준비 방법, 보람과 어려움 등을 소개하고 있기 때문에 문자로 된 정보의 한계를 보완할 수 있음
허희정	• 워크넷 사이트 – 직업·진로 – 직업정보 – 동영상 – 학과정보 동영상 • 학과 졸업 후 진출할 수 있는 직업과 분야 및 취업을 위해 대학생활을 어떻게 계획하고 준비해야 하는지 교수님과 재학생 이야기를 통해 살펴봄 • 최근 학과의 변화양상과 관련 산업구조의 변화 등을 소개하고 다양한 진로모색의 필요성과 새롭게 등장하거나 부각되는 직업 및 분야를 소개하는 데 좀 더 중점을 두고 있음

EBS 교육방송(http://www.ebs.co.kr/job?mainTop)

다양한 출처를 통해 획득한 직업정보가 학생이 희망했던 정보를 담고 있는 직업정보인지를 판단해야 한다. 적절성 판단의 일차적인 기준은 학생의 요구 사항이며, 이차적인 기준은 학생의 요구사항 외에 추가로 제공되어야 할 필요가 있는 유용한 직업정보도 포함되어 있는지를 중심으로 판단한다. 획득한 직업정보가 학생의 요구 사항 및 기타 유용한 추가 정보를 포함했다고 판단되면 최종적으로 제공할 직업정보를 결정한다.

3) 진로정보의 최신성·정확성·신뢰성 모니터링

먼저 학생에게 제공할 진로정보가 최신의 현황을 반영한 현재 상황에서 이용 가능한 정보인지를 확인해야 한다. 다음으로 정확한 내용을 담고 있는 정보인지를 확인한다. 진로정보는 직업세계에 대한 사실과 자료로서 정확해야 한다. 정보로 제공되는 텍스트는 물론 사진, 도표, 그림 등도 직업세계를 거짓이나 왜곡 없이 사실 그대로 나타낼 수 있어야 한다. 끝으로 공신력 있는 기관에서 생성한 믿을 수 있는 정보인지를 확인해야 한다. 최근 들어 다양한 기관들에서 많은 진로정보들을 생산하고 있으나 직업정보는 사회심리적 정보와 경제적 정보 등 다양한 정보로 구성되어 있어 일반인들이 타당성과 신뢰도를 판단하기 어렵다. 특히 2차적 정보를 활용하여 진로정보를 생성할 경우 사용자가 자료의 정확성을 판단하기는 쉽지 않다. 따라서 진로정보의 명확한 출처를 확인하고 제공함으로써 정보의 신뢰성과 타당성을 확보할 수 있도록 해야 한다.

진로정보가 갖추어야 할 특성

- 정확성: 직업정보는 직업세계에 대한 사실과 자료로서 정확해야 함.
- 형식성: 직업정보는 질적인 정보, 양적인 정보, 수리적인 정보, 시각적인 정보 등으로 표현되며 요약된 형식이나 상세한 형식으로 제공되어야 함.
- 범위: 직업정보는 포괄적으로 또는 부분적으로 정보를 제공할 수 있으며 정보제공

의 대상에 따라 정보의 깊이도 달라짐.

- 출처: 직업정보는 출처를 가지며 이를 통해 정보의 신뢰성과 타당성을 확보할 수 있음.
- 적절성: 직업정보는 정보를 사용하는 사람이 필요로 하고 목적하는 활동에 유용해야 함.
- 최신성: 직업정보는 정보를 사용하는 시점에 통용되어야 함. 특히 직업세계는 끊임없이 변화한다는 점을 감안하여 항상 최신성을 유지하도록 해야 함.
- 완전성: 직업정보는 직업을 선택하고 준비하는 데 요구되는 정보를 모두 제공해야 하는 종합성을 갖추어야 함.
- 일관성: 직업정보는 직업 간의 통일된 형식으로 제공되어야 하며 이를 위해 정보와 통계자료, 계량단위 등은 표준화된 형태로 제공되어야 함.
- 객관성: 직업정보는 차별적이거나 편향되지 않아야 하며 개인의 주관적 의견을 제시하거나 전망의 결과에 대한 논리적 근거가 부족해서도 안 됨.
- 직업정보는 수요자가 이해할 수 있도록 제공되어야 하며 이를 위해 사용하는 용어가 사용자의 수준에 적합해야 하고 정보는 구체적이고 상세해야 함.

4) 학생 특성을 고려한 진로정보 자료 제공

먼저 학생에게 전달할 진로정보를 어떠한 매체나 방법을 통해 전달하는 것이 효과적인지를 학생 특성을 고려하여 판단하여 직업정보를 전달해야 한다. 진로정보를 제공하는 방법은 크게 인쇄매체를 통한 방법, 시청각 매체를 통한 방법, 면담을 통한 방법, 온라인을 통한 방법으로 구분할 수 있다. 진로정보 제공은 자원 및 예산 절약 차원에서 온라인으로 제공하는 것이 바람직하나, 학생들이 교실에서 생활하는 시간이 많으므로 관리의 어려움은 있지만 대표적인 진로정보서를 손쉽게 접할 수 있도록 공간을 확보하여 교실에 비치하는 것도 고려해 볼 만하다.

다음으로 진로정보를 전달할 매체나 방법을 선택한 후 필요 시 그에 맞도록 진로정보를 가공하거나 전달을 위한 자료를 제작한다. 전달 매체나 방법을 고려하여 제공할 진로정보를 다시 가공할 필요가 있는지 여부를 판단하도록 한다. 예를 들어 인터넷 사이트의 진로정보를 제공한다면 별도의 가공 필요성은 낮지만, 별도의 게시판이나 인쇄물을 통해 정보를 제공할 경우는 진로정보를 그에 맞게 가공할 필요가 있다.

최종적으로 가공된 진로정보를 학생에게 제공하며 이 때 애초 학생이 그 정보를 희망했던 이유를 다시 한 번 환기시켜 제공된 진로정보가 원래의 목적에 따라 활용될 수 있도록 한다.

진로정보 제공 시 이를 효율적으로 활용할 수 있는 활용법도 함께 알려 주어야 한다. 온라인 진로정보는 어느 경로를 통해 접근하여 어떤 내용을 확인해야 하는지를 알려 줄 필요가 있으며, 동영상 자료의 경우는 막연히 시청하는 것을 탈피하여 어떤 부분을 중점으로 생각하면서 시청해야 할지 등을 알려 주어야 한다. 특히 면담을 통한 진로정보 제공 시에는 반드시 면담 전·중·후에 지켜야 할 예절 등을 환기시키고 면담을 하는 과정에서 자신이 원하는 진로정보를 얻기 위한 효과적인 대화법도 함께 알려주도록 한다.

5) 진로정보 제공 만족도 확인 및 피드백

진로정보를 제공한 후 학생에게 제공된 진로정보에 대한 만족도를 확인하도록 한다. 학생이 제공된 진로정보에 대해 어느 정도 만족하고 있는지, 처음 정보를 원했던 이유에 비추어서 궁금증이 해결되었는지를 확인하도록 한다.

제공된 진로정보의 만족도 확인과 함께 반드시 추가로 요구하는 정보가 있는지도 확인하도록 한다. 제공된 정보를 통해 학생이 자연스럽게 다른 직업이나 다른 영역에 대한 정보를 알고 싶어 할 가능성이 높기 때문에 추가로 요구하는 진로정보가 있는지를 확인하고 이에 대응하도록 한다.

끝으로 자기주도적 진로정보 탐색 방법을 안내한다. 초기에는 교사가 학생들에게 진로정보를 제공하는 역할을 수행하고 점차 학생들 스스로 원하는 진로정보를 탐색할 수 있도록 지원하는 역할로 바꾸어 가도록 한다.

4 진로정보 검색 후 학생 활동 사례

1) 커리어넷을 활용한 직업정보 활동지

① 커리어넷 홈페이지에 접속하여 회원가입 후 로그인한다.
② 홈페이지 상단에 있는 **진로심리검사** → **진로탐색프로그램**을 클릭한다.
③ 화면이 바뀌면 **자기이해를 통한 진로탐색하기**를 선택하여 직업적성검사, 직업흥미검사, 직업가치관검사, 과목별 성취 및 흥미 검사를 모두 실시한다.
④ **종합검사결과표**를 인쇄하여 출력물을 읽고 중요한 내용에 밑줄을 긋는다.
⑤ 적성·가치관·흥미·과목별 성취 및 흥미 검사 모두에서 공통적으로 제시된 직업 중 하고 싶은 직업을 전부 적어 보자.

⑥ 위에 적은 직업 중 가장 해 보고 싶은 희망 직업을 하나 선택하여 **종합검사결과표** 화면에서 직업명을 클릭한다.
⑦ **직업사전** 화면을 인쇄하여 출력물을 읽고 중요한 내용에 밑줄을 긋는다.
　※ 아로플러스를 다시 클릭하여 **관심직업을 통한 진로탐색하기**를 선택하여 직업명에 선택한 희망 직업을 입력한 다음 **직업상세능력**을 검사한 후 검사 결과를 적어 보자.

⑧ **직업사전**에 소개된 관련학과 중 전공해 보고 싶은 학과를 모두 적어 보자.

⑨ 위에 적은 학과 중 가장 전공해 보고 싶은 희망학과를 하나 선택하여 **직업사전** 화면에서 학과명을 클릭한다.
⑩ **학과사전** 화면을 인쇄하여 읽고 중요한 내용에 밑줄을 긋는다.
⑪ 진로상담(사이버상담)에 상담글을 올리고 답글이 올라오면 인쇄하여 읽고 중요한 내용에 밑줄을 긋는다.
⑫ 활동지를 완성한 후 출력물과 함께 철하여 제출한다.

2) 진로정보 활용 수업 사례-직업미니북 만들기

■ 활동개요

활동 목표	• 자신이 원하는 직업에 대한 세부 정보를 탐색할 수 있다. • 정확한 직업정보를 바탕으로 구체적인 진로계획을 수립할 수 있다.	시 간		45분
		준비물	교 사	활동지
			학 생	B4종이(학생 수만큼), 각종 필기구

■ 활동전개과정

전개	활동 주제	활동 내용	방법	준비물	시간
도입	컴퓨터실로 이동 활동 안내	• 컴퓨터실로 이동한다. • 활동 목표, 내용, 방법을 안내한다.	교사 안내		5분
전개	직업정보탐색 방법 안내	• 자신이 원하는 직업에 대한 정보 인식 정도를 확인한다. • 인터넷을 활용한 직업정보탐색 방법을 안내한다. 　-커리어넷 　-워크넷	강의	ppt	5분
	직업미니북 만들기	• 직업미니북을 접는다. • 앞에서 안내한 정보탐색 방법을 활용하여 직업미니북을 완성한다. • 발표를 통해 소감을 나눈다.	개인활동	B4종이 (학생 수만큼)	30분
정리	정리 차시 예고	• 이번 차시에 대해 정리한다. • 다음 시간 내용을 안내한다.	교사 안내		5분

■ 유의사항

- 컴퓨터실을 사전에 예약한다.
- 컴퓨터실의 컴퓨터가 잘 작동하는지 사전에 철저히 점검한다.
- 만약에 컴퓨터실 예약이 어렵다면 원하는 직업 6개에 대한 정보를 찾아 인쇄해 오도록 전 시간에 과제로 부여한다.
- 컴퓨터실에서 학생들이 컴퓨터를 학습용도 외로 활용하지 않도록 교사는 교실을 순회하며 철저히 감독한다.
- 시간이 부족한 경우 2시간으로 운영할 수 있다.

■ 활동내용

도입	컴퓨터실로 이동/활동 안내(5분)
컴퓨터실로 이동	▶ 컴퓨터실로 이동한다. 컴퓨터실을 사용하기 전에 사전에 예약하는 것이 좋다.
이번 차시 안내	▶ 이번 차시를 안내한다. "이번 시간에는 직업미니북 만들기를 통해 자신이 원하는 직업에 대해 좀 더 자세한 정보를 찾아보는 활동을 해 보겠습니다."

전개(1)	진로정보탐색 방법 안내(5분)
진로정보의 중요성	▶ 진로선택에 있어 직업정보의 중요성을 알려준다. "여러분은 자신이 원하는 직업에 대해 얼마나 잘 알고 있나요? 현재 희망하는 직업 하나를 떠올리고 지금부터 선생님이 하는 질문에 속으로 답해 보세요. 구체적으로 어떤 일을 하는가요? 어떤 학력과 자격증이 필요한가요? 어떤 적성과 흥미가 필요한가요? 연봉과 전망은 어떤가요? 아마 답하기 어려운 사람이 많았을 거예요. 아무리 자신이 원하는 직업이 있다고 해도 그 직업인이 되기 위해서는 어떤 준비가 필요한지를 알아야 하고 그것을 하나하나 갖춰 나갈 때 꿈의 주인공이 될 수 있다는 점을 꼭 기억하세요."
진로정보탐색 방법 안내	▶ 진로정보탐색 방법을 컴퓨터 화면을 통해 안내한다. "자, 여러분! 지난 시간에 우리가 살펴보았던 직업정보를 검색할 수 있는 사이트의 이름을 기억하나요? 맞습니다. 커리어넷과 워크넷이지요. 지금부터 직업정보 찾는 방법을 다시 한 번 되새겨보도록 합니다. (질문을 던지며 워크넷과 커리어넷의 메뉴를 화면을 통해 안내한다)"

전개(2)	직업미니북 만들기(30분)
직업미니북 만들기	▶ 활동지 2 〈직업미니북 접기〉를 배부한 후 접는 방법을 보여준다. "B4 종이를 8면으로 접고 가운데를 칼로 잘라 미니북 접기를 한 후 총 8면 중 첫 장은 표지로 하고 나머지 6면에 앞에서 소개한 직업정보탐색 사이트에서 관심이 가는 직업 6개에 대한 직업정보를 찾아 직업미니북을 만들어 보세요. 그리고 마지막 장은 이번 활동에 대한 자신의 소감을 담아 보세요. 미니북에 담을 내용은 본인에게 가장 중요하다고 생각하는 것을 중심으로 마음껏 꾸며 보세요. 각종 필기구를 사용하면 더 다채롭게 꾸밀 수 있답니다"(그림 4-1, 4-2)

■ 수업 진행 tip

• 학생의 예시 작품으로 보여주면 학생들이 활동 내용을 더 잘 이해한다.
• 학생들이 이 활동을 할 때 정보를 인쇄하여 오려 붙이면 안 되느냐고 질문하기도 한다. 반드시 정보를 요약하여 손으로 적도록 해야 한다. 왜냐하면 이 활동은 내용을 요약하여 손으로 직접 써 봄으로써 학생들이 자신이 원하는 직업에 대한 정보를 충분히 파악하는 데 목적이 있는데 오려서 붙일 경우 꼼꼼히 읽지 않고 미니북을 꾸미는 데 더 주력할 수가 있기 때문이다.
• 진로심리검사 결과를 활용할 수도 있다. 보통 학교에서 4월경에 실시하는 진로심리검사 결과가 배부되는데 이 결과지를 활용하여 결과에 제시되는 10~15개의 직업 중 원하는 직업 6개를 선택하여 미니북으로 제작할 수 있다.
• 직업을 5개로 줄이고 나머지 한 면에는 직업미니북 제작이 끝난 후 부모님께 보여드리고 편지글 형태로 소감 적어오기를 과제로 부여하면 자연스럽게 부모와 자녀의 진로를 주제로 한 대화의 기회를 제공할 수 있다.
• 다 만들어진 직업미니북은 수행평가 자료 또는 교실 게시물로 활용할 수도 있다.

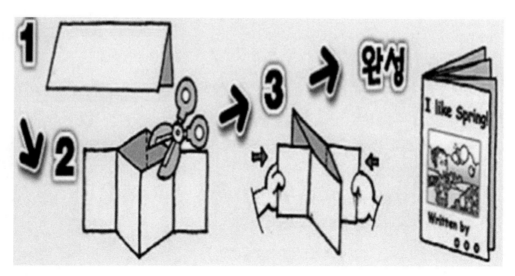

그림 4-1 미니북 만드는 방법

그림 4-2 미니북 학생 예시 작품

학습문제

1. 학생들이 진로정보에 충분히 노출되어 진로정보 수준을 높이고 자기주도적 진로
   정보탐색 능력을 길러줄 수 있는 방법을 모둠을 이루어 다양하게 개발해 보자. 예
   를 들어 진로정보탐색대회를 개최할 수 있다. 학생들이 꼭 알아야 할 진로정보, 학
   생들이 잘못 알고 있는 진로정보 등을 문제로 구성하고 일정 시간 동안 문제를 풀
   게 한 후 답을 맞혀보는 것이다. 가볍게 시상까지 곁들이면 학생들이 흥미롭게 활
   동하며 자연스럽게 진로정보 인지도를 높일 수 있다.

2. 커리어넷과 워크넷 사이트에는 수업이나 집단 활동에 활용할 수 있는 수많은 정보
   들이 곳곳에 제시되어 있고 이를 다양한 학습 활동으로 연계할 수 있다. 예를 들어
   워크넷 사이트의 직업정보 메뉴에는 테마별 직업여행이라는 코너가 있다. 여행, 음
   식, 호텔, 수송, 관광레저, 게임, 애니메이션, 순수예술, 영화, 음반, 금융, 스포츠, 의
   료, 과학수사와 법, 문화/예술, 방송/언론, 광고/마케팅, 디자인, 정보통신, 건설/교
   통 등 17개 분야에 걸쳐 다양한 관련 직업명 및 세부 정보가 제공되고 있다. 학생들
   에게 먼저 몇 개의 관심 분야를 제시하고 모둠을 이루어 일정 시간 동안 관련 직업
   을 가급적 많이 나열해 보라고 지시한다. 그리고 테마별 직업여행 정보를 활용하여
   관련 직업을 안내한 후 가장 많이 나열한 모둠에게 시상하는 것이다. 직업정보를
   활용한 다양한 활동을 개발하고 실제로 현장에서 활용해 보자.

참고문헌

교육부(2012). 진로진학상담교사 직무 매뉴얼(중학교).

교육부(2016). 진로교육 현황조사.

금재호 외(2001). 외국의 직업정보 시스템-미국과 캐나다를 중심으로. 한국노동연구원.

김영빈, 김동규, 김소현, 박가열, 오민홍, 장현진, 정윤경(2017). 직업세계와 직업정보 탐색 지도. 서울: 사회 평론아카데미.

서울대교육연구소(1995). 교육학 용어사전. 하우동설.

Tricot, A. (1979). *The career information service*. Chicago: Rand McNally.

5장

교과통합 진로교육 [1]

허은영

1) 교과통합 진로교육의 개념과 유용성

교과통합 진로교육이란 한 개인이 생산적인 사회 구성원으로서 그리고 행복한 개인으로서 삶을 영위할 수 있도록 성장하는 것을 돕는 진로교육의 일환으로, 교과담당 교사가 수업을 전개할 때 학생들의 진로와 관련된 사항을 교과와 함께 지도하는 것을 의미한다.

가정, 학교, 사회환경의 영향을 받아 학교학습에 참여하는 학생들은 학교학습을 주요 목적으로 교과를 통한 학업성취를 달성하고 그 과정에서 진로교육을 위한 정보를 제공받아 진로의식 성숙을 고취시킬 수 있는 교과통합 진로교육을 바탕으로 자기이해 증진과 직업세계의 이해 증진을 통해 사회의 한 구성원으로서의 역할과 자아실현을 한다.

자아실현을 추구하는 존재로서의 인간은 생산적인 사회의 구성원으로서 사회에 봉사하고 나아가 자신의 잠재능력을 실현하기 위해 노력하는 존재이다. 이를 위해 자신의 적성을 확인하고 적합한 직업을 합리적으로 선택하며 그에 맞는 능력을 가꾸어 나가는 일은 매우 중요하다.

학교 현장에서 교사의 역할은 지식을 전달하는 것뿐만 아니라 장래에 학생들이 사회 구성원으로서의 역할을 수행할 수 있도록 개인의 소질과 적성을 발견하고 그에 알맞은 직업을 선택해서 성공적으로 진로를 개척할 수 있도록 돕는 것이다.

물론 이러한 진로교육을 하는 방법은 별도의 교과목으로 실시하거나 직업체험활동 기회를 제공하는 등 다양할 수 있다. 그중에서 교과지도와 함께 진로지도를 실시하는 교과통합 진로교육은 진로의식의 성숙을 통해 학생들의 진로선택을 돕고, 학생들에게 교과내용과 관련된 직업정보를 제공하거나 역할 모델을 제시함으로써 학습동기를

---

1   이 장은 『진로교육개론』(김봉환 외, 2017)의 8장을 재수록한 것임.

유발해 수업에 적극 참여하도록 유도하며, 자신의 진로에 대한 밑그림을 확실하게 간직해서 비행 행동을 예방하는 데에도 매우 유용한 접근 방법이다.

2) 교과통합 진로교육 모형

교과통합 진로교육의 최종 목적은 교수·학습과정에서 한 개인의 지적 성취와 직업세계의 이해를 위한 다양한 변인 간의 상호작용을 통해 교과내용의 학습을 극대화하고 진로의식 성숙을 도모해 직업이해를 통한 자아실현을 이루는 데 있다.

교과통합 진로교육의 과정은 개인이 갖는 배경 변인으로서의 환경차원, 교사와 학생 간의 가르치고 배우는 상호작용에 초점을 두는 교수·학습차원, 교육의 효과로서의 행동 특성 변화에 초점을 두는 결과차원으로 구성되어 있다.

그림 5-1의 모형은 교과지도와 진로지도를 하기 위해서 필요한 교과통합 진로교육

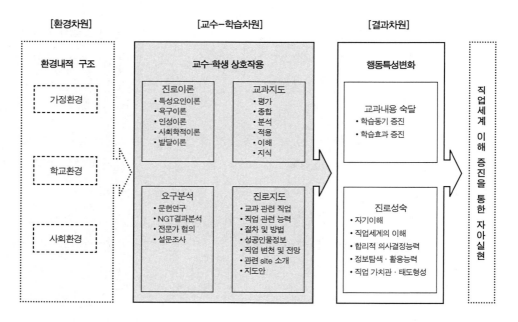

그림 5-1 교과통합 진로교육 모형

출처 : 송인섭, 김봉환,, 조대연, 임언(2006), **교과통합형 진로지도 모형 개발과 적용**, 한국직업능력개발원

의 전반적인 틀을 제공하고 있다. 이 모형의 교수·학습차원에서는 교과지도와 동시에 이루어질 수 있는 진로지도와 관련된 실제적 관련 변인과 그 실제적 변인을 뒷받침할 수 있는 이론적 변인을 포함하는 차원에 초점을 두어 설명했다. 특히 교수·학생 상호작용 중에서도 교과지도와 진로지도가 이 모형의 핵심 영역이다.

2 교과통합 진로교육 수업 전략

1) 교과지식과 관련된 직업소개 활동

학생들에게 교과에서 배우는 지식과 관련된 직업군을 알려 주거나 직업 동영상을 통해 상세 정보를 제공하는 것은 교과지식에 대한 의미를 증진시킬 수 있고 더 나아가 교과 흥미를 향상시킬 수 있는 교과통합 진로교육의 첫걸음이다. 예를 들어 수학에서 '확률과 통계'라는 단원을 배우기에 앞서 관련 직업으로 보험계리사라는 직업을 소개하는 경우가 있다. 보험계리사는 확률과 통계 지식을 활용해 보험 상품을 개발하는 고소득 전문직인데, 학생들은 확률과 통계라는 지식이 실제 직업세계와 매우 밀접하게 연결되어 있다는 인식을 바탕으로 자발적인 학습동기를 가질 수 있다. 더 나아가 앞서 유발된 학습동기에 의해 이 교과의 학업성취가 증진된다면 자연스럽게 진로목표로 연결될 수도 있다. 교과와 관련된 직업 목록 및 각 직업에 대한 상세한 정보가 필요하다면 아래의 사이트를 적극 활용할 수 있다.

워크넷(www.work.go.kr) → 직업 · 진로 → 직업정보검색 → 분류별 검색 또는 키워드 검색

키워드 검색은 특정 직업에 대한 정보를 찾거나 교사를 입력해 교사와 관련된 모든 직업을 검색하고 싶을 때 활용할 수 있다. 분류별 검색 메뉴는 직업군별로 직업을 찾을

때 유용한데, 직업군 하나를 클릭하면 그 군에 포함된 세부 직업군이 펼쳐지고 그중 하나를 클릭하면 직업명이 소개된다. 직업 중 하나를 클릭하면 하는 일, 준비방법, 연봉과 전망, 관련학과 등 직업정보가 상세히 안내된다.

미술교과를 예로 들어 활동 방법을 살펴보도록 하자. 학생들은 미술과 관련해 화가나 조각가 등 몇 개의 직업만 생각할지 모르지만, 이 메뉴에서 디자이너를 키워드로 검색할 경우 가구디자이너, 가방디자이너, 광고디자이너 등 무려 100개가 훨씬 넘는 다양한 디자이너가 소개된다. 이를 통해 미술과 관련된 수많은 직업이 있음을 알 수 있다.

다음으로 하나하나의 직업에 대한 세부정보를 찾는 방법에 대해 알아보자. 왜냐하면 하는 일, 준비방법, 관련학과 등을 알아야 자신이 잘할 수 있는 일인지, 원하는 일이라면 앞으로 어떻게 준비해야 할지 등을 정확히 파악할 수 있기 때문이다. 간단한 내용은 요약 부분을 통해서도 살펴볼 수 있고 상단의 탭을 누르면 각 항목에 대해 자세한 내용이 소개된다.

그리고 직업소개 화면에서 관련학과를 클릭하면, 학과 소개, 적성과 흥미, 개설대학 목록이 안내된다. 개설대학 목록 중 학교 특성과 거주지역을 중심으로 관심 대학을 선택하고 학교명을 클릭하면 대학교의 홈페이지로 링크된다.

학교 홈페이지 중 입학 메뉴를 누르면 수시모집, 정시모집, 입학사정관제 등 대학 입시와 관련된 꼭 필요한 정보를 수집할 수 있다.

그리고 워크넷(www.work.go.kr) → 직업·진로 → 직업정보검색 → 직업·취업·학과 동영상 → 직업 동영상을 클릭하면 여러 직업에 대해 직업인이 직접 직업을 소개하는 영상을 볼 수 있어 더욱 생생한 정보수집을 할 수 있다. 직업 동영상을 찾을 때에는 직업군별로 찾아볼 수도 있고 오른쪽 상단에 있는 검색창에 키워드 검색을 하는 방법도 있다. 각 동영상은 10분 내외이기 때문에 시간 부담을 느끼지 않아도 된다. 직업 동영상을 시청한 후 활동지에 그 직업인이 하는 일, 준비방법, 관련학과 등의 직업정보 요약과 함께 소감을 적게 한 다음 그것을 여러 개 모으면 학기 말 또는 학년 말에 진로수행평가 자료로도 활용할 수 있다.

교과와 관련된 직업 목록을 다양하게 알고 싶다면, 교과에서 배우는 지식별로 관련 직업을 소개한 『직업백과사전』(2013, 무라카미 류, 에듀멘토르)을 활용할 수 있다. 이 책을 통해 일단 교과별 직업 목록을 확보하고 각 단원별로 연결시킨 후 위에서 안내한 워크넷 직업정보와 직업 동영상을 활용한다면 가장 손쉽지만 매우 효과적인 교과통합 진로교육을 할 수 있다.

2) 교과지식과 연계한 직업체험활동

직업정보를 수집하는 방법 중 가장 좋은 것은 직접 그 직업을 체험하는 것이다. 왜냐하면 앞에서 소개한 인터넷으로 직업정보를 수집하거나 직업 동영상을 시청하는 방법은 그 직업인이 하는 일이나 준비방법, 필요한 적성과 흥미, 관련학과 등 관련 정보를 상세하게 수집할 수 있다는 장점을 갖고 있지만 생생한 느낌으로 학생들에게 다가가기는 어렵다. 그런데 직업체험은 몸으로 직업인이 하는 일을 직접 체험함으로써 어떤 일을 하는지, 어떤 적성과 흥미가 필요한지를 가장 뚜렷하게 파악할 수 있고, 더 나아가 자신이 그 직업에 필요한 적성과 흥미를 얼마나 갖고 있는지까지 판단할 수 있다. 즉 직업체험을 통해 진로교육 측면에서 직업정보 수집, 적성과 흥미 파악 등 두 마리 토끼를 잡을 수 있다. 또한 교과교육 측면에서 교과지식을 삶의 맥락 속에서 의미 있게 그리고 생생한 체험을 통해 재미있게 배우는 등 두 마리 토끼를 잡을 수 있다. 합쳐서 토끼를 네 마리씩이나 잡을 수 있으므로 정말 추천하고 싶은 방법이다.

(1) 교과지식과 관련한 단일 직업체험

이 활동은 교과에서 배우는 지식과 관련된 직업을 하나 선정하고 그 직업인이 하는 일을 소개한 다음 그 직업이 하는 일을 간접 체험을 통해 경험해 보게 하는 것이다.

예를 들어 도덕시간의 '문화의 다양성과 도덕' 단원에서, 다문화사회에서 인간의 존엄성과 보편적 인권을 기반으로 타 문화 및 자신의 문화를 성찰하려는 태도를 지닌다는 학습목표를 달성하기 위해, '공정여행가'라는 직업을 소개하고 공정여행가가 되어 공정여행 프로그램을 기획해 보게 할 수 있다. '공정여행가' 직업체험은 문화의 다양성을 다루는, 예를 들어 사회나 국어 등의 교과에도 적용할 수 있다.

먼저 공정여행에 대해 알아보자. 비행기를 타고 여행 가이드의 깃발을 쫓아다니며 호텔에서 잠을 자고 호텔 식당에서 식사를 하며 대형 쇼핑센터에서 국적 불명의 상품을 구매하고 관광용으로 잘 꾸며진 경관을 구경하는 것, 이것이 일반적인 패키지 해외여행의 모습이다. 사람들은 이 모든 것이 평소에 자신이 경험하는 일상과 다르다는 이유로 그냥 받아들인다. 그러나 최근에 이러한 여행 행태에 이의를 제기하는 사람들이 늘고 있다. 이들은 이산화탄소를 많이 배출하는 비행기보다 도보나 자전거, 기차를 이용한 여행을 즐긴다. 또 현지인이 운영하는 숙박업소를 이용하고 현지인이 즐겨 먹는 전통음식을 맛본다. 현지인이 운영하는 상점에서 현지인이 만든 의미 있는 물건을 정당한 대가를 지불하고 산다. 이것이 이른바 '공정여행'인데, 현지의 환경을 해치지 않으면서도 현지인에게 혜택이 돌아가는 여행으로, '착한 여행', '책임 여행'이라고도 불린다. 1980년대에 유럽 일부 국가나 미국 등 선진국을 중심으로 시작되어 아직 일반화되지는 못한 상태이다. 우리나라의 경우, 2009년 초에 중국 윈난성 소수민족을 만나는 '공정여행 1호' 상품이 나오면서 비로소 대중화의 첫발을 떼었을 뿐 아직은 걸음마 단계라고 한다.

공정여행 십계명

1. 현지인이 운영하는 숙소와 음식점, 교통편, 여행사를 이용한다.
2. 멸종 위기에 놓인 동식물로 만든 기념품(조개, 산호, 상아)은 사지 않는다.
3. 동물을 학대하는 쇼나 투어에 참여하지 않는다.
4. 지구온난화를 부추기는 비행기 이용을 줄이고, 전기와 물을 아껴 쓴다.
5. 공정무역 제품을 이용한다. 지나치게 가격을 깎지 않는다.
6. 현지의 인사말과 노래, 춤을 배워 본다.
7. 여행지의 생활방식과 종교를 존중하고 예의를 갖춘다.
8. 여행 경비의 1%는 현지의 단체에 기부한다.
9. 현지인과 한 약속을 지킨다. 약속한 사진이나 물건은 꼭 보낸다.
10. 내 여행의 기억을 기록하고 공유한다.

학생들에게 먼저 공정여행의 개념 및 필요성에 대해 안내하고 기존의 패키지여행 상품 하나를 선택한 후 자신이 공정여행 전문가가 되었다고 가정한다. 다음으로 그 상품을 공정여행 차원에서 한번 평가해 보고, 그것을 공정여행 콘셉트로 바꾼다면 무엇을 할 수 있을지 생각해 보고 공정여행 상품으로 기획해 보게 한다. 이는 모둠활동으로도 할 수도 있다. 만약 시간이 넉넉하다면 발표까지 하도록 해 오디션 형태로 진행하는 것도 학생들의 분발을 촉구할 수 있는 장치가 될 수 있다.

미술시간에도 이 방법을 적용할 수 있다. 먼저 음식과 관련된 직업으로 음식모형제작자(화학원료를 사용해 본을 뜨고 색칠을 해서 음식물 모형을 실제와 흡사하게 만드는 직업인)와 푸드스타일리스트(영화, 드라마, 광고 등에 내보낼 음식 관련 장면을 연출하며, 레스토랑의 새로운 메뉴를 개발하거나 요리책이나 잡지 요리 코너에 소개할 요리 개발 및 조리법을 작성하는 등의 일을 담당하는 직업인)를 소개한다. 다음으로 학생들에게 음식점을 창업한다면 어떤 음식을 만들고 싶은지 선택하게 하고 그곳에서 파는 음식모형을 지점토 등을 활용하여 만들게 하거나(음식모형제작자) 톱밥이나 지우개가루 등을 이용해 음식을 예쁘게 꾸미기 위한 고명을 만들게(푸드스타일리스트) 한다.

미술교과에서 활용할 수 있는 또 다른 직업체험 방법으로는 도슨트 체험이 있다. 도슨트(docent)는 '가르치다'라는 뜻의 라틴어 'docere'에서 유래한 용어로, 지식을 갖춘 안내인을 말한다. 1845년에 영국에서 처음 생긴 뒤에 1907년에 미국에 이어 세계 각국으로 확산된 제도로, 일정한 교육을 받고 박물관·미술관 등에서 일반 관람객을 안내하면서 전시물 및 작가 등에 대한 설명을 제공함으로써 전시물에 대한 이해를 돕도록 하는 데 목적이 있다. 한국에는 1995년에 도입되었는데, 직업은 아니지만 전시회를 기획하는 큐레이터가 되기 위해 꼭 해 봐야 할 경험이다. 미술사를 가르칠 때 학생들의 흥미를 유발하기가 어려운데, 이때 학생들이 도슨트가 되어 미술사의 한 시기를 선택하고 친구들 앞에서 도슨트처럼 설명하는 활동을 한다면 학생들은 미술사도 재미있게 익히고 도슨트 직업체험도 하는 일거양득의 효과를 누릴 수 있다.

외국어를 배우는 시간에도 이 방법을 적용할 수 있는데, '여행코디네이터(기존에 여행 지역으로 활성화되지 않은 지역을 찾아내어 현지답사를 한 다음, 그곳의 모든 상황을 조사·분석해 새로운 여행지로 상품화하는 직업인으로, 여행상품개발원이라고도 함)'라는 직업을 활용한다. 외국어를 배울 때 언어뿐만 아니라 그 나라의 문화에 흥미와 지식을 갖게 하는 데에도 유의미하다. 진행방법은 아래와 같다. 여기에 한 가지 활동을 추가한다면, 자신이 소개할 여행지에서 간단하게나마 여행안내원이 되어 외국어로 그곳을 설명하는 활동을 해 볼 수도 있다.

- 먼저 교과 관련 직업을 자유롭게 발표할 수 있도록 한다. 학생들은 이것을 마인드맵으로 그려 본다.
- 드라마「결혼하지 않는다」를 보며 주인공의 직업(여행코디네이터)을 예측하게 한다.
- '여행코디네이터'라는 직업에 대해 소개하고 기존의 일본 여행상품 팸플릿을 소개한다. 이때 팸플릿의 특성을 알 수 있도록 예를 제시하는 것이 좋다.
- 모둠을 편성하고 최근의 경향을 고려하면서도 차별화된 여행지 팸플릿 아이디어를 조별로 구상하게 한다. 이때 청소년들을 위한 프로그램 등 대상을 정해서 하는 방법도 있다. 학생들이 대상을 정하게 할 수도 있다.
- 해당 외국어로 팸플릿을 제작하고 피드백을 한다. 반별, 조별 작품을 스스로 평가하게 하는 것도 좋다.

과학교과에서도 이 방법을 활용할 수 있다. '힘과 에너지의 이용' 단원에서 힘의 평형과 토크의 형평에 대해 이해하게 한 후 건축구조전문가(건축물의 공간, 기능 및 형태를 안전하고 경제적이며 시공 가능한 방법으로 구축할 수 있도록 기초 및 구조시스템, 주요 부재의 위치 및 크기를 설계하는 직업인. 하는 일로는 지질조사 내용 분석, 건물의 특성과 하중 조건·안정성·시공성·경제성 검토, 건물 용도와 공간 형태에 적합한 경제적이고 공간 이용효율성이 높은 구조시스템 선정, 건물의 형태적 특성과 용도에 따른 구조 계산, 요구조건을 충족하는 구조모듈(module:시공시 기준으로 삼는 치수) 선택, 부재의 위치 및 크기를 건축 기본계획에 상응하도록 협의·조정 등이 있음)에 대해 소개하고, 건축구조전문가가 되었다고 가정해서 안전한 건축물을 설계해 보는 활동을 할 수 있다.

이 밖에 사회시간에 '시민의 권리' 단원과 관련된 직업으로 시민운동가, 기술·가정시간과 관련된 직업으로 영양사, 패션디자이너, 컴퓨터프로그래머 등을 활용한 직업체험 프로그램을 시도해 볼 수 있다.

(2) 프로젝트 수업을 통한 다양한 직업체험

직업체험을 활용한 교과통합 진로교육의 두 번째 방법으로는 프로젝트 수업을 통해 한 분야에서 일하는 다양한 직업을 체험해 보게 하는 활동이 있다. 아래 사이트에서 분야별 직업에 대한 정보를 상세하게 수집할 수 있다.

> 커리어넷(www.career.go.kr) — 직업정보–분야별 직업정보

위 메뉴로 들어가면 녹색직업, 생명공학산업, 보건의료산업, 전자산업, 환경산업, 문화산업 등 6개 영역에 걸친 산업의 이해(산업의 미래, 활용 영역 등)와 직업 안내(업무에 따른 다양한 직업 및 세부 직업정보)가 자세하게 제시되어 있다.

먼저 이 방법을 가장 쉽게 활용할 수 있는 교과는 음악이다. 학생들을 모둠으로 묶어 뮤지컬 제작이나 오케스트라 체험을 하도록 한다면, 가수, 악기연주자 등 음악과 관련된 직업뿐만 아니라 연출자, 기획(홍보·마케팅·제작)자, 무대디자이너, 스토리작가 등 다양한 직업을 체험할 수 있게 된다.

다음으로 국어시간에 책 만들기를 해 볼 수도 있다. 이때에도 책 만들기에 관련된 직업으로 작가 외에 기획(출판기획자), 편집(출판편집자, 북디자이너), 제작(필름출력원, 제판원, 인쇄기 조작원, 인쇄기 정비원, 인쇄기 조작 보조원, 제본원), 영업(출판영업원) 등 관련 영역 직업에 대해 폭넓게 소개하고, 이 중에서 작가, 기획자, 편집자, 북디자이너, 출판영업원(출판 후 영업 전략까지 짜 보게 할 경우) 등을 체험해 볼 수 있다.

체육시간에 올림픽 영상을 보고 조별로 전문선수, 감독 및 코치, 심판, 스포츠 관련 연구원, 경기 해설위원을 각기 담당해 영상 속에서 드러나는 이들 직업의 역할이 무엇인지 찾아서 이야기하고 발표해 보게 한 후 학급 올림픽을 열어서 이러한 직업들을 체험하는 기회를 제공할 수 있다.

프로젝트 수업을 활용한 직업체험 방식으로 구체적인 학습자료를 개발하고 다양한 교과별 사례를 수집하고자 할 때『교실 속 즐거운 변화를 꿈꾸는 프로젝트 학습: 자기주도학습을 키워 주는 핵심 수업방식』(강인애 외, 2011)이 큰 도움이 된다.

3) 다중지능을 활용한 교과통합 진로교육

　다중지능(Multiple Intelligence, MI)은 1980년대에 미국 하버드대의 하워드 가드너 (Howard Gardner) 교수가 만든 이론이다. 인간의 지능이 한 가지가 아닌 여러 가지로 이루어져 있다는 이론으로, 언어 지능은 높고 수리 지능은 낮은 경우에도 지능을 하나의 수치로 나타내기 때문에 여러 지능 중 강점과 약점을 변별하기 어렵다는 기존 지능지수(IQ)의 허점을 보완하기 위해 만들었다. 이 다중지능을 수업시간에 활동 방법으로 이용하면 학생들이 자신의 적성을 파악하거나 계발하는 등 자기이해 증진을 도울 수 있기 때문에 교과통합 진로교육의 유용한 방법이 될 수 있다. 그럼 이 다중지능 이론에 대해 좀 더 자세히 알아보자.

　가드너는 인간의 지능이 언어·논리수학·음악·공간·신체운동·인간친화·자기성찰·자연친화 지능 등 모두 8가지로 구성되어 있다고 주장한다. 각 지능은 두뇌의 각각 다른 영역을 차지하며, 동등하고 독립적으로 작용하면서도 상호보완 작용을 하면서 인간의 사고와 행동을 결정짓는다는 것이다. 다중지능 이론을 활용하면 기존의 지능지수로는 알 수 없는 다양한 능력을 인정해 아이들의 특성을 이해하고 계발하도록 도울 수 있다는 장점이 있다. 예를 들어 발표는 잘 못하지만 어려운 수학문제는 척척 푸는 아이나, 축구나 야구 등 신체를 움직이는 활동은 잘하지만 노래나 악기를 다루는 데는 다른 아이들에 비해 어려움을 겪는 아이들이 그 대상이 될 수 있다. 예전에는 IQ에 따라 아이의 지능을 한 가지로만 판단했지만, 다중지능으로 보면 수학문제를 잘 푸는 아이는 논리수학 지능이 뛰어난 반면 언어 지능은 약할 수 있다. 축구나 야구를 잘하는 아이는 신체운동 지능은 뛰어난 반면 음악 지능은 별로 없을 수 있다. 모든 사람은 각자 자기 소질이 있다는 것이다. 이 때문에 다중지능 이론에서는 부모와 교사에게 아이의 한 가지 면만 보지 말고 다양한 능력의 강점과 약점을 인정해 강점은 더 잘할 수 있도록 격려하고 약점은 보완하도록 돕는 역할을 강조한다.

　그렇다면 이 다중지능 이론을 어떻게 교과통합 진로교육으로 활용할 수 있을까? 수업시간에 수업 전략으로 활동을 구안할 때 모든 학생이 획일적인 활동을 하도록 하는 것이 아니라, 다중지능별로 다양한 활동을 제시하고 학생들이 자신의 강점 지능을 중심으로 선택해서 활동할 수 있도록 하는 것이다. 다중지능 이론에 따른 사고양식, 선호활동, 교수활동은 표 5-1과 같다.

표 5-1 다중지능별 사고양식, 선호활동, 교수활동

다중지능	사고양식	선호활동	교수활동
언어	말	독서, 작문, 이야기, 낱말게임	강의 듣기, 토론, 연설, 이야기, 말하기, 암기하기, 일기 쓰기, 학급신문 · 개인문집 만들기
논리수학	추리	실험, 질문, 논리적 퍼즐, 계산	과학적 증명, 암호 만들기, 과학적 사고 이용하기, 순서 배열, 참 · 거짓 증명, 분류, 예측
공간	상상, 그림	디자인, 그리기, 상상하기, 낙서하기	차트, 표, 그림, 사진, 마인드맵 등 시각자료, 만화, 그림, 콜라주, 시각적 퍼즐, 지도 읽기
신체운동	신체적 감각	춤추기, 달리기, 뛰기, 쌓기, 만지기, 제스처	창의적 율동, 체험적 활동, 현장 학습, 요리하기, 마임, 역할극, 제스처 게임
음악	리듬, 멜로디	노래, 휘파람, 듣기, 콧노래, 손발 톡톡 치기	악기 연주하기, 음악 감상, 새로운 멜로디 창작하기, 소리 듣고 알아맞히기
대인관계	아이디어 교환	통솔, 조직하기, 말하기, 중재하기, 파티하기	짝 활동, 친구 가르치기, 집단 브레인스토밍, 집단 문제해결, 집단 프로젝트 학습, 협동 학습
자연친화	자연을 통한 사고	애완동물과 놀기, 정원 가꾸기, 자연관찰, 동물 기르기	자연과 의사소통하기, 자연 체험학습, 도구를 활용(현미경, 망원경 등)해 자연 탐색하기
자기성찰	자신에 대한 이해	목표 수립, 계획 세우기, 일지 쓰기, 자기평가하기	자기평가서 작성하기, 목표 및 계획 수립하기, 일기 쓰기

출처: 김현지(2012), 다중지능이론을 적용한 "기악영역 지도방안" 연구 : 중학교 1학년 대상으로, 국민대 석사학위 논문

즉 수업 중 어떤 활동을 학생들에게 제시할 때 하나의 활동만으로 구성하기보다는 먼저 자신의 다중지능의 강점을 파악할 수 있는 기회를 제공한 후 다중지능의 하위 영역에 따른 다양한 활동을 나열하고 그것 중에 자신의 강점 지능을 살릴 수 있는 활동을 선택할 수 있도록 하는 것이다. 이렇게 할 때, 하나의 활동만을 제시할 경우 그 활동과 강점 지능이 맞는 일부 학생들만 즐겁게 몰입하고 높은 성취를 보여주는 반면 그 활동과는 다른 강점 지능을 가진 학생들이 지루함이나 부진에 빠지는 현상을 예방할 수 있다. 또한 이는 개인 활동으로도 할 수 있지만 같은 강점 지능을 가진 학생들을 모둠으로 만들어 협동학습으로 운영한다면 모둠의 단합도 및 성취 수준도 높일 수 있는 좋은 방

법이 될 수 있다.

다중지능 이론을 활용한 교과수업 진로교육 영어과 사례는 아래와 같다.

다중지능 이론을 적용한 중학교에서의 영미문학작품 지도방안 연구

이 연구는, 학생들의 영미문학작품에 대한 흥미도, 영어학습에 대한 흥미도, 자기주도적 학습능력 등에 대한 영향을 알아보고자 다중지능 이론을 적용해, 학생들에게 각자 자신의 우수한 지능을 통해 영미문학작품을 이해하는 영미문학수업을 고안하도록 해서 매주 1시간씩 4주 동안 실시했다. 구체적인 다중지능별 활동은 표 5-2와 같다.

표 5-2 다중지능별 학습활동

다중지능	활동
언어	시를 낭송하고 유사시를 만든다
논리수학	십자낱말퍼즐 풀고 시를 도식화한다
공간	시의 내용을 그림으로 그린다
신체운동	마임으로 시어를 이해하고 극으로 표현한다
음악	시를 노래로 만든다
대인관계	보드 게임으로 표를 완성한다
자연친화	무지개의 관찰일지를 쓴다
자기성찰	자신의 과거와 현재를 비교하는 글을 쓴다

출처: 하경화(2009). 다중지능이론을 적용한 중학교에서의 영미문학작품 지도방안 연구. 한국 교원대 석사논문

연구 결과는 다음과 같다.

첫째, 다중지능 이론을 적용한 중학교에서 다중지능코너학습으로 영미문학에 대한 흥미도를 묻는 문항에서 사전, 사후 t검정 결과, $t = 2.095$, $p < 0.05$의 유의도 수준에서 유의미한 결과를 보였다.

둘째, 영미문학작품에 대한 이해도를 확인하기 위한 진단지 'cloze test'를 사전, 사후 t검정 분석 결과, $t = -4.872$, $p = 0.000036$로 $p < 0.05$ 유의도 수준에서 상당히 유의

미한 결과를 보였다.

　이로써 다중지능 이론을 적용한 영미문학수업은 학생들의 영미문학작품에 대한 흥미를 유발하고 더불어 영미문학작품의 이해 능력을 향상시킨다고 말할 수 있다.

　위의 연구 결과를 통해 저자는 다중지능 이론을 적용한 영미문학수업을 하기 위해서는 영어교사에게 다중지능 이론에 대한 전문성을 확보하기 위한 재교육을 실시하는 것과 더불어 학생들의 선호 지능에 따른 다중지능별 영미문학수업에 대한 연구를 촉구하고 있다. 또한 8가지 지능을 개발할 수 있는 영미문학작품의 교재 개발을 위해서는 교육과정에서 영미문학작품이 폭넓게 다루어져야 하며 그에 따른 교사 간의 협력이 필요하다는 점을 지적하고 있다.

　국회도서관 사이트(www.nanet.go.kr)와 한국교육학술정보원(riss4u.net) 검색창에 '다중지능'과 '교과명'을 같이 키워드로 검색하면 각 교과별 다중지능 활용 수업의 방법 및 효과에 대한 다양한 논문을 검색할 수 있다.

3　교과통합 진로교육 교수 · 학습자료 개발 절차

1) 분석 단계

(1) 교과 특성 분석

　교과 특성 분석이란 해당 교과와 진로교육의 관련성 분석을 의미한다. 좀 더 구체적으로는 해당 교과의 교육과정 내용체계와 진로개발 역량의 관련성을 분석하는 것이다. 관련 수준을 제시할 때에는 다음과 같이 관련성 정도를 표기할 수 있다.

　① 교과목표와 진로개발 역량 요소가 정확하게 일치하는 경우
　② 부분적으로 관련성이 있는 경우

③ 관련성이 약한 경우

사례

- 과목 및 단원: 도덕 1, IV. 자연·초월적 존재와 도덕, 3. 과학기술과 도덕
- 교과 특성 분석 결과 : 부분적으로 관련성이 있는 경우에 해당하며, 과학기술자에게 필요한 도덕을 직업윤리와 연결시켜 교과통합 진로교육을 할 수 있음

(2) 학생 특성 분석

교과 특성 분석을 통해 해당 교과와 진로교육의 관련성이 분석되었다고 하더라도 그 결과가 모든 학생에게 적용될 수 있는 것은 아니다. 따라서 개별 학교의 학생 특성을 분석할 필요가 있다. 분석해야 할 학생 특성으로는 일반적 특성(연령, 성별, 태도, 흥미 등), 선수학습능력, 학습양식(시각, 청각, 촉각, 운동감각 등 어떤 감각 통로를 선호하는지 등) 등을 들 수 있다.

(3) 학교 특성 분석

분석해야 할 학교 특성으로는 해당 학교의 주된 교육목표, 학교장의 교과통합 진로교육에 대한 신념과 지원 의지, 동료 교사들의 교과통합 진로교육에 대한 마인드와 타 교과 내용의 활용 가능성, 교과통합 진로교육 교수·학습자료가 구현될 수 있는 시설, 학교가 속해 있는 지역사회의 특성 등이 있다.

사례

- 과목 및 단원: 도덕 1 IV. 자연·초월적 존재와 도덕, 3. 과학기술과 도덕
- 학생 및 학교 분석 결과 : 1학년 학생들이므로 어렵고 복잡한 내용보다는 쉽고 흥미로운 활동으로 구성해야 함. 이 단원을 배울 시점에서 다른 교과의 내용을

알아본 결과 기술교과에서 UCC 제작 기술을 배우므로 기술교과 교사와 연계해 도덕과 교과통합 진로교육에 이를 활용할 수 있을 것으로 판단됨.

2) 설계 단계

(1) 학습목표 진술

앞의 분석 단계 결과를 바탕으로 구체적인 학습목표를 수업단위로 기술할 필요가 있다. 교과통합 진로교육을 위한 학습목표는 학습자, 학습자가 보일 행동, 행동이 수행되는 조건, 행동의 성취기준 등을 포함해서 진술해야 한다. 행동을 기술할 때에는 '안다', '이해한다', '인식한다' 등과 같은 모호한 표현을 지양하고, '정의한다', '유형화한다', '증명한다' 등과 같이 관찰 가능한 행동을 구체적으로 기술해야 한다.

표 5-3 교과통합 진로교육 학습목표 사례

과목	학년	관련 영역(단원)
도덕	중 1	IV. 자연 · 초월적 존재와 도덕 3. 과학기술과 도덕
교과통합 목표	과학기술과 관련된 직업윤리를 설명할 수 있다. 직업인의 직업윤리의 중요성을 설명할 수 있다.	
성취기준	과학기술 관련 직업윤리 3가지를 근거를 가지고 예시할 수 있다. 직업인의 직업윤리의 중요성을 근거를 가지고 설명할 수 있다.	
과제내용	과학기술 관련 직업윤리를 주제로 한 UCC 만들기	

(2) 평가도구 개발

평가도구는 학습목표가 인지적, 정의적, 행동적, 대인관계적 영역 가운데 어디에 해당되는지에 따라 상이한 유형을 취할 수 있다. 하지만 교과통합 진로교육에서는 수행평가와 포트폴리오평가가 의미 있게 사용될 수 있다. 수행평가에 사용될 수 있는 평가도구의 유형으로는 행동 체크리스트, 태도 척도, 학습성과물 평가 체크리스트, 루브릭(rubric) 등을 들 수 있다.

표 5-4 교과통합 진로교육 평가방법 사례

평가방법	모둠 평가	
평가요소	성취수준	배점
과학자의 직업윤리 관련 기사 제시	• 과학자의 직업윤리 관련 기사를 적절하게 제시했는가?	상/중/하
과학기술 관련 직업윤리 제시	• 과학기술 관련 직업윤리를 적절하게 제시했는가?	상/중/하
모둠 내 역할의 형평성	• 모둠 내에서 UCC 제작과 관련한 개인의 역할이 형평성 있게 분담되었는가?	상/중/하

3) 개발 단계

(1) 교수 · 학습방법 선택

교수 · 학습방법은 다양하다. 몇 가지 예를 들면, 강의법, 개별교수법, 게임법, 문제중심학습법, 문제해결법, 반복연습법, 발견학습법, 시뮬레이션법, 시연법, 실습법, 실험법, 역할연기법, 토의법, 팀티칭법, 프로젝트법, 협동학습법 등이 있다.

개별 학습목표별로 하나의 교수 · 학습방법만을 선택할 필요는 없다. 학습목표에 따라 몇 개의 교수 · 학습방법을 병행할 수 있음을 기억해야 한다.

(2) 교수 · 학습매체 및 자료 개발

교수 · 학습매체는 일반적으로 텍스트, 시각자료, 실물자료, 오디오, 비디오, 사람 등 6가지 유형으로 구분된다. 교수 · 학습자료로는 일반적으로 기존의 자료를 그대로 활용하거나 기존 자료를 변형하거나 새롭게 자료를 개발할 수 있다.

교과통합 진로교육을 위한 교수 · 학습자료의 경우, 기존의 자료를 그대로 활용하거나 기존 자료를 일부 변형해 활용하기에는 자료가 충분하지 않은 것이 현실이다. 따라서 새롭게 자료를 개발해야 한다. 새롭게 자료를 개발할 때는 기본적으로 메시지 디자인과 관련된 근원적인 질문을 할 필요가 있다. '어떻게 하면 학생들에게 학습하고자 하는 마음이 생기고, 학생들이 학습내용을 좀 더 쉽게 이해하는가?' 등이 그것이다.

표 5-5 교과통합 진로교육 교수학습방법 사례

수업 개요	총 4차시 프로젝트 수업으로 진행
수행 활동	❖ 1~2차시 • 교사가 수행평가 내용을 안내한다. 이때 주제와 관련된 지식채널 시리즈(교사용 자료 1)를 예시자료와 함께 볼 수도 있다. • 성적, 성별 등을 고려해 4인 1모둠을 구성한다. • 모둠 내에서 과학자에게 필요한 직업윤리에 대해 이야기한다. • 과학자에게 필요한 직업윤리와 관련된 기사를 스마트폰을 활용해서 모둠별로 찾아본다(이것은 전 시간에 과제로 부여할 수도 있다). • 모둠별로 UCC 제작 계획서를 작성한다(학생용 활동지 1). • 모둠별로 기사 내용을 바탕으로 스토리보드를 제작한다(학생용 활동지 2). • 먼저 화면에 들어갈 장면을 간단히 스케치하고 오른쪽 설명란에 지문이나 대사, 음향 효과 등을 기록한다. 모둠별로 제작한 스토리보드를 교사가 점검해 준다. 이때 스토리보드 내용이 학습주제와 동떨어지지 않도록 세심하게 점검(feedback)한다. ❖ 3~4차시 • 모둠별로 스토리보드를 활용해 사진이나 동영상을 촬영 내지 수집한다. • 동영상이나 사진을 핸드폰이나 디카를 활용해 직접 촬영한다. 직접 촬영하기 힘든 경우, 인터넷 서핑을 통해 다양한 이미지나 동영상을 찾아 모은다. • 모둠별로 동영상 편집을 한다. • 윈도우 무비메이커2 등 동영상 편집 프로그램을 활용해 동영상 편집을 한다. 사진, 음악, 동영상 파일 등을 통해 사진 뜨개질이나 뮤직 비디오 형식으로 주제를 재미있게 표현하도록 한다. 학교에서 제작하면 좋겠지만 쉽지 않은 경우, 모둠원들이 가정에서 모여 촬영 및 편집을 할 수 있도록 한다. • 모둠별로 제작한 작품을 학급에서 발표한다. • 미리 교실 환경을 점검해 발표가 원만하게 잘 이루어질 수 있도록 노력한다.

<학생용 활동지 1>

■ 모둠별 동영상 제작 계획서

모둠 이름			
주제			
구분	모둠 내 역할	모둠원 이름	세부 역할 분담 내용
역할 분담	이끔이		
	칭찬이		
	기록이		
	지킴이		
줄거리			
제작 일정 계획			
준비물			

〈학생용 활동지 2〉

■ 동영상 제작 스토리보드

• 제목 :

• 　학년　반　모둠 이름 :　　　　　　　　　　　• 모둠원 이름 :

장면	설명	장면	설명
①		⑤	
②		⑥	
③		⑦	
④		⑧	

4) 실행 단계

(1) 교수 · 학습매체 및 자료 활용

제작된 매체와 자료를 통해 학습경험을 제공하기 위해서는 학생들이 효과적인 학습을 할 수 있도록 준비되어 있어야 한다. 이를 위해 해당 내용을 학습해야 하는 합당한 근거를 제시하고 학생들이 집중을 함으로써 어떠한 이득을 얻게 될 것인지에 대해 분명히 언급할 필요가 있다.

(2) 학생 참여 증진

학생들의 참여 증진을 위해서는 실행 기회를 충분히 제공할 필요가 있다. 예를 들어 파워포인트 제작, 이메일이나 SNS 등을 통한 해당 분야 전문가와의 의사소통, 인터넷 검색을 통한 다양한 정보 수집, 토론, 퀴즈 등을 활용할 수 있다.

5) 평가와 수정 단계

(1) 학습 평가

교수 · 학습을 통해 학생들이 학습한 결과를 평가할 때는 설계 단계에서 개발된 평가도구를 활용한다. 평가도구는 정답이 있는 지필고사의 형태를 취할 수도 있지만, 앞서 언급한 대로 진로교육의 특성을 반영해 수행평가와 포트폴리오평가를 적극 활용할 필요가 있다.

(2) 교수 · 학습방법, 매체 및 자료 평가와 수정

교수 · 학습방법, 매체 및 자료 평가와 수정을 할 때 핵심적인 사항은 학생들의 반응이다. 개별 수업 단위로 학생들의 반응 결과(이해 정도, 집중 정도, 참여 정도 등)를 수합해서 분석해야 한다. 또한 교사도 평가 대상이 되어야 하는데, 스스로 평가하는 방법과 함께 수업 중 동료 교사가 배석하거나 교장 · 교감 선생님의 수업 참관을 통해 평가받는 방법도 가능하다. 이렇게 수업과 교사에 대한 평가가 끝나면 분석을 거쳐 발견된 문제점이 있다면 즉시 기록해서 교수·학습자료 개발에 반영해야 한다.

이상에서 제시한 모형을 활용할 때 반드시 순차적으로 적용해야 하는 것은 아니다. 특정 단계에서 문제가 발생했다면 언제라도 다시 앞 단계로 돌아갈 수 있고, 경우에 따라서는 특정 단계를 건너뛸 수도 있다.

학습 문제

1. 자신이 담당하고 있는 과목의 여러 단원 중에서 진로교육과 연계해서 생각해 볼 때 교과통합 진로교육 차원에서 가장 관련성이 높은 단원들을 선정해 봅시다. 이때 1장의 진로교육 성취지표를 참고하고 혼자서 하기보다는 동 교과 담당교사들과 논의를 거친다면 보다 타당성 있는 결과를 얻어낼 수 있음을 기억하세요.

2. 위 1에서 선정된 단원을 가지고 교과통합 진로교육 교수학습 지도안 개발 절차, 즉 분석 → 설계 → 개발 → 실행 → 평가 및 보완 단계를 거쳐 교수학습 지도안을 개발해 봅시다. 이 과정에서도 동 교과 선생님들과 수업친구가 되어 서로의 수업을 관찰하고 피드백을 교환한다면 더욱 의미 있는 과정이 될 것입니다.

참고문헌

강인애, 정준환, 서봉현, 정득년(2011). 교실 속 즐거운 변화를 꿈꾸는 프로젝트 학습: 자기주도학습을 키워 주는 핵심 수업 방식. 상상채널.

김봉환, 김은희, 김효원, 문승태, 방혜진, 이지연, 조봉환, 허은영(2017). 진로교육개론. 사회평론아카데미.

김현지(2012). 다중지능이론을 적용한 "기악영역 지도방안" 연구 : 중학교 1학년 대상으로. 국민대학교 석사학위 논문.

무라카미 류(2013). 직업백과사전. 에듀멘토르.

문용린(2009). 지력혁명(평범한 사람도 비범한 성취를 가능케 하는). 비즈니스북스.

송인섭, 김봉환, 조대연, 임언(2006). 교과통합형 진로지도 모형 개발과 적용. 한국직업능력개발원.

하경화(2009). 다중지능이론을 적용한 중학교에서의 영미문학작품 지도방안 연구. 한국교원대학교 석사학위 논문.

한국직업능력개발원(2011). 교과통합 진로교육 교수 · 학습자료 개발 매뉴얼.

허은영(2014). 청소년 진로지도 어떻게 할 것인가?: 교사를 위한 교과통합 진로교육 매뉴얼. 북멘토.

6장

진로와 직업 교과 운영

김덕경

2011년 고등학교에 진로진학상담교사가 배치되기 시작한 이후 2012년 중학교 진로진학상담교사들이 처음 선발되면서 한국의 중등학교 학교 교육과정에 '진로와 직업'이라는 교과가 처음 도입되었다. 학생 수 100명 이상의 모든 학교에는 진로진학상담교사가 배치된다는 계획하에 시행된 이 제도는 570시간 부전공을 이수하는 중에 교사들이 배치되었지만 학교 현장에서 '진로와 직업'이 선택교과로 선정된 학교는 거의 없었다. 2007 교육과정까지는 진로교육의 위상은 실과와 기술·가정 과목의 한 단원으로 편성·운영되었고 2009 교육과정 속에서 학교 진로교육의 목표 및 성취기준이 정해지고 특정교과로서 자리를 잡기는 했으나 그 영향력은 미미하였다. 그러나 점차 창의적 체험활동의 진로활동 편성, 자유학기제 운영, 진로교육법 제정 등을 거치면서 진로교육의 역할과 위상은 급격하게 확대되고 있다. 진로교육은 더 이상 특정 교과의 하나로 국한되는 것이 아니라 학교 교육과정의 전반을 아우르는 중요한 교육으로서 자리매김하게 되었고 2015 개정안에서는 이러한 변화를 토대로 고쳐된 진로교육의 위상과 새롭게 정비된 진로교육법의 방향성 및 내용을 최대한 연계·반영한 '진로와 직업'이 만들어졌다. 2015 개정 교육과정에 맞춰진 '진로와 직업' 교과는 처음으로 중, 고가 나뉘어져 집필되었고 2018년부터 학교 현장에서 사용하게 된다. 따라서 2015 개정 교육과정의 변화 요소를 알고 개편되는 '진로와 직업' 교과에 대해 살펴보도록 하겠다.

1 2015 개정 교육과정과 '진로와 직업'

1) 2015 개정 교육과정의 배경

2015 개정 교육과정은 학교교육을 통해 모든 학생들이 인문·사회·과학 기술에 대

한 기초 소양을 함양하여 인문학적 상상력과 과학기술 창조력을 갖춘 창의 융합형 인재로 성장할 수 있도록 우리 교육을 근본적으로 개혁하는 데 그 배경이 있다.

2) 추구하는 인간상

우리나라의 교육은 홍익인간의 이념 아래 모든 국민으로 하여금 인격을 도야하고, 자주적 생활 능력과 민주 시민으로서 필요한 자질을 갖추게 하여 인간다운 삶을 영위하게 하고, 민주 국가의 발전과 인류 공영의 이상을 실현하는 데 이바지하게 함을 목적으로 하고 있다.

이러한 교육 이념을 바탕으로 이 교육과정이 추구하는 인간상은 다음과 같다.

① 전인적 성장을 바탕으로 자아정체성을 확립하고 자신의 진로와 삶을 개척하는 자주적인 사람
② 기초 능력의 바탕 위에 다양한 발상과 도전으로 새로운 것을 창출하는 창의적인 사람
③ 문화적 소양과 다원적 가치에 대한 이해를 바탕으로 인류 문화를 향유하고 발전시키는 교양 있는 사람
④ 공동체 의식을 가진 세계 시민으로서 배려와 나눔을 실천하는 더불어 사는 사람

3) 핵심 역량

① 자아정체성과 자신감을 가지고 자신의 삶과 진로에 필요한 기초적 능력 및 자질을 바탕으로 자기주도적으로 살아갈 수 있는 자기관리 역량
② 문제를 합리적으로 해결하기 위하여 다양한 영역의 지식과 정보를 처리하고 활용할 수 있는 지식정보처리 역량
③ 폭넓은 기초 지식을 바탕으로 다양한 전문 분야의 지식, 기술, 경험을 융합적으

로 활용하여 새로운 것을 창출하는 창의 융합 사고 역량

④ 세상을 보는 안목과 문화에 대한 공감적 이해를 바탕으로 삶의 의미와 가치를 발견하고 향유하는 심미적 감성 역량

⑤ 다양한 상황에서 자신의 생각과 감정을 효과적으로 표현하고 타인과 소통하며 갈등을 조정하는 의사소통 역량

⑥ 지역·국가·세계 공동체의 구성원에게 요구되는 가치와 태도를 가지고 공동체의 문제해결에 적극적으로 참여하는 공동체 역량

4) 교육과정 구성의 중점

바른 인성을 갖춘 창의 융합형 인재를 양성하기 위해 이 교육과정은 다음에 중점을 둔다.

① 학교생활 전반을 통하여 바른 인성을 함양하고 미래 사회가 요구하는 역량을 계발한다.

② 전인적 성장을 위해 인문·사회·과학 기술 소양을 균형 있게 함양하도록 한다.

③ 학생의 적성과 진로에 따른 선택 학습이 가능하게 한다.

④ 교과의 핵심 개념을 중심으로 학습량을 적정화하여 학습의 질을 개선한다.

⑤ 학생 참여형 수업을 활성화하여 학습의 즐거움을 경험하도록 한다.

⑥ 학생의 성장과 수업 개선을 위해 학습의 과정을 중시하는 평가를 강조한다.

⑦ 교육 목표, 교육 내용, 교수·학습, 평가의 일관성을 도모한다.

⑧ 국가 직무 능력 표준을 활용하여 산업사회가 필요로 하는 기초 역량과 직무 능력의 함양을 강조한다.

1) 중학교 진로교육의 목표

> 초등학교에서 함양한 진로개발역량의 기초를 발전시키고 다양한 직업세계와 교육 기회를 탐색하여 중학교 생활 및 이후의 진로를 설계하고 준비한다.

2) 중학교 진로교육 목표의 핵심 요소

① 긍정적 자아개념을 강화하고 자신의 특성에 대한 이해의 폭을 넓히며 다양한 사회적 관계에서의 대인관계능력 및 의사소통역량을 발전시킨다.

② 직업세계의 다양함과 역동적인 변화의 모습을 이해하고 직업에 대한 건강한 가치관과 진취적 태도를 갖춘다.

③ 다양한 정보원을 활용하여 중학교 이후의 교육 및 직업정보를 파악하고 관심 분야의 진로경로를 탐색하는 역량을 기른다.

④ 자신에게 적합한 진로목표를 수립하고 중학교 이후의 진로를 다양하고 창의적으로 설계하고 실천하기 위한 역량을 기른다.

3) '진로와 직업'의 성격

중학교 '진로와 직업'은 앞으로의 삶에서 진로와 직업이 얼마나 중요한지를 인식하고 이를 준비하기 위해 중학생이 배울 필요가 있는 과목이다. '진로와 직업'을 통해 자신과 변화하는 직업 및 교육 세계에 대한 이해를 확장하게 되고, 이를 바탕으로 자신의 진로를 탐색해 합리적으로 결정하고 결정한 진로를 계획하고 준비할 수 있는 능력을 함양할 수 있다. 또한 나아가 보람되고 성공적인 직업생활을 통하여 행복한 삶을 준비할 수 있다. 이에 따라 '진로와 직업'은 학생의 실제적인 경험을 중시하며 학생이 스스로 자신의 진로를 탐색하고 결정하며 계획하도록 한다는 점에서 학생의 자기주도적 학습을 지향하는 특성이 있다.

'진로와 직업'은 초·중·고 학교교육 전반의 진로교육과 밀접한 관계가 있다. 초등학교에서 일반 교과 및 창의적 체험활동을 통해 이루어진 진로교육은 중학교 선택 과목인 '진로와 직업', 일반 교과 및 창의적 체험활동의 진로활동과 범교과 학습 주제인 '진로교육'을 통해 이루어진다. 중학교는 초등학교에서 기본적인 자기이해와 진로탐색의 시기를 거쳐 고등학교 진학 전에 자신과 자신을 둘러싼 주변 환경을 올바르게 파악하고 진로탐색을 통해 자신에게 적합한 진로를 선택하고 이를 계획하고 준비하는 시기이다. 이 시기 '진로와 직업' 과목 교육은 학생들이 일반 교과 활동에서 다루지 못한 자신의 진로 문제를 생각하게 함으로써 중학교 졸업과 함께 다양한 고등학교로의 진학을 위한 지혜로운 진로의사결정을 위한 기본적인 역할을 하는 데 의의가 있다.

'진로와 직업'은 선택 과목이지만 중학교 교과와 창의적 체험활동 등 교육활동 전반에서 이루어지는 진로교육의 중심과 기준으로서의 기능을 담당한다. 이에 따라 '진로와 직업'의 교육 내용은 다양한 기능을 통해 수업으로 구현된다.

'진로와 직업' 과목에서 주로 활용하는 사고 기능(thinking skills)으로는 예측하기, 추론하기, 비교하기, 분류하기, 일반화하기, 가정하기, 분석하기, 우선순위 정하기, 평가하기 등이 있으며, 사회적 기능(social skills)으로는 주의 깊게 듣기, 명료하게 설명하기, 바꾸어 말하기, 격려하기, 타인의 의견 수용하거나 반박하기, 합의 도출하기, 요약하기 등이 있다. 사고 기능과 사회적 기능의 종합적인 부분으로 문제해결 기능(problem solving skills)이 있으며, 조직 기능(organizing skills)으로는 자료 조직화 기능(벤다이어그램, 플로차트, 원인-결과 차트, 개념 지도 만들기 등)이 있다.

4) '진로와 직업'의 역량

'진로와 직업'에서 지향하는 역량은 2015 개정 교육과정 총론의 6가지 역량, 즉 자기관리 역량, 지식정보처리 역량, 창의적 사고 역량, 심미적 감성 역량, 의사소통 역량, 공동체 역량을 구현하기 위하여 자아이해와 사회적 역량, 일과 직업세계 이해 역량, 진로탐색 역량, 진로 디자인과 준비 역량의 4가지 역량이 있다.

(1) 자아이해와 사회적 역량

자신에 대한 이해를 바탕으로 타인 및 환경과의 관계를 발전시킬 수 있는 역량이다. 이 역량을 갖추게 되면 학생은 자아존중감을 갖고 스스로를 관리할 수 있는 능력을 향상할 수 있고 자신의 장·단점과 능력에 대한 바른 이해를 토대로 자신의 꿈과 비전을 설정할 수 있으며 상황에 따른 효과적인 의사소통 능력을 갖추어 자신의 대인관계 능력을 발전시켜 나갈 수 있다.

(2) 일과 직업세계 이해 역량

직업세계의 다양함과 역동적인 변화의 모습을 이해할 수 있는 역량이다. 이 역량을 갖추게 되면 직업세계가 얼마나 다양하고 직업 활동들이 어떻게 이루어지며 직업들이 어떻게 상호 관련되어 있는지를 이해할 수 있으며, 이를 바탕으로 직업생활에서 성공적이고 만족스러운 삶을 영위할 수 있다.

(3) 진로탐색 역량

중학교 졸업 후 고등학교 이후의 진로, 직업 선택까지 고려하여 중·장기적으로 자신의 진로에 대해 탐색할 수 있는 역량이다. 이 역량을 갖추기 위해 학생들은 자기주도적으로 직업세계를 탐색하는 다양한 방법을 찾아야 하며 다양한 정보원으로부터 직업정보를 수집하고 이를 분석하기 위한 정확성, 신뢰성, 시의성, 포괄성, 구체성 등의 판단 기준도 갖추어야 한다.

(4) 진로 디자인과 준비 역량

자신과 진로·직업 및 교육 세계에 대한 탐색을 바탕으로 중학교 졸업 이후의 진로를 다양하고 창의적으로 설계하고 이를 실천할 수 있는 역량이다. 진로를 계획하고 준비하기 위해서는 진로의사결정과정의 중요성을 인식하고 합리적인 진로 결정을 위해 활용할 수 있는 다양한 방법과 전략이 있음을 이해해야 한다. 또한 진로 계획과 준비 과정에서 만나게 되는 진로장벽을 찾아보고 현재 단계에서 극복할 수 있는 방안, 즉 문제해결 역량을 함양하여야 한다.

5) '진로와 직업'의 목표

학교 진로교육의 목표는 학생이 자신의 진로를 창의적으로 개발하고 지속적으로 발전시켜 성숙한 민주 시민으로서 행복한 삶을 살아갈 수 있는 역량을 기르는 데 있다. 이에 따라 중학교 '진로와 직업' 교육과정은 초등학교에서 함양된 학생의 진로개발 역량의 기초를 발전시켜 다양한 직업세계와 교육 기회를 탐색하고 중학교 이후의 진로를 디자인하고 준비하는 것을 목표로 한다.

세부 목표
① 긍정적 자아개념과 타인과의 의사소통 능력에 기초하여 자아이해와 사회적 역량을 기른다.
② 직업에 대한 건강한 가치관과 진취적 의식을 갖도록 일과 직업세계에 대한 이해 역량을 기른다.
③ 중학교 이후의 교육 및 직업정보를 파악하고, 관심 분야의 진로경로를 탐색하는 역량을 기른다.
④ 자신에게 적합한 진로목표에 따라 중학교 이후의 진로를 창의적으로 설계하고 준비하기 위한 역량을 기른다.

6) 중학교 진로교육 내용과 교수학습방법

단원	영역	핵심개념	성취기준	추천 교수학습방법
I	자아이해와 사회적 역량 개발	자아이해 및 긍정적 자아개념 형성	①2015-M I 1.1 자아존중감을 발달시켜 자기효능감을 갖도록 노력한다. ②2015-M I 1.2 자신의 흥미, 적성, 성격, 가치관 등 다양한 특성을 탐색한다.	토의식 수업, 협동학습(팀 프로젝트),심리검사 기반 학습
		대인관계 및 의사소통 역량 개발	①2015-M I 2.1 대인관계의 중요성을 이해하고 대상과 상황에 맞는 대인관계능력을 함양한다. ②2015-M I 2.2 사회생활에서 의사소통의 중요성을 이해하고 효과적인 의사소통의 방법을 이해하고 활용한다.	협동학습, 상황 기반 학습, 토의식 수업
II	일과 직업 세계 이해	변화하는 직업세계 이해	①2015-M II 1.1 직업의 역할을 알고 다양한 종류의 직업을 탐색한다. ②2015-M II 1.2 사회변화에 따른 직업세계의 변화를 탐색한다. ③2015-M II 1.3 창업과 창직의 의미를 이해하고 관련 모의 활동을 해 본다.	강의식 수업, 토의식 수업, 협동학습(팀 프로젝트), 인터넷 활용 학습
		건강한 직업의식 형성	①2015-M II 2.1 직업 선택에 영향을 주는 다양한 가치를 탐색한다. ②2015-M II 2.2 직업인으로서 가져야 할 직업윤리 및 권리를 이해한다. ③2015-M II 2.3 직업에 대한 편견과 고정관념을 성찰하고 개선 방법을 찾아본다.	토의식 수업, 강의식 수업
III	진로탐색	교육 기회의 탐색	①2015-M III 1.1 진로에서 학습의 중요성을 이해하고 자기주도적 학습 태도를 갖는다. ②2015-M III 1.2 고등학교의 유형과 특성에 대한 다양한 정보를 탐색한다.	강의식 수업, 토의식 수업, 인터넷 활용 학습
		직업정보의 탐색	①2015-M III 2.1 다양한 방법과 체험활동을 통해 구체적인 직업정보를 탐색한다. ②2015-M III 2.2 직업에 대해 수집한 정보를 분석하여 직업 이해에 활용한다.	인터넷 활용 학습, 직업체험 기반 학습
IV	진로 디자인과 준비	진로의사결정능력 개발	①2015-M IV 1.1 진로의사결정의 과정과 절차를 이해할 수 있다 ②2015-M IV 1.2 진로를 선택하는 데 영향을 주는 진로장벽 요인을 알아보고 해결할 수 있다.	강의식 수업, 토의식 수업, 협동학습(팀 프로젝트)
		진로 설계와 준비	①2015-M IV 2.1 자신의 특성을 바탕으로 미래 진로에 대해 잠정적인 목표와 계획을 세운다. ②2015-M IV 2.2 진로목표에 따른 고등학교 진학계획을 수립하고 준비한다.	토의식 수업, 협동학습(팀 프로젝트), 인터넷 활용 학습

■ 각 대영역별 세부 이해

I. 자아이해와 사회적 역량 개발

'자아이해와 사회적 역량 개발'영역에서는 중학교 학생들이 자신에 대한 객관적 이해(흥미, 적성, 성격, 가치관, 신체적 조건, 학업성취도, 가정 환경 및 사회 환경)를 통해 진로 설계의 기초를 마련할 수 있도록 한다. 또한 대인관계의 중요성에 대해서 인지하고 자신의 주변 사람을 존중하며 적절한 관계를 맺고 유지하기 위한 의사소통 능력 및 사회적 관계 형성을 위한 사회적 역량을 기르도록 한다. 사회적 역량은 또한 청소년기에서 성인기로의 원활한 이행을 위해 중요하다.

– 자신의 능력이나 특성, 강·약점 등을 존중할 수 있다.
– 다양한 방법으로 자신의 직업 흥미와 적성을 탐색할 수 있다.
– 대인관계의 중요성을 이해하고, 가족, 친구, 선생님, 이웃 등 주변 사람들과 적절한 관계를 맺을 수 있다.
– 경청, 질문, 설득 등을 상황에 맞게 활용하여 효과적으로 의사소통할 수 있다.

II. 일과 직업세계 이해

'일과 직업세계 이해 영역'에서는 중학교 수준에서 직업세계의 다양함과 역동적인 변화의 모습을 이해하고 직업세계를 탐색하는 내용을 다룬다. 사회 변화에 따라 직업은 다양하게 변화할 수 있음을 깨닫고 이러한 사회 변화에 따라 새로운 직업이 등장하고 사라지는 직업이 생길 수 있음을 인지하고 이에 대해 유연하게 대처하는 것이 필요하다. 또한 윤리적이고 건전한 직업의식은 공동체 사회 구성원으로서 건강한 직업생활을 하는 데 도움을 주며, 직업에 따른 책임감과 노동자가 누려야 할 기본적인 권리에 대하여 정확하게 이해할 수 있도록 한다. 또한 직업에 대한 사회적 고정관념과 편견 등을 극복할 수 있다

– 다양한 직업을 분야별로 분류하고 각 직업이 하는 일을 설명할 수 있다.
– 사회적 변화에 따라 새롭게 등장한 직업과 사라진 직업에 대해 설명할 수 있다.
– 새로운 종류의 직업이나 사업을 상상하고 만드는 모의 활동을 할 수 있다.

- 직업이 자신에게 주는 긍정적 가치(자아실현, 보람 등)를 이해할 수 있다.
- 직업인이 공통적으로 갖추어야 할 직업윤리를 이해할 수 있다.
- 직업에 대한 사회의 여러 가지 편견과 고정관념을 제시하고 이에 대한 문제점을 설명할 수 있다.

III. 진로탐색

'진로탐색'은 중학교 졸업 후 진학하고자 하는 다양한 고교 유형과 진학 유형에 따른 교육 과정 프로그램 탐색이라는 단기적인 측면과 고등학교 졸업 이후의 진로와 직업 선택까지 고려할 수 있는 중·장기적인 측면, 즉 학생 개인의 생애발달 측면까지 포함한다. 진로 준비에서 배움의 중요성을 인식하고, 다양한 방법으로 고등학교 및 학과의 유형을 탐색하기 위한 배움의 의미를 깨달을 수 있도록 한다.

또한 학생들이 주체적이며 자기주도적으로 직업세계를 탐색할 수 있도록 의미를 부여하고 다양한 진로체험활동을 제공하며 관심 직업 분야의 다양한 진로경로를 탐색하는 데 주안점을 두어야 한다.

이를 위해 진로경로를 탐색하기 위한 다양한 가이드를 제공할 수 있다.

- 진로에서 학습의 중요성을 이해하고 설명할 수 있다.
- 다양한 방법으로 고등학교 및 학과의 유형과 특성을 탐색할 수 있다.
- 다양한 체험활동을 통해 직업정보를 탐색할 수 있다.
- 관심 직업 분야의 다양한 진로경로를 탐색할 수 있다.

IV. 진로 디자인과 준비

자신의 진로를 주체적이며 자기주도적으로 준비하기 위해서는 진로의사결정과정의 중요성을 인식하고 진로를 결정하는 데 있어서 객관적인 진로장벽 요소를 파악한 후 이를 해결할 수 있는 방안을 모색해야 한다. 자신이 선택한 유형의 고등학교 진학을 위해 구체적이고 체계적인 준비가 이루어질 수 있도록 하고 인생의 발달 단계에 따른 잠정적인 진로목표와 관련된 다양한 교육 프로그램, 진로경로를 계획할 수 있도록 한다.

– 진로의사결정의 과정과 절차를 이해할 수 있다.

– 자신의 진로장벽 요인을 파악하고 해결 방안을 모색할 수 있다.

– 잠정적인 진로목표와 관련된 다양한 교육, 진로경로를 계획할 수 있다.

– 자신이 원하는 진로와 관련 있는 고등학교를 선택할 수 있다.

■ 교과서 예시(2015 개정 교육과정으로 만들어진 교과서 체계, 지학사 교과서 참고)

단원	영역	핵심 개념	단원명	단원	영역	핵심 개념	단원명
I	자아 이해 와 사회 적 역량 개발	자아 이해 및 긍정 적 자아 개념 형성	나를 표현하는 한 줄 카피(copy) 지금의 나를 만든 결정적 장면 나의 행복을 노래해 보자 나의 강점 트로피 만들기 약점 종이 눈싸움하고 선플 달기 내 마음의 구김을 펴는 법 나의 흥미과 적성 새롭게 보기 경매 놀이로 알아보는 나의 가치관 진로 심리 검사로 나를 이해하기 나의 성격이 드러난 자화상 그리기 나를 종합해서 알아보기 나의 커리어 하우스를 지어 보자	II	일과 직업 세계 이해	변화 하는 직업 세계 이해	우리 동네 직업 지도 만들기 같은 분야, 다른 직업 찾기 NCS 분류로 나의 관심 직업 알아보기 시대에 따른 직업 변화 알아보기 나의 미래 직업카드 만들기 2030년 미래 여행으로 직업을 알아보자 기업가 정신과 나의 역량 알아보기 내 회사 만들기 프로젝트 1부 – 창업 아이템 찾기 내 회사 만들기 프로젝트 2부 – 창업 아이템 구체화하기 내 회사 만들기 프로젝트 3부 – 회사 만들기 함께 살아가는 세상 창직의 멘토를 찾아서 내 일(Job)은 내가 만든다 나도 창직, 컬처 디자이너
		대인 관계 및 의사 소통 역량 개발	친밀감 업(up)! 6×6 놀이하기 이고그램으로 나의 대인관계 유형 알기 월, 관계 속에서 재능을 꽃피우다 친구 설명에 따라 도형 그려 보기 잘 들어 보자! 경청 공감 놀이 잘 말해 보자! 나 전달법 놀이 잘 질문해 보자! 5분 꼬리 놀이 공감 친구를 만들어 보자 나의 속마음 내비치기 두 마음 토론하기 갈등을 푸는 역할극을 해 보자			건강 한 직업 의식 형성	창직의 멘토를 찾아서 내 일(Job)은 내가 만든다 나도 창직, 컬처 디자이너 나의 직업윤리 역할 모델 탐색하기 상황 카드로 직업윤리 마인드 맵 그려 보기 일에 대한 나의 권리 알아보기 직업 편견과 고정관념 넘어서기 유리 천장 뚫어 보기 드라마 속 직업인 vs 현실 속 직업인

Ⅲ 진로탐색	교육기회의 탐색	나의 학습 역량 진단하기 교과 학습의 진로 영향 알아보기 그들이 공부하는 이유 고등학교 유형 및 진로 알아보기 다양한 고등학교를 알아보자 나의 진학 계획표 작성하기 내가 원하는 꿈의 학교를 만들어 보자	Ⅳ 진로디자인과 준비	진로의사결정능력개발	나의 의사결정 유형 알아보기 유명인의 진로의사결정 알아보기 의사결정의 중요성 알아보기 흥미, 적성, 가치에 따라 직업 선택하기 유명인의 진로의사결정 알아보기 진로장벽 극복 사례 알아보기 나의 진로장벽 뛰어넘기 진로장벽을 극복한 주변인 인터뷰하기
	직업정보의 탐색	나의 관심 직업정보는 어디에? 커리피디아로 새로운 진로 정보 세상 만들기 113 나는 진로 빅데이터 분석가 우리 지역에서 진로 체험하기 진로체험 현장 모아 보기 교실 속 모의 직업체험하기 진로체험 분야 정하기 직업체험 계획서 작성하기 직업체험 꼼꼼히 준비하기 직업체험 보고서 작성하기 가상 직업체험을 해 보자 여러 직업의 진로경로 알아보기 직업의 경계 넘나들기 임상심리 전문가에서 웹툰 작가로		진로설계와 준비	나의 진로 밑그림 그려 보기 세부 진로 계획서 작성하기 꿈꾸는 사람에게 절망은 없다 나의 진학 설계 자료 스크랩하기 나의 진학 희망 고등학교 결정하기 고입 준비 출발점? 자기소개서와 내신 관리 나의 미래 자서전 쓰기

7) 교수 · 학습 방법

(1) 교수 · 학습 방향

① 선택 과목으로서 '진로와 직업'은 한 학년에 편성하여 이수할 것을 권장하고 있지만 학교의 여건에 따라 한 학기 또는 그 이상의 학년으로도 편성할 수 있다.

② '진로와 직업' 수업은 창의적 체험활동의 진로활동, 타 교과의 교과통합 진로교육과 연계하여 전반적인 중학교 진로교육의 목표를 달성하기 위해 활용된다. 이를 고려하여 학교 전반에 걸친 진로교육 활동에서 '진로와 직업' 과목의 성격을 규정하고, 다른 교과목이나 창의적 체험활동과의 연계를 토대로 지도 계획을 수립한다.

③ '진로와 직업' 수업은 본 교육과정의 취지가 구현될 수 있도록 해야 한다. 이를

위해 '진로와 직업'은 융합·연계 교육, 학습자 중심 교육, 2015 개정 교육과정의 6개 핵심 역량 및 '진로와 직업' 4개 역량의 계발을 교수·학습 설계의 방향으로 한다.

④ 교수·학습의 중점은 학습자 스스로의 탐구와 흥미에 두도록 한다.

⑤ '진로와 직업' 수업은 차시별로 이루어지는 수업의 과정에 초점을 둔다. 또한 학생 스스로 자신과 직업 및 교육 세계를 탐색하는 데 중점을 두도록 하며, 모든 영역에서 학생 중심의 체험과 활동 중심의 다양한 교수·학습 방법을 적용한다. 또 학생 주도적 학습이 이루어져서 스스로 자신의 진로를 찾도록 해야 하며 개별 학습 및 모둠 학습의 다양한 방법이 활용되어야 한다.

⑥ '진로와 직업' 수업 시 자기주도역량 강화를 위해 긍정적 자아상을 갖도록 해야 하며 '자기이해' 단원의 경우 자신의 어두운 부분에 대해 억지로 발표하도록 하는 수업은 지양하고 학생들의 진로성숙에 따른 개인 맞춤식 수업이 진행되어야 한다.

(2) 교수 · 학습 방법

① 흥미 있는 학습이 될 수 있도록 진로 및 직업과 관련한 다양한 정보원을 적극적으로 활용한다. 특히 진로 및 직업 관련 온라인 전산망, 직업사전, 관련 동영상, 성공 사례집, 신문 스크랩 등을 활용하여 유용한 정보를 제공한다. 또 학생 주변의 일상생활과 연계한 진로탐색을 촉진한다. 예를 들어 EBS 지식채널, 유튜브, 성공시대, 극한직업, job 코리아 등이 있다.

② 수업의 주제에 따라 다양한 교수·학습 방법을 활용하며 일반적으로 '진로와 직업' 수업에 활용될 수 있는 교수·학습 방법의 예는 다음과 같다.

• 서술, 논술식 교수·학습 방법
  – 정의: 특정주제(논제)를 논하여 자신의 주장을 서술하는 것
  – 절차: 논제 파악(문제 이해) → 논의 틀 정하기 → 논점 나누기 → 주장과 근거 마련하기 → 개요 짜기 → 논술문 작성하기 → 수정

- 수업의 예: 인공지능은 미래 사회 인간의 행복에 도움이 되는가? 인공지능의 올바른 활용을 위한 법 규제는 필요한가? 진로심리검사의 결과는 신뢰할 만한가? 자신의 진로를 위해 대학은 꼭 가야 하는가?

- **프로젝트 학습**
  - 정의: 문제를 해결하기 위해 문제를 선정하고, 이를 해결하여 나가는 일련의 과정을 학습하는 방법
  - 절차: 문제해결을 위한 주제 결정하기 → 활동과 역할 및 일정 계획하기 → 탐구 학습하기 → 발표를 위한 준비하기 → 발표하기→ 마무리 및 평가하기
  - 수업의 예: 4차 산업혁명과 미래 직업, 자기이해를 위한 방법 찾아가기, 직업 정보를 찾는 방법, 고교 입시를 위한 자기주도학습전형 준비하기, 기업가 정신 실천하기, 우리 회사 만들기

- **협동학습**
  - 정의: 공동의 학습 목표를 모둠원들이 협력하여 해결해 가는 방법
  - 절차: 주제 결정하기 → 활동과 역할 계획하기 → 활동하기 → 발표하기 → 마무리 및 평가하기
  - 수업의 예: 행복을 위한 조건들에 대해 탐구하여 발표하기, 모둠원들의 꿈에 대해 돌아가며 말하기, 긍정적 자아상을 위한 선플 달기, 친구를 위해 직업카드 정해 주기, 직업가치선언문 작성 후 발표하기

- **마인드 맵**
  - 정의: 마음속에 넘쳐흐르는 사고력과 상상력 그리고 읽고, 생각하며, 분석하고, 기억하는 모든 정보를 자기 자신만의 독특한 이미지와 핵심 단어, 색상 및 상징적 부호 등으로 자유롭게 펼쳐 보고, 독창적이고 종합적인 구조로 조직화해서 다양한 방식으로 표현한 것
  - 절차: 주제 정하기 → 중심이미지 그리기 → 주가지 그리기 → 부가지 그리기

→ 세부가지 그리기 → 수정 및 보완하기

- 수업의 예:

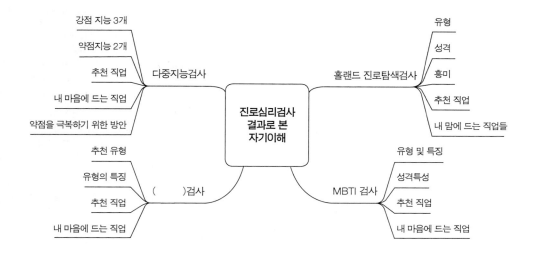

- NIE(Newspaper in Education) 교수·학습 방법
  - 정의: 살아 있는 교과서인 신문을 학습에 활용하여 교육적 효과를 높이는 것
  - 절차: 주제선정 → 신문기사 찾기 → 중심어와 중심 문장 찾기 → 내용 요약하기 → 자신의 의견 덧붙이기 → 발표하기 → 평가하기
  - 수업의 예: 미래 사회의 변화 원인과 직업의 변화, 4차 산업혁명 속 기술 찾기, 지구 온난화가 우리 삶에 미치는 영향, 미니멀리즘과 미래 삶, 인구 변화에 따른 고용의 변화

- 진로체험활동 교수·학습 방법
  - 정의: 직업 현장을 진로체험 6가지 유형으로 체험하여 다양한 정보를 습득하게 함으로써 합리적으로 자신의 진로를 결정하게 활동
  - 절차: 진로체험 주제 선정 → 진로체험 유형 찾기 → 진로체험 장소 찾기 및

예약 → 진로체험 실시 → 체험 보고서 작성 → 발표하기 → 진로포트폴리오
만들기

– 수업의 예:

매뉴얼상 분류	활동 내용	매뉴얼상 분류	활동 내용
전문직업인 초청	기업 CEO, 현직자, 전문가 등 각 분야의 직업인들의 강연을 듣는 것을 통해 직업과 인생에 대해 깊이 있는 이해를 도모하는 활동 예) 산업디자인 교수 특강, 로봇과학자 데니스 홍 특강, 오중석 사진작가 멘토링	현장직업 체험형	2~5명의 학생들이 실제 업무 현장을 방문하여 다양한 직업군의 멘토와의 만남을 통해 간단한 업무를 체험하며 직업세계를 탐색하고 일하는 태도를 배우는 활동 예) 시청의 공무원 체험, 카페의 바리스타 체험, 저작권위원회의 저작권 등록 체험
현장견학형	진로교육을 목적으로 학생들이 기업이나 박물관, 공공기관 등을 견학하여 정보를 수집하고 나의 직업이나 진로와 어떤 연관이 있는지 알아보는 활동 예) 경찰서, 소방서, 웨딩하우스 견학 체험	캠프형	특정 장소에서 단기간에 진로교육을 위한 프로그램을 집중적으로 운영하는 활동(1일 6시간 이상 운영) 예) 진학을 위한 꿈나래 캠프
학과체험형	학과체험을 통해 폭넓은 직업 탐색의 기회 및 직업세계에서 요구하는 기초적인 지식이나 기술 학습 기회를 제공하는 활동 예) 대학 학과(직업)체험, 특성화고를 활용한 학과체험	실무체험형	직업을 이해하기 위해 해당 직업의 직무를 체험하는 활동 예) 승무원 체험, 카지노 딜러 체험, 빅데이터 체험

그 외에도 전통적으로 사용하던 강의식 수업은 일정한 정확한 정보를 제공할 때 사용되며 모둠 내 토의, 토론 학습을 통해 진로장애나 진로의사결정 모형 등에 관하여 논의할 수도 있으며 진로카드를 이용한 질문이 있는 수업, 미리 관련 동영상을 보고 와서 학습하는 거꾸로 수업, 짝과의 토의 토론을 일으키는 하부르타 수업, 진로장벽을 이기기 위한 역할극, 성격유형을 알기 위한 심리검사 기반 학습 등 다양한 교수학습 방법이 사용될 수 있다.

■ 수업지도안 예시

일시	년 월 일		지도교사	
교과명	진로와직업	지도대상	지도 장소	진로와직업 교과실
대단원명	1. 자기이해와 사회적 역량 개발	중단원명	자아이해와 긍정적 자아형성	
학습 목표	나와 학급원들의 긍정적인 특성을 이해하며 긍정적 자아상을 형성할 수 있다.			
역량	협업, 공감과 소통 능력		준비물	유인물, ppt, 학습지
수업의 특징	진로의 시작은 자신을 긍정적으로 관찰하는 데서부터 시작된다. 본교의 학생들은 자존감이 다소 낮은 학생들이 많아 자신과 다른 학급원의 강점을 찾아 칭찬함으로써 자존감을 높이고자 한다.			

구분	교사 활동	학생 활동	활동	학습 자료	시간
도입	– 전시 학습 복습	– 한줄 카피의 주인공 찾기	일제식 수업	ppt	5′
전개	– 긍정적 자아상을 갖는 것의 중요성 설명 – 학급원들의 강점 찾기 – 모둠 빙고 – 자신의 긍정성 찾아서 구체적으로 적기 – 모둠 내에서 강점 트로피를 쓰고 수여하기	– 학급원 중 최고 항목의 학생 찾아서 쓰기 – 3줄 빙고하기 – 자신의 긍정성 찾아서 구체적인 근거로 설명하기 – 트로피 만들기 – 모둠 내에서 강점 트로피 시상하기	모둠 수업 개별 학습지 돌아가며 말하기	모둠 학습지 개별 학습지	15′ 20′
정리	– 긍정적 자아상 정립의 중요성 강조 – 차시 목표 제시	– 학급원이 함께 특성과 긍정성을 갖고 찾아주는 것이 필요함을 인식 – 차시 목표	일제식 수업		5′

평가 제목	자기이해와 긍정적 자아형성		방법	교사 및 동료 평가
과제 내용	– 학급원들의 강점을 찾고 이해한다. – 나의 강점 트로피를 만들 수 있다.			

평가 요소	평가 기준		성취 수준	
인지적 영역 평가	자신만의 강점 트로피를 만들 수 있다.	상	자신의 강점 트로피에 3개 이상의 강점을 기록, 말할 수 있다.	
		중	자신의 강점 트로피에 1개 이상의 강점을 기록, 말할 수 있다.	
		하	자신의 강점 트로피에 자신의 강점을 찾아서 쓰지 못한다.	
정의적 영역 평가	– 협업을 통해 학급원들의 강점을 찾을 수 있다. – 모둠원들의 강점 트로피를 긍정적으로 기록하고 수여할 수 있다.			

■ 학습지

나를 사랑하는 나

활동일시	년 월 일	교시	학번		성명	

자아존중감과 자기효능감

긍정적인 자아정체감을 형성하기 위해서는 자아존중감과 자기효능감을 지녀야 한다. 자아존중감은 자신을 사랑하고 소중하게 여기며, 주어진 일을 스스로 해결할 수 있는 사람이라고 믿는 마음이다. 자기효능감은 자신이 힘든 상황에 있더라도 스스로 그 상황을 극복할 수 있고 주어진 일을 성공적으로 수행할 수 있는 사람이라고 믿는 마음이다. 이러한 자아존중감과 자기효능감이 높은 사람은 자신감을 바탕으로 자신의 미래를 설계하여 좋은 결실을 맺을 가능성이 크다.

1 다음 단어 중 나의 강점과 관련된 단어들에 색칠해 보자.

끈기	배려	용기	의리	학구열	관찰력	순발력	적응력	지도력	집중력
창의력	통솔력	판단력	자신감	정의감	책임감	독립심	모험심	이해심	인내심
충성심	호기심	감각적	낙천적	논리적	열정적	적극적	건강함	겸손함	공정함
꼼꼼함	섬세함	성실함	솔직함	순수함	신중함	완벽함	우아함	유쾌함	정직함
친근함	친절함	쾌활함	현명함	활발함	부지런함	지혜로움	도전 정신	공감 능력	협상 능력

2 **1**에서 색칠한 단어와 관련하여 어떤 일을 성취한 경험이 있는지 생각해 보고, 그 경험을 적어 보자.

나의 강점	성취 경험
예) 부지런함	나는 어떤 일이 있어도 매일 아침 일곱 시에 일어나 학교 갈 준비를 한다.

3 **1**과 **2**의 내용을 토대로 나의 강점 트로피를 채워 보자.

출처: 허은영 외(2017). 중학교 진로와 직업. 지학사.

8) 평가 방향

(1) 평가 방향

① 평가의 계획

평가 시기와 방법 등을 사전에 계획하여 실시하되, 과목의 성취 목표가 반영되도록 한다. '진로와 직업'의 평가는 학생의 진로와 관련된 다양한 특성을 정확히 이해하고, 진로 장애와 관련된 요인을 발견함으로써 대책을 세울 수 있어야 한다. 또 '진로와 직업'의 평가는 해당 수업이 학생들의 진로발달을 촉진하여 학교 진로교육의 목표를 달성했는지, 진로성숙에 영향을 주는지를 살펴보는 데 있다. 이에 따라 평가의 방향은 평가를 통해 학생들에게 진로탐색 및 진로발달에 필요한 학습 동기를 유발하는 데 둔다.

② 평가의 방향

과정 중심의 평가·학습 활동의 과정과 결과에 대한 평가를 실시하여 반영한다. 특히 과정 평가의 중요성을 인식하고 포트폴리오 평가 등의 현실적인 방안을 모색한다. 학생 스스로가 진로를 얼마나 잘 계획하고 실행할 수 있는가를 평가하는 데 중점을 둔다. 특히 학생 스스로 주도적으로 참여하는지, 다양하고 폭넓은 진로 탐색이 이루어지는지, 그 과정에서 진로와 관련한 의식의 진전이 있는지 등에 중점을 두되, 학생 개인별로 학습의 과정에서 의미 있는 변화가 있는지에 초점을 두고 평가한다.

(2) 평가 방법

평가 방법은 지필 검사 위주에서 탈피하여 조사 보고법, 면접법, 질문지법, 토의법 등을 통한 수행 평가를 활용한다. 교사 중심의 일방적인 평가보다는 학생들의 자기 평가 및 집단 평가, 학부모의 자녀 평가 등을 병행하여 실시한다. '진로와 직업' 수업에서 활용할 수 있는 평가 방법의 예는 다음과 같다.

① 진단 평가: 학생들이 학습 목표와 제시된 학습 과제를 제대로 이해하고 성취했

는지 확인하는 평가 방법, 진단 평가의 유형으로는 체크리스트 확인, 진로발달에 관한 자기이해 척도표 작성 등이 있다.

② 수행 평가: 진로교육에 있어 수행 평가(performance assessment)는 성적을 산출하기 위한 것이 아니라 교수 활동 중 이루어지는 역할극, 학생 자기주도적 진로 탐색 활동, 산출물 등을 이용하여 교사가 관찰자로서 서술형으로 기록하는 것이다.

③ 학생 자기평가-상호 동료 간 평가: 진로교육은 점수를 산출하기 위한 과정이 아닌 진로발달에 관한 학생 내면의 변화와 또래와의 협력 학습 과정에서 이루어지는 긍정적인 사회성, 협동심 등을 목적으로 하고 있다. 학생 자기평가 및 상호 동료 간 평가는 능동적인 학생의 진로 의식 발달과 협동 학습을 통한 진로탐색 과정에 시너지 효과를 발휘할 수 있다.

(3) 유의 사항

① '진로와 직업' 수업의 평가는 상급 학교 진학을 위한 직접적인 성적 산출의 기초가 되지 않으므로 학생들이 소홀히 대할 수 있다. 하지만 '진로와 직업'의 평가 결과는 다양한 상급 학교 진학에 있어 자기소개서, 학업계획서, 포트폴리오, 면접자료 등 중요한 참고 자료로 활용될 수도 있음에 유의하게 한다.

② 수행 평가 및 학생 자기평가-상호 동료 평가는 학생 자신이 주도적으로 실시하는 평가 과정이기 때문에 무성의하고 형식적인 평가 과정으로 흐르지 않도록 교사가 평가의 중요성을 인식시켜야 한다.

③ '진로와 직업' 과목 평가 방법의 신뢰도, 타당도 확보를 위해 평가를 위한 정교한 평가 기록지를 포함한 다양한 도구가 개발되어야 한다. 또한 평가의 일반화 및 보급을 위해 과학적이고 구조적인 평가 모형의 정립이 필요하다.

④ 개별 및 집단 학습 결과의 평가는 사전 준비 상황, 참여 태도 및 집단 간의 협력적 태도, 결과 활용도 등을 중심으로 실시한다.

학습문제

1. '진로와 직업' 교과를 선택 과목으로 채택해야 하는 이유에 대해 설명하시오.

2. 초, 중, 고 진로교육의 유사점과 차이점에 대해 설명하시오.

3. 진로성숙을 위한 다양한 방법 중 3가지를 적어 보시오.

4. '진로와 직업'의 다양한 수업 방법에 대해 실례를 들어 설명하시오.

5. 과정중심평가를 위해 '진로와 직업'에서 활용할 수 있는 평가에는 어떤 것들이 있는지 서술하시오.

참고문헌

김봉환, 김은희, 김효원, 문승태, 방혜진, 이지연, 조봉환, 허은영(2017). 진로교육개론. 서울: 사회평론
　　아카데미.
교육과학기술부(2016). 학교 진로교육 목표와 성취기준.
허은영, 조윤성, 김덕경, 송정, 김재균(2017). 중학교 진로와 직업. 서울: 지학사.

7장

동아리활동과 연계한 진로교육

허은영

진로교육을 중요하게 생각하는 김선생님은 학급 행사로서 야심차게 진로체험 프로그램을 기획하고 긴 시간을 들여 치밀하게 준비한 후 어느 날 아이들에게 자신 있게 알렸다.

"얘들아, 이번 학급의 날 행사로 ○○은행 진로체험관에서 금융 관련 직업체험할 거야. 간단하게나마 보험, 증권 업무도 직접 해 보고 일터 견학도 하고 직업인을 만나서 강의도 들어볼거야. 재미있겠지?"

김선생님은 그동안 준비하느라 고생한 만큼 아이들의 환호성을 기대했는데 그 대신 아이들의 볼멘 반응이 돌아온다.

"선생님, 그런 데 재미없어요. 저는 그런 직업 생각해 본 적도 없고 그런 일 관심도 없단 말이예요. 다른 데 가면 안 될까요?"

왜 이런 일이 일어날까? 진로 의식이 낮은 아이들 탓일까? 아니면 프로그램 기획 및 준비에 있어 소홀한 교사의 잘못일까? 아니다. 학급 단위로 프로그램을 진행하는 상황 때문에 그런 경우가 많다. 학급 단위로 진로활동을 하는 경우 취미와 흥미가 다른 학생들이 모였기 때문에 어떤 프로그램을 하든지 간에 어떤 아이들에게는 환영받지만 다른 아이들은 싫어하거나 무관심할 수 있다. 따라서 전체적으로 볼 때 프로그램에 대한 만족도가 높기 어렵다. 이때 효과적인 대안으로 시도해 볼 수 있는 것이 동아리 단위로 진로 프로그램을 진행하는 것이다.

동아리 단위로 진로활동을 하는 경우 취미와 흥미가 비슷한 학생들이 모였기 때문에 교사의 입장에서는 아이들의 흥미를 바탕으로 진로프로그램의 영역을 선택할 수 있고 이를 통해 아이들의 만족도도 고르게 높게 나타난다. 강원중/고등학교의 경우 동아리와 학급을 일치시킬 정도로 동아리 단위의 각종 활동은 진로뿐만 아니라 다른 활동을 할 때에도 효과적일 수 있다.

동아리란 '패를 이룬 무리'라는 사전적 의미를 갖는 우리말이다. 이인규(1992)의 연구에 따르면, '동아리'란 명칭은 1970년대 후반부터 대학가를 중심으로 '서클(circle)'이라는 명칭으로 불리다가 1990년대 초반부터 순 우리말인 '동아리'라는 명칭으로 바뀌면서 현재처럼 학교 내·외에서 일반화된 용어로 활용되고 있다.

한국청소년개발원(2005)에서는 '동아리'의 개념으로 "공통의 목적과 관심사에 의해 형성, 운영되는 작은 모둠"으로 정의하고 있으며, 교육과학기술부의 2009 개정 교육과정에서 제시한 '동아리'의 개념은 "특기, 적성, 취미, 소질 등 공통의 관심사나 목표를 가진 학생들의 모임"으로 규정하고 있다. 교육과학기술부(2009)의 동아리에 관한 정의에 의하면 동아리의 구성원은 학생만으로 구성된 집단 또는 소모임으로 한정하고 있기 때문에 협의적인 정의라고 볼 수 있다.

'청소년 동아리 활동'의 개념을 정리하면 '서로 같은 취미나 특기·적성을 가진 학생들이 모여 자신의 소질과 적성을 창의적으로 개발하고 발전시킴으로써 자아실현의 기초를 형성하고 사회성과 협동심을 기르기 위한 집단 활동'(교육과학기술부, 2009)으로 명시하고 있다. 이와 같은 교육과학기술부의 정의는 학교 내 동아리 활동을 지칭하는 것이기 때문에 '학교 내 동아리 활동' 내지 '학생 동아리 활동'에 대한 개념으로 해석하는 것이 적절하다.

청소년 동아리 활동을 포함한 청소년 활동 참여는 진로 변인과는 유의한 상관관계가 있는 것으로 보고된 바 있으며, 청소년 활동 참여와 진로발달과는 정적인 상관관계가 있는 것으로 밝혀졌다(전혜경·윤미선, 2010). 구체적으로 청소년 동아리 활동을 포함한 청소년 활동 참여는 청소년의 진로결정 자기효능감(이은경, 2002), 진로준비행동(김봉환, 1997)을 향상시키는 것으로 나타났다.

또한 청소년 동아리 활동의 참여 여부와 자아정체감의 형성과는 정적 관계가 있음을 알 수 있다. 국내·외 연구 보고에 따르면 학교 내·외를 막론하고 동아리 활동에 참여한 청소년의 자아정체감이 참여하지 않은 청소년에 비하여 상대적으로 높게 나타났다(김성규, 2011). 특히 학교동아리 활동의 참여보다는 지역사회를 기반으로 한 동아리 활동에 참여한 청소년의 자아정체감 형성이 더욱 긍정적인 영향을 받는 것으로 나타났다.

청소년 동아리 요인과 진로 요인과의 관계에서 자아정체감이나 사회적 지지라는 심리·사회적 요인은 어떻게 작용하고 있는지를 경로 분석을 통해 검증한 결과 청소년의 학교동아리 및 지역사회동아리 활동 참여는 자아정체감, 사회적 지지, 진로결정 자기효능감, 진로준비행동 모두에 정적인 관계가 있는 것으로 나타났다. 청소년의 자아정체감은 진로결정 자기효능감이나 진로준비행동을 포함한 진로 요인에 유의한 영향을 미치는 것으로 나타났다. 청소년의 지역사회·학교 동아리 활동 참여는 또한 사회적 지지 수준을 높이고, 이것은 다시 청소년의 진로결정 자기효능감과 진로준비행동 수준을 진작하는 것으로 나타났다. 반면 학교동아리 활동에만 참여하는 청소년의 경우에는 사회적 지지와 진로 요인에는 유의한 영향을 미치지 못하는 것으로 나타났다. 결과적으로 지역사회·학교 동아리 활동에 참여하는 청소년은 자아정체감이 향상되며, 사회적 지지가 높아지고, 진로결정 자기효능감이 향상되어 진로준비행동 수준도 높아지는 것으로 검증되었다(이승렬, 2014).

2 진로와 연계한 동아리 구성 및 운영

1) 학생 희망, 진로적성검사를 토대로 한 진로동아리 구성

구분	주요 내용	시기
① 교사 연수	• 진로직업군 동아리 편성 관련 교사 연수 – 방향 제시 • 직업군별 담당 희망동아리 수요 조사 및 수요 조사에 따른 일부 장소 섭외 (창의인성부 동아리계 주도, 진로진학상담교사 협조)	2월 업무분장발표 시 2월 말
② 동아리활동 관련 학생연수, 학생수요조사	• 직업군별 동아리활동에 대한 연수, 진로포트폴리오에 대한 안내 • 학생의 꿈 또는 진로적성검사(서울진로진학정보센터 또는 커리어넷) 결과를 토대로 직업군별 동아리 예시를 통한 학생 희망 진로 동아리 수요 조사	3월 2주
③ 교사 담당 동아리 구성	• 학생 수요 조사를 고려한 직업군별 동아리 구성 후 담당 동아리 결정 및 동아리 명칭 확정, 장소 섭외	3월 3주

④ 동아리 조직	• 동아리 조직 및 동아리별 비상연락망 작성	3월 4주
⑤ 동아리 활동 계획 수립	• 관련 직업체험, 관련 직업인 탐방, 동아리 활동 관련 봉사활동 중 하나가 1회 이상 들어가도록 동아리 활동 계획 수립 및 작성	4월 1주
⑥ 동아리 활동 실시	• 학생 포트폴리오 작성에 도움이 되도록 진로와 연계성이 있는 진로 직업 중심의 동아리활동 실시 • 매 활동 시 학생용 동아리 체험활동지 작성 (사진, 입장권, 인터뷰 결과물 등 첨부 – 포트폴리오 작성)	4월~12월
⑦ 자체 평가회 및 만족도 조사 실시	• 만족도 조사 실시 • 활동 후 자체 평가회 및 학생, 학부모 대상 만족도 조사 실시 후 차기년도 활동 계획 수립에 참조	동아리 마지막 활동 후
⑧ 차기년도 시행 방침	• 차기년도부터 동아리별로 신입생 후배 개별 모집 가능	20××3월 초

2) 학생들이 희망진로동아리 직접 구성

구분	주요 내용	시기
① 교사 연수, 동아리심사위원회 구성	• 진로직업군 동아리 편성 관련 교사 연수 – 방향 제시 (창의인성부 동아리계 주도, 진로진학상담교사 협조) • 동아리심사위원회 구성	2월 업무분장발표 시
② 동아리활동 관련 학생 연수, 동아리 등록 기준 및 활동 원칙 제정	• 직업군별 동아리활동에 대한 연수, 진로포트폴리오에 대한 안내 • 동아리 등록 기준 및 활동 원칙 제정	3월 2주
③ 동아리 지도교사 섭외 및 신청	• 동아리별로 신청서 및 모집 홍보물 작성 제출	3월 3주 초
④ 동아리 회원 모집	• 홍보물 벽보 부착 및 아침 자율시간 이용 교실에서 홍보활동	3월 3주 말
⑤ 동아리 심사	• 회원 수, 희망진로 고려 동아리 심사 및 인가	3월 4주
⑥ 동아리활동 계획 수립 및 제출	• 관련 직업체험, 관련 직업인 탐방, 동아리활동 관련 봉사활동 중 하나가 1회 이상 들어가도록 동아리활동 계획 수립 및 작성 후 계획서 제출	4월 1주
⑦ 동아리활동 실시	• 학생 포트폴리오 작성에 도움이 되도록 진로와 연계성이 있는 진로 직업 중심의 동아리활동 실시 • 매 활동 시 학생용 동아리 체험활동지 작성 (사진, 입장권, 인터뷰 결과물 등 첨부-포트폴리오 작성)	4월~12월

⑧ 자체 평가회 및 만족도 조사 실시	• 활동 후 자체 평가회 및 학생, 학부모 대상 만족도 조사 실시 후 차기년도 활동 계획 수립에 참조	동아리 마지막 활동 후
⑨ 동아리 활동 결과 평가	• 동아리활동 보고서 제출 및 평가 • 활동 심사 후 차기년도 존속 여부 결정	20×× 2월 초

3) 동아리활동 연간 운영 계획서 예시

법과 함께반 예시

순	월	일(금)	교시	운영계획	시간누계
1	3	00	6	동아리 활동 사전 연수 및 직업군별 동아리 예시 수요 조사	1
2	3	00	5~7	동아리 조직 및 비상연락망 작성, 활동 안내	4
3	4	00	〃	재판 용어 익히기, 법원 종사자 알아보기, 동아리체험활동지 작성	7
4	5	00	〃	'숫돌이 축구공절도사건' 시나리오 읽고 모의재판하기, 동아리체험활동지 작성	10
5	6	00	4~7	법원 견학, 판사 인터뷰,동아리체험활동지 작성	14
6	7	00	5~7	'히틀러가 법정에 섰다면…' 가상 재판해 보기, 동아리체험활동지 작성	17
7	9	00	〃	나의 꿈 UCC만들기	20
8	10	00	〃	연세대 법학과 견학, 동아리체험활동지 작성	23
9	10	00	1~7	동아리발표회	30
10	11	00	4~7	동아리활동 소감문 작성 및 발표하기, 만족도 조사	34

동아리명	관련 직업군
사진, 그림, 공예 관련반 사진반, 미술반, 웹툰반, 서예반, POP예쁜글씨반, 공예반, 초코아트반, 가죽공예반, 토탈공예반, 한지공예반 등	사진작가, 화가, 만화가, 캘리그래퍼, POP디자이너, 인테리어디자이너, 애니메이터, 애니메이션 제작자, 캐릭터디자이너, 큐레이터, 쥬얼리디자이너, 일러스트레이터, 공예가 등
공연 관련반 합창반, 오케스트라반, 기타반, 밴드부, 노래반, 풍물반, 힙합반, 댄스반 등	가수, 합창단원, 교향악단 단원, 연주가, 교수, 음악교사, 작곡가, 작사가, 연예인, 뮤지컬배우, 사물놀이패, 백댄서, 안무가, 댄스 트레이너, 공연기획자, 뮤지컬감독, 기획사CEO 등
의상, 의류 관련반 패션디자인반, 코스프레반, 뜨개질반, 퀼트반 등	의상디자이너, 의류디자이너, 스타일리스트, 생산기획전문가, 머천다이저, 신소재개발전문가, 소재기획전문가, 소비자 및 시장분석가, 패션정보기획자, 패션광고기획자, 섬유관련산업종사자, 만화가, 애니메이션제작자, 뜨개질샵운영자, 퀼트샵운영자, 문화센터 강사 등
식음료 관련반 제과제빵반, 바리스타반, 한·양식조리반 등	제빵사, 요리사, 바리스타, 소믈리에, 요리사, 푸드스타일리스트, 푸드코디네이터, 요리전문잡지 기자 등
친구 도우미반 또래상담반, 또래 멘토-멘티반 등	사회복지사, 교사, 교수, 상담사, 놀이방교사, 컨설턴트 등
도서, 언어 관련반 도서반, 독서반, 신문읽기반, 성경읽기반, 영어책읽기반, 영어회화반, 토론반 등	도서관 사서, 작가, 기자, 작사가, 시나리오작가, 번역가, 출판업자, 북디자이너, 다국적 기업인, 한국어교사, 외교관, 대사관 직원, 정치인, 국어교사, 영어교사, 영어동화작가, 언론인, 잡지사 CEO, 동시통역사, 여행가 등
미디어 관련반 방송반, 영상제작반, 신문제작반, 기자체험반, 영상미디어반, 연극반, 광고만들기반, 시나리오반 등	아나운서, 기자, 방송작가, PD, 영화기획자, 광고기획자, 카피라이터, 뉴스클리퍼, 연예인, 방송 저널리스트, 이벤트기획자, 특수분장사 등
문화, 여행 관련반 문화체험반, 해외문화탐구반, 역사탐구반, 문화답사반 등	문화해설가, 역사해설가, 여행가이드, 역사연구원, 역사교사, 사회교사, 출판업자, 여행사 회사원 등
과학, 기술 관련반 과학반, 과학실험반, 발명반, 과학영재반, IT집중반, 과학탐구반, 과학토론반 등	과학자, 발명가, 변리사, 과학교사, 과학교수, 물리학자, 화학연구원, 기술연구원, 미래학자, 인터넷보안전문가, 모바일전문가, 웹마스터, 프로그래머, 웹디자이너 등
환경, 동물, 식물 관련반 환경사랑반, 자연사랑반, 식물탐구반, 숲체험반, 동물사랑반, 생태연구반 등	환경평가사, 조경관리사, 원예사, 동물사육사, 동물조련사, 숲해설가, 수의사, 아쿠아리스트, 쇼다이버, 애완견미용사, 정원사, 플로리스트, 식물검역관, 농업연구사 등

운동, 체력관리반	스포츠트레이너, 헬스트레이너, 전력분석가, 스포츠해설가, 스포츠전문
탁구반, 헬스반, 축구반, 야구반, 스포츠댄스반, 태권도반 등	기자, 운동선수, 코치, 체육교사, 스포츠에이전트, 인스트럭터 등
법률, 의료 관련반	판사, 검사, 변호사, 법무사, 법률학자, 국회의원, 법학과교수, 공무원,
법탐구반, 법토론반, 모의재판반, 의학탐구반, 의료관련연구반, 봉사반, 사랑나눔반 등	의사, 간호사, 물리치료사, 응급구조사, 보건교사, 사회복지사, 의료행정직, 병원코디네이터, 방사선사 등
그 외	CEO, 세무사, 공인회계사, 펀드매니저, 네일아티스트, 헤어디자이너,
경제관련반, 미용관련반, 서비스관련반 등	피부미용사, 파티플래너, 웨딩플래너, 분장사, 뷰티아티스트 등

4 진로동아리의 창체활동 연계 연간 운영 계획서 예시

로봇 동아리반 예시

순	월	일	자율활동 시수	동아리활동 시수	봉사활동 시수	진로활동 시수	활동계획
1	3	00	2				자기소개 및 1학기 학급조직
2	3	00		2			동아리활동 소개와 수요조사
3	3	00		2			동아리 조직과 로봇 프로그래밍 소개
4	3	00				2	직업인 초청 강연 1
5	4	00	1				주제 글쓰기: 로봇이 지배하는 세상
6	4	00				1	직업체험의 날 희망 직업 조사
7	4	00		1			로봇 프로그래밍 기초
8	4	00			1		봉사활동 사전교육
9	4	00		2			로봇 프로그래밍 1
10	5	00				2	직업인 초청 강연 2
11	5	00		2			로봇 프로그래밍 2
12	5	00			2		점자 도서 워드 입력 봉사
13	5	00		2			직업체험의 날(IT직업인과의 만남)
14	6	00	2				NIE: 로봇이 지배하는 세상

15	6	00		2			로봇 프로그래밍 3
16	6	00			2		점자 도서 워드 입력 봉사
17	6	00				2	직업인 초청 강연 3
18	7	00	2				전교 학생회 임원 선거 유세
19	7	00				8	진로직업박람회
20	7	00				2	직업인 초청 강연 4
21	7	00		4			동아리 현장체험(디지털파빌리온)
22	7	00			8		봉사의 날 (초등학생 로봇 프로그램 교육)
23	8	00	2				방학 정리 및 2학기 학급 조직
24	8	00		2			창작 로봇 기획
25	9	00				2	직업인 초청 강연 5
26	9	00		2			창작 로봇 제작1
27	9	00			2		점자 도서 워드 입력 봉사
28	10	00	2				주제 그리기: 로봇이 지배하는 세상
29	10	00		2			창작 로봇 제작 2
30	10	00			2		점자 도서 워드 입력 봉사
31	10	00				2	직업인 초청 강연 6
32	11	00	2				3분 주제 발표: 로봇과 함께하는 미래의 나
33	11	00			2		점자 도서 워드 입력 봉사
34	11	00		2			동아리 발표회 준비
35	11	00		8			동아리 발표회
36	11	00				2	직업인 초청 강연 7
37	12	00		1			동아리 활동 정리 (소감문 작성, 설문 조사)
38	12	00			1		봉사활동 정리
39	12	00				2	직업인 초청 강연 8
40	12	00				8	대학 전공체험
41	12	00	1				자율활동 정리(소감문 작성)
42	12	00				1	진로활동 정리(소감문 작성, 설문 조사)
총계		00		34	20	34	

5 진로활동을 연계한 동아리 구성의 다양한 방법

1) 다양한 진로탐색을 목적으로 하는 동아리 운영

진로탐색에 관심이 있는 학생을 모아 동아리를 구성하고 운영하는 것인데 이때 진로체험 분야를 다양하게 하는 것이 좋다. 즉 진로활동을 기획할 때 진로교육에서 널리 활용하고 있는 Holland의 분류 방법에 따라 직업의 6가지 유형(군인/경찰/운동선수/엔지니어와 같은 현장형, 의사/교사/학자와 같은 탐구형, 음악가/미술가/무용가/모델/디자이너와 같은 예술형, 교사/사회복지사/상담가/간호사와 같은 사회형, 정치인/CEO/영업사원/법조인과 같은 설득형, 회계사/비서/공무원/은행원과 같은 관습형)을 고르게 배치하는 것이 좋다. 만약 진로탐색 동아리를 여러 개 만들 수 있을 만큼 아이들의 호응이 높을 때는 각각 영역별로 동아리를 조직하여 하나의 영역을 깊이 있게 체험하게 하는 것도 좋다.

2) 기존 동아리에 진로탐색 또는 체험활동을 포함시켜 운영

필자는 몇 년 전에 수학을 좋아하는 아이들이 모여 자발적으로 만든 상설동아리의 관리교사를 맡았다. 이때 수학과 관련되는 직업으로서 금융계통의 주식분석전문가(애널리스트)를 초빙한 후 수학적 지식을 활용하여 가질 수 있는 금융계통의 직업에 대한 강의를 제공한 적이 있다. 일반 학급이라면 분명 흥미를 가지지 못한 학생들이 적지 않았을 텐데 모두 수학에 대한 흥미와 적성을 가진 학생들이기 때문인지 끝까지 강의에 몰입하는 모습을 보여주었다. 역시 위에서 안내한 인터넷 사이트를 통해 각 분야의 진로체험 기관 및 프로그램을 검색할 수 있다.

3) 특정 직업체험을 위한 동아리 운영

필자는 학생들의 노래와 춤에 대한 높은 흥미를 고려하여 뮤지컬 동아리를 구성하고 1년 동안 학생들이 준비한 뮤지컬을, 많은 학교들이 연말에 실시하는 동아리 발표회를 통해 무대에 올리는 것으로 마무리하는 뮤지컬 동아리 운영을 해 본 경험이 있다. 뮤지컬 동아리 활동을 통해 학생들은 뮤지컬에 대한 직업정보를 수집할 수 있을 뿐만 아니라 자신의 뮤지컬과 관련된 적성을 체험을 통해 객관적으로 평가해 볼 수 있고, 관련 역량을 함양하는 데 있어 더없이 좋은 기회가 될 수 있다. 그런데 뮤지컬 동아리의 경우 제대로 된 뮤지컬 경험을 위해 전문가의 도움이 필요하다는 점과 의상 및 무대 준비를 위해 예산이 적지 않게 필요하다는 특징이 있기 때문에 학교 예산을 미리 확보하거나 한국문화예술교육진흥원(www.arte.or.kr), 서울문화예술교육지원센터(www.e-sac.or.kr)와 같은 예술교육 관련단체의 학교 지원 사업을 적극 활용하는 것이 좋다. 이 사업들의 학교 선정 작업이 주로 전년도 말에 시행된다는 점도 꼭 기억해야 한다. 이 기회를 놓쳤을 경우 (사)문화예술교육협회(happylog.naver.com)에서 학생들에게 무료로 제공하는 해피뮤지컬스쿨 프로그램을 수강하게 하여 뮤지컬과 관련된 춤, 노래, 연기 등 기본적인 역량을 개인적으로 기른 후 공연을 앞두고 단기간 동안 전문 뮤지컬 강사(주 강사 수당 시간당 5만원, 보조강사 3만원 정도)의 도움을 받는 방법이 있다.

6 동아리별 진로활동 방법 및 사례

1) 동아리 주제 관련 직업 간접 체험

동아리 관련 진로활동으로서 가장 간단한 방법은 동아리의 주제와 관련된 진로정보를 인쇄물 또는 동영상 형태로 제공하는 것이다. 영화감상반의 경우는 영화와 관련된 직업(감독, 배우, 조명감독, 촬영감독 등)과 학과(연극영화학과 등)를 소개하는 것이다. 워크넷 사이트의 직업정보나 직업(학과) 동영상을 활용할 수 있다.

2) 워크넷 직업동영상을 활용한 진로지도 사례

먼저 워크넷 사이트(www.work.go.kr) – 직업·진로–직업·학과 동영상 – 직업동영 상 – 직업군별에 가면 직업군별(23개)로 각각 20개 정도 직업(총 500개 정도) 직업동영 상이 탑재되어 있다.

동영상의 길이는 5분에서 15분 정도이므로 1차시 동안 하나의 직업군을 정하고 그 직업군에 속하는 3개 정도의 직업을 시청할 수 있다. 직업 선택 시에는 전통적인 직업과 신생 직업을 섞어서 구성할 때 학생들의 흥미를 더 높일 수 있다. 활동지에 동영상의 내용 및 소감을 적어보게 한다면 학생들의 진로탐색에 매우 유의미한 활동이 될 수 있을 것이다.

■ 워크넷 직업 동영상으로 나의 미래 탐색하기

_____ 중학교 ____ 학년 ___ 반 이름: _____

직업군 ( )		
직업명	직업정보 요약(하는 일, 준비 방법 등)	소감(인상 깊은 장면, 새롭게 얻은 지식 등)

3) 동아리 주제 관련 직업인 초빙 강연

방송반 학생들을 대상으로 PD 초빙 강연을 하는 것을 예로 들 수 있다. 이때 강연에 앞서 학생들에게 미리 간단한 직업정보를 제공하거나 직업인에게 사전에 단순 지식보다는 직업인으로서의 에피소드 중심으로 강의를 진행해 달라고 요청한다면 좀 더 재미있는 강의가 될 수 있다.

먼저 동아리와 관련한 진출 직업을 탐색해 본 후 학생들 스스로 인터뷰 대상자를 선정한다. 인터뷰를 진행하고 워크시트에 작성해 본다. 유명인이 아니더라도 자신의 분야에서 노력하여 꿈을 성취하고 있는 사람들의 사례를 찾아볼 수도 있다.

인터뷰이의 현재의 결과보다 꿈을 이루게 된 과정에 집중할 수 있도록 유도한다. 특히 해당 인터뷰이가 청소년기에 어떤 목표의식을 가졌고 어떤 노력을 하였는지 찾아보도록 한다. 동아리 선배 중 청소년기의 경험을 살려 종사하고 있는 사람이 있다면 섭외하도록 한다. 학생들이 인터뷰이에게 명확하게 의사전달을 하고 예의를 갖춰 섭외및 인터뷰를 진행할 수 있도록 당부한다. 활동지의 질문 이외의 질문을 학생들이 추가하여 작성할 수도 있다. 워크넷 → 상단의 '직업·진로' 메뉴 클릭 → 상단의 '직업정보' 클릭 → '워크넷이 만난 사람들' 클릭하면 다양한 직업인 인터뷰 내용을 볼 수 있다.

■ 동아리 관련 직업인 인터뷰 기획을 위한 학생용 활동지 예시

직업명 :	인터뷰 대상자 성명 :

어떤 계기로 이 직업을 선택하게 됐나요?
전공 과목이나 자격 요건은 어떻게 되나요?

일을 하면서 보람을 느끼는 경우는 언제인가요?
이 일을 하면서 힘든 점은 무엇인가요?
이 직업의 매력은 무엇이라고 생각하나요?
보수 및 일에 대한 만족도는 어느 정도 되나요?
기타 질문:
직업인 인터뷰 후 느낀 점을 적어 봅시다.

4) 동아리 주제 관련 현장 방문

예를 들어 만화 동아리를 대상으로 만화 박물관 체험을 간다거나 천체관측 동아리를 대상으로 대학교의 천문우주학과 학과 방문 등을 시도할 수 있다. 이러한 진로체험 활동을 기획할 때 창의인성교육넷(www.crezone.net)의 창의적체험활동 메뉴 중 진로

활동으로 검색하거나 교육기부(www.teachforkorea.go.kr)의 교육기부검색 메뉴를 통해 찾아볼 수 있다. 각 대학교에서 제공하는 대학체험 프로그램도 매우 유용하다.

먼저 동아리 특성과 관련 있는 기업체 섭외 및 방문 일정을 수립한다. 다음으로 직업 현장 방문 후 워크시트를 작성하고 직업 현장의 생생한 모습을 이해하도록 한다. 예를 들어 홈쇼핑 회사 방문을 통해 알게 된 직업인의 직업정보를 기록할 때 감독 및 연출자(PD), 쇼 호스트, 상품기획자(MD), 마케팅 담당자, 카메라 감독 등이 가능하다. 하나의 직장에 다양한 직업인이 존재함을 알게 하고, 흥미 있는 분야를 찾아 자신의 진로에 적용할 점을 이해하도록 지도한다. 지역의 직업진로체험센터의 도움을 받아 기업체를 섭외할 수도 있다. 직업인 인터뷰와 달리 직업 현장의 생생한 모습을 직접 경험할 수 있도록 안내한다.

■ 나의 진로계획 탐색활동 학생 활동지 예시

직업명	
하는 일	
필요 역량	
관련 학과	
연관 직업(유사 직업)	
나의 진로와 연관성	
실제 현장을 본 후 느낀 점	

■ 한국잡월드[1]를 활용한 직업체험 정보

분야	체험실		체험직종	체험인원
공공서비스 (13)	항공기 조종실		항공기 조종사	6
	항공기 기내		항공기 승무원	12
	119안전센터		응급구조사	12
	소방서(화재현장)		소방관	8
	법원		판사, 검사, 변호사	12
	재활치료실		물리치료사	8
	수술실		의사, 간호사	8
	경호회사		경호원	12
	한의원		한의사	12
	여행사		여행상품개발원	12
	군훈련캠프		직업군인	6
	과학수사센터		과학수사요원	8
	사회복지관		사회복지사	12
경영 금융 (6)	광고회사		광고기획자, 카피라이터, CM플래너	12
	무역회사		무역사무원(해외영업원)	12
	헤드헌트회사		헤드헌터	12
	인터넷쇼핑몰		머천다이저	12
	증권회사		증권중개인 펀드매니저	8
	연예마케팅 리서치연구소		여론조사전문가	12
문화 예술 (13)	패션쇼장	무대조정실	조명기사, 음향기사	4
		무대	모델, 스타일리스트	18
	레스토랑		요리사, 푸드스타일리스트	12
	메이크업숍		메이크업아티스트	12
	미용실		미용사	12

---

1 청소년들의 건전한 직업관 형성과 진로 및 직업 선택을 지원하기 위해 설립된 대한민국 고용노동부 산하 국립직업체험관
이다. 경기도 성남시 분당구 분당수서로 501에 위치하고 있음.

분야	체험실		체험직종	체험인원
	녹음스튜디오		성우, 음향편집기사	8
	한지공예방		한지공예가	12
	점토공예방		점토공예가	12
	방송국	방송스튜디오	아나운서, 기상캐스터, 촬영감독, 방송기자	12
		주조정실	영상디렉터, 음향디렉터, 그래픽담당자	4
	패션디자인실		패션디자이너	12
	그래픽디자인회사		그래픽디자이너	12
	신문사		취재기자, 편집기자	12
	문화재보존과학센터		보존과학자	12
	게임개발회사		게임개발프로듀서	12
과학 기술 (10)	우주센터	우주 비행선	비행사, 과학자	4
		우주관제센터	관제요원	4
	전기안전건축현장		전기안전기술자, 목수	12
	로봇공학연구소		기계공학자, 통신공학자, 전자공학자	12
	환경연구소		환경연구원	12
	모터스포츠센터		미케닉, 레이서	12
	고성능차연구개발센터		자동차공학기술자	12
	고성능차디자인센터		자동차디자이너	12
	그린에너지연구소		연료전자개발원	12
	생명공학연구소		생명공학연구원	16
	건축사사무소		건축가	12
4개 거리	42개실		67개 직종	482

■ 동아리 진로체험 기획 때 유용한 사이트

① 크레존(www.crezone.net)

  • 경로: 창의적체험활동 – 창의적체험활동 – 진로직업체험

  • 지역을 기준으로 프로그램 검색 가능함

② 교육기부(www.teachforkorea.go.kr) – 교육기부 검색

  • 지역, 운영기관, 참가대상, 프로그램 분야(진로·직업체험이 있음), 운영일 기준으로 검색 가능함

  • 상시 운영하는 프로그램이 아닐 수 있으므로 날짜 확인하고 예약해야 함

5) 진로 독서활동

본인의 진로탐색에 도움이 될 만한 도서를 선택한다. 동아리 주제와 관련이 있는 도서명을 교사가 검색하여 목록을 제공해도 좋다. 활동지를 작성하고 친구들과 소감을 공유한다. 책을 읽고 SNS 또는 메일을 통해 저자와의 만남을 할 수 있는 방법에 대해 알려주고 일방적인 것이 아니라 상호작용하여 저자와 소통을 할 수 있도록 한다. 책을 읽은 후 저자를 초빙하여 강의를 들어보거나 궁금한 것을 질문해 보는 것도 좋다. 도서는 동아리의 진로와 관련 있는 직업인이 집필한 것이 아니라도 무방하다.

■ 진로 독서활동 학생용 활동지 예시

책제목	
저자	
선택한 이유	
주요 내용	
기억하고 싶은 문장 3개	
저자에게 질문하고 싶은 것	
나의 진로와 관련지은 생각과 소감	

학습문제

1. 현재 청소년 대상 동아리를 운영하고 있다면 본문에서 제시한 활동(직업 간접 체험, 직업인 초빙 강연, 현장 견학 및 체험)을 참고하여 어떤 진로활동을 할 수 있을지 활동을 기획해 보자.

2. 학생들이 동아리와 관련하여 진로 독서활동을 할 때 어떤 책을 선택하면 좋을지 목록을 만들어 보자. 이때 도서관 사서의 도움을 받는 것도 좋다. 또한 독서 후 어떤 활동을 할 수 있을지에 대해서도 세부적인 활동을 기획해 보자.

참고문헌

교육과학기술부(2009). 초·중등학교 창의적 체험활동 교육과정.

김미연, 김정해(2013). 청소년기의 동아리학급경험이 학교생활만족도에 미치는 영향 : K고등학교를 중심으로. 청소년문화포럼, 통권33호.

김성규(2011). 동아리활동이 청소년의 자아존중감과 교우관계에 미치는 영향. 경운대학교 대학원 석사학위논문.

김봉환(1997). 大學生의 進路決定水準과 進路準備行動의 發達 및 二次元的 類型化. 서울大學校 大學院 박사학위논문.

서울특별시교육청(2017). 청소년 진로직업체험 안내.

이승렬(2014). 청소년의 동아리 활동과 진로관련 요인에 관한 연구. 경기대학교 대학원 박사학위논문.

이은경(2012). 청소년과 교사의 청소년동아리활동에 대한 인식과 활성화방안 연구. 社會科學論叢, 제32집.

이인규(1992). 고등학교 동아리 문화의 현실과 과제. 한국청소년연구, 8(1992. 3).

전혜경, 윤미선(2010). 대학생의 동아리 활동 특성에 따른 진로미결정 및 생활만족도와의 차이. 청소년학연구, 17(3).

한국직업능력개발원(2016). 동아리 활동 통한 직업진로탐색 가이드.

한국청소년개발원(2005). 청소년 자원봉사 및 동아리활동론. 서울: 교육과학사.

8장

진로상담 절차 및 방법

허은영

1 중학생의 진로발달과업

진로상담은 자신이 당면한 진로문제를 해결하고 성장을 이루고자 하는 내담자와 상담자가 만나 상호작용하는 전문적인 도움의 과정이다. 진로상담의 초점은 일을 둘러 싼 개인의 삶에 있다. 진로상담은 또한 보다 넓은 맥락에서 개인의 생애에서 직업인으로서의 역할이 다른 역할들과 어떻게 상호작용하는지를 중심으로 생애진로발달 과정에 있는 개인을 도와주는 일이기도 하다. 진로상담은 개인의 전 생애기간 동안 일과 관련한 정보탐색, 선택, 적응, 변경 등의 과정에서 필요하다. 일에는 직업뿐 아니라 자원봉사 같은 무급의 일 및 여가 활동도 포함된다. 직업, 무급의 일, 여가 활동 등은 서로 유기적으로 연계되어 있다(김봉환 외, 2017).

중학교 시기는 자신의 특성을 이해하고 진로와 관련하여 다양한 가능성을 자유롭게 탐색해 나가는 시기이다. 여기서는 그중에서도 고등학교 선택이라는 진로 결정을 앞둔 상황에서 진로상담이 가장 필요한 중학교 3학년을 중심으로 진로발달과업을 알아보고자 한다.

고등학교 유형이 다양해지고 고등학교 선택이 향후의 진로와도 밀접하게 연관됨에 따라 중학교 3학년 학생들에게도 진로의 방향을 결정하고, 자신의 진로에 맞는 진로·진학 계획을 수립할 것이 요구되고 있다. 중학교 3학년 시기에 자신에게 적합한 진로방향을 탐색하여 진로목표를 수립하고 목표와 관련된 고등학교를 선택하는 것은 고등학교 진학 이후의 학교생활 적응 및 학업 관리에 긍정적인 영향을 미치고, 이후 고등교육과정으로의 진입 및 취업으로의 연계가 순조롭게 이루어지도록 도와준다. 하지만 충분한 정보에 기반을 두어 잘 알고 선택한 결정(informed choice)이 아니라 직관적 혹은 타인의 결정에 좇아가는 의존적 선택은 고등학교 생활 전반과 그 이후의 진로에 많은 시간과 에너지 등의 낭비를 초래한다.

따라서 현 시대의 이러한 상황을 고려할 때 중학교 3학년 학생에게 요구되는 주요한 발달과업의 영역은 자신의 특성에 맞는 진로탐색, 고등학교 선택 및 진학 준비, 중학교 이후의 진로 및 학업 설계 등 3개 영역으로 살펴볼 수 있다.

중학교 3학년 학생의 진로발달과업을 각 영역별로 상세하게 설명하면 다음과 같다.

먼저 자신의 특성에 맞는 진로탐색 영역에서는 자신의 흥미, 적성, 성격 등 다양한 특성에 대한 구체적인 이해, 자유학기제 활동 경험 등을 토대로 희망하는 진로탐색, 관심 분야의 직업정보 탐색 등이 있다. 다음으로 고등학교 선택 및 진학 준비 영역에서는 고등학교 유형 탐색, 자신에게 적합한 고등학교 선택, 고등학교 진학 정보(입학전형 포함) 탐색 및 입시 준비, 봉사, 동아리, 비교과 활동 점검, 입학원서 및 자기소개서 작성 등이 있다. 중학교 이후의 진로 및 학업 설계 영역에서는 중학교 이후의 진로방향 설정, 진로경로 및 학업경로 설계 등이 있다. 따라서 담임교사 및 진로전담교사는 중학교 3학년 학생들의 이러한 진로발달과업을 이해하고, 학생들의 진로개발을 학교생활과 관련하여 효과적으로 지원할 수 있는 다양한 방법을 모색할 필요가 있다(한국직업능력개발원, 2015).

2 진로상담의 목표 및 내용

1) 자신에 대한 이해 증진

진로상담에서 자신에 대한 이해와 조력은 내담자 개인의 내적 특징과 환경적 특징에 대한 이해를 포함한다. 개인 내적 특징에는 적성, 흥미, 가치관, 성격 등의 심리적 특성뿐 아니라 신체적 특성도 포함된다. 환경적 특징에 대한 이해에는 학습경험과 진로선택을 촉진하거나 제한하는 가정 및 사회 환경, 특정 진로를 선호하거나 가로막는 가정이나 지역사회의 분위기, 개인의 발달에 적극 협조하거나 무관심한 가족, 진로 준비과정에 대한 경제적·심리적 여건 등이 포함된다. 또한 자신에 대한 이해와 관련된 요소로는 자기 이해 욕구의 바탕이 될 수 있는 자아존중감 및 자기효능감 및 향후 어떤 진로 분야를 택하든 공통적으로 필요한 직업기초능력으로서 대인관계능력과 의사소통 능력을 들 수 있다.

2) 직업세계 이해 증진

직업세계에 대한 이해 조력은 현대사회의 변화와 맞물린 직업의 구조, 직업군의 생성과 성장 및 소멸 등에 대한 거시적인 차원과 직업정보(직업세계의 변화)와 내담자가 관심 있어 하는 직업의 특징에 대한 구체적인 직업정보를 습득하도록 돕는 것이다. 또한 청소년의 경우 직업세계로 뛰어들기 전에 그 준비 과정의 하나로서 거쳐야 하는 학교 및 학과에 대한 정보 제공 또한 여기에 포함될 수 있다. 끝으로 직업 선택에 영향을 주는 다양한 가치의 탐색, 직업인으로서 가져야 할 직업윤리 및 권리에 대한 이해, 직업에 대한 편견과 고정관념 성찰을 다룰 수도 있다.

3) 합리적인 의사결정능력 함양

의사결정, 즉 전공, 학교 또는 직업 등의 선택은 진로상담에서 가장 중요한 부분이다. 내담자가 자신과 직업세계를 이해하는 목적 또한 합리적인 의사결정을 위한 것이다. 진로상담에서는 내담자가 자기 자신과 직업세계에 대하여 수집·분석·비교한 정보들을 정리하여 내담자의 전 생애적 진로목표에 가장 부합하는 선택을 내리도록 돕는다. 아울러 진로를 선택하는 데 영향을 주는 진로장벽 요인과 해결 방법의 탐색, 의사결정 이후 자신의 특성을 바탕으로 미래 진로에 대해 잠정적인 목표와 계획의 수립 또한 중요하게 다루어져야 한다.

4) 정보탐색 및 활용 능력 함양

내담자와 상담자의 만남은 한시적이다. 그러나 진로발달은 내담자의 삶에서 쉼 없이 일어난다. 또한 길어진 평균수명과 갈수록 빨라지는 직업세계의 변화 속도를 고려하며 진로상담은 내담자가 언제든 필요에 따라 자유롭게 진로진학정보를 탐색하고 활용할 수 있도록 도와야 한다. 진로상담과정에서 상담자를 내담자와 함께 온라인, 오프라인 또는 면대면 만남, 직접 체험 등 여러 형태로 필요한 정보를 탐색하고 제공하는 것뿐만 아니라 차후 정보가 필요할 때 어떻게 대처해야 하는지에 대하여 교육하고 상담해야 한다.

3 진로발달 유형별 진로상담 절차[1]

중학생을 대상으로 한 진로발달 유형별 진로상담 절차를 여기서는 앞서 언급했듯이 고등학교 선택이라는 중요한 진로 결정을 앞두고 있는 중학교 3학년 학생을 중심으로 살펴보겠다.

한국직업능력개발원(KRIVET)[2]이 2015년도에 개발한 '학교진로상담(지도) 종합 지원체제' 중 '진로선택기 학교진로상담(지도)' 체제에서는 학생의 진로설계를 효과적으로 지원하기 위하여 학교진로상담(지도) 절차를 그림 8-1과 같이 4단계로 제시하고 있다.

---

1   이 내용은 한국직업능력개발원이 2015년도에 개발한 '학교진로상담(지도) 종합 지원체제' 중 '진로선택기' 부분을 참고하여 집필되었으므로 더 자세한 내용은 이 자료가 탑재되어 있는 커리어넷(www.career.go.kr) 사이트의 진로교육자료 게시판을 참고하기 바람.

2   교육훈련과 노동시장의 접점에서 실효성 있는 정책대안을 제시하고 국정과제를 효율적으로 지원하는 국책기관으로서 진로교육과 관련된 다양한 자료를 개발 및 보급하고 있다.

- 첫째, 학생의 진로설계 지원 유형 진단
- 둘째, 학교진로상담(지도) 내용영역 선택
- 셋째, 학교진로상담(지도) 내용영역별 진로상담(지도) 방법 적용
- 넷째, 학교진로상담(지도) 학생 성장 확인

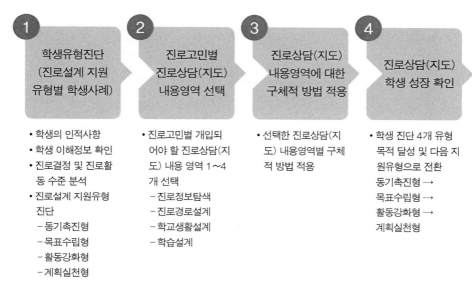

그림 8-1 학교진로상담(지도) 절차

1) 학생 유형 진단

첫 번째 단계는 학생의 진로설계 지원 유형을 진단하는 단계이다. 진로설계 지원 유형이란 진로선택기 학생의 진로결정과 진로활동의 수준을 파악하여 학생을 4가지로 유형화한 것으로 학생 개개인의 특성을 보다 분명하게 이해하고, 각 학생별로 지원이 필요한 사항을 신속하게 파악하여 보다 효과적인 학교진로상담(지도)을 제공하기 위하여 개발되었다.

진로설계 지원 유형은 다음의 그림 8-2, 그림 8-3에서 보는 것과 같이 동기촉진형,

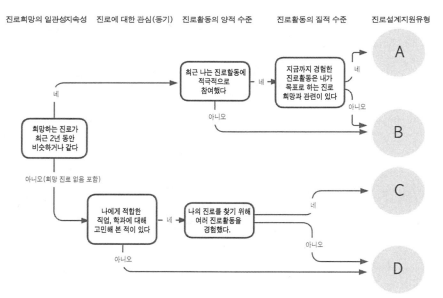

그림 8-2 학생유형 진단 Q&A(기초형)

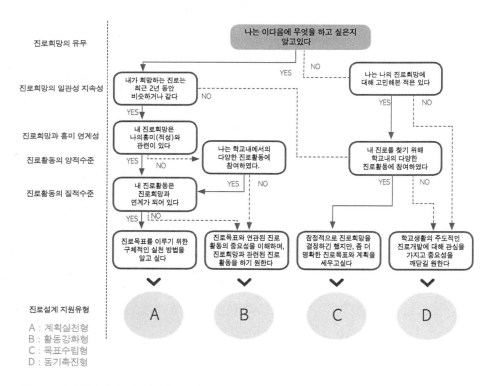

진로설계 지원유형

A : 계획실천형
B : 활동강화형
C : 목표수립형
D : 동기촉진형

그림 8-3 학생유형 진단 Q&A(심화형)

목표수립형, 활동강화형, 계획실천형의 4가지로 구분된다.

또한 진로활동수준의 높고 낮음, 진로결정수준의 높고 낮음을 기준으로 학생 유형을 살펴보면 그림 8-4와 같이 목표수립형, 계획실천형, 동기촉진형, 활동강화형 등으로 나눠볼 수 있다.

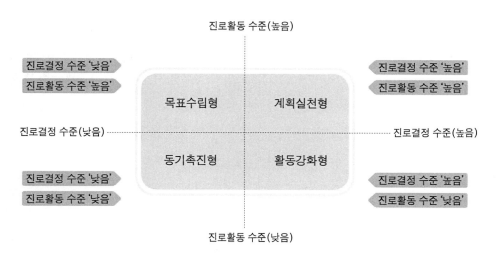

그림 8-4 진로선택기 4가지 학생 유형

출처: 한국직업능력개발원(2015). 진로길잡이-M3 참조.

2) 진로발달 유형별 내용영역 선택

두 번째 단계는 학생의 진로고민을 해결하기에 적합한 학교진로상담(지도) 내용영역을 선택하는 단계이다.

진로선택기 학교진로상담(지도)의 내용영역은 진로정보탐색, 진로경로설계, 학교생활설계, 학습설계의 4가지로 구분되며, 각 내용영역별 세부 내용은 다음과 같다.

- 진로정보탐색: 학교·학과·직업정보 그리고 자기특성 이해 및 진로체험 활동 등의 탐색을 제공하는 상담(지도)

- 진로경로설계: 학생의 중장기적 진로목표와 관련된 커리어패스 설계를 위한 상담(지도)
- 학교생활설계: 학교 교육과정 내에서 이루어지는 학교 안팎의 다양한 활동을 위한 상담(지도)
- 학습설계: 구체적인 학습설계(학기·학년)와 교과선택 등을 위한 상담(지도)

진로선택기 학교진로상담(지도)을 수행하는 교사는 학생의 진로설계 지원 유형을 진단한 후, 해당 학생이 가지고 있는 진로고민이 무엇인지를 파악하여 이러한 고민을 해결하기에 적합한 학교진로상담(지도) 내용영역을 선택한다.

원칙적으로는 학생 유형에 따라 학생 개인의 수준과 진로고민 영역이 다르기에 진로정보탐색, 진로경로설계, 학교생활설계, 학습설계 등의 4가지 진로상담(지도)을 종합적으로 제공하는 것이 바람직할 수 있다. 하지만 학교 현장의 물적·인적 자원을 고려해 볼 때, 이러한 종합적 지원에는 한계가 있기 때문에 각 학생 유형별로 우선적으로 개입해야 할 진로상담(지도)영역을 구분하여 적용할 필요가 있다.

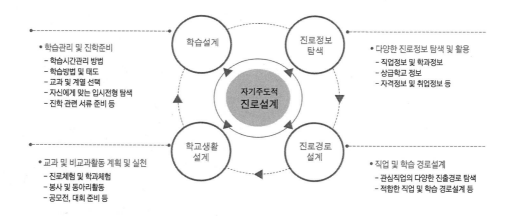

그림 8-5 진로선택기 학교진로상담(지도) 내용영역〔기초 진로상담(지도)〕

진로선택기 학생들의 진로설계 지원 유형별 특징을 고려하여 보다 우선적으로 개입해야 할 진로상담(지도) 영역을 제시하면 다음 표 8-1과 같다.

표 8-1 진로설계 지원 유형별 주요 학교진로상담(지도) 내용영역

구분	진로정보탐색	진로경로설계	학교생활설계	학습설계
동기촉진형	●	▲		
목표수립형	▲	●		
활동강화형			●	▲
계획실천형			▲	●

* ● : 1순위, ▲ : 2순위

첫째, 동기촉진형은 자신에 대한 이해가 부족하고 진로에 대한 동기와 실천의지가 부족하다. 따라서 진로정보탐색을 통해 진로에 대한 흥미와 동기를 갖게 하고, 진로경로설계를 통하여 다양한 커리어패스를 제공함으로써 보다 구체적으로 진로를 탐색할 수 있도록 지원하는 것이 필요하다.

둘째, 목표수립형은 학생이 희망하는 여러 가지 직업 대안들 중에서 보다 관심 있는 직업에 대한 구체적인 진로경로와 진로정보를 확인하게 함으로써 그동안 단편적인 정보만으로는 결정하기 어려웠던 진로목표를 보다 구체화하는 데 도움을 주는 것이 필요하다.

셋째, 활동강화형은 진로목표를 이루기 위해 필요한 다양한 활동을 실천할 수 있도록 도울 필요가 있으므로 학교생활설계를 통해 질적인 진로활동이 강화되도록 촉진하고, 학습설계를 통해 학업역량을 향상시킬 수 있도록 지원하는 것이 필요하다.

넷째, 계획실천형은 진로목표를 이루기 위하여 구체적인 계획을 세우고 이를 실천할 수 있도록 도울 필요가 있다. 따라서 학습설계를 통해 학업역량을 키우고, 학교생활설계를 통해 상급학교 진학 준비를 체계적으로 할 수 있도록 지원하는 것이 필요하다.

실제 학교진로상담(지도) 장면에서는 기본적으로는 1순위 영역에 대한 상담을 실시하되, 여건이 허락된다면 2순위 영역까지 확대하여 실시함으로써 학생들이 진로를

보다 효과적으로 설계해 나갈 수 있도록 돕는다.

3) 내용영역별 진로상담(지도)

세 번째 단계는 내용영역별로 구체적인 진로상담(지도)을 진행하는 단계이다.

학교진로상담(지도) 내용의 공통적 구조는 아래 그림 8-6과 같이 학생정보의 사전확인, 진로상담(지도) 과정, 목표(지향점)로 구조화된 총 5단계로 이루어진다.

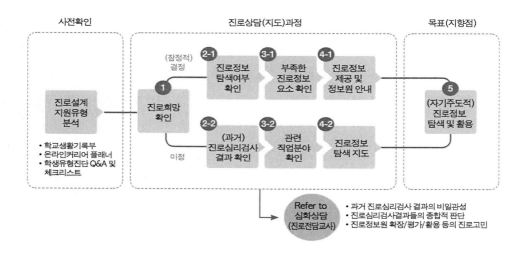

그림 8-6 진로정보탐색 단계별 진로상담(지도) 절차

진로선택기 학교진로상담(지도)을 담당하는 교사는 각 내용영역별 진로상담(지도) 방법을 충분히 숙지하여 진로상담(지도)을 실시하되, 학생의 진로고민이 복잡하고 어려워 보다 심화된 진로상담(지도)이 필요한 경우에는 진로전담교사에게 상담을 의뢰할 수 있다.

각 학교는 담임교사와 진로전담교사가 상호보완적 관계에서 협업할 수 있는 환경을 조성하여 학생에 대한 진로설계 지원이 효과적으로 이루어질 수 있는 체제가 갖추어지도록 지원하는 것이 필요하다.

4) 학생 성장 확인

마지막 단계는 학생 성장을 확인하는 단계이다. 1단계 학생 진단 유형에서 발견된 진로상담(지도) 목적이 해결되었음을 확인하고, 그다음 유형으로의 이동을 안내하며 종결한다. 동기촉진 → 목표수립 → 활동강화 → 계획실천의 순서로 학생의 성장을 확인하며 그다음 단계의 유형으로 지도하는 것이 체계적일 수 있다.

4 진로발달 유형별 학교진로상담(지도) 방법

진로발달의 4가지 유형별 학교진로상담(지도) 방법의 공통적 절차는 아래와 같이 살펴볼 수 있다.

이 절에서는 진로설계 지원 유형별 학교진로상담(지도) 방법을 설명하기 위하여 각 유형별(동기촉진형, 목표수립형, 활동강화형, 계획실천형) 학생의 심리·정서·행동적 특징과 진로고민 사례 및 원인, 진로상담(지도) 목표 및 지원요소를 확인하며 진로상담(지도) 사례를 보여주고 있다. 진로상담(지도) 사례는 실제 중학교 3학년 학생을 대상으로 실시한 학교진로상담(지도)에서 수집된 학생의 인적사항 확인에서부터 내용영역별 학교진로상담(지도)을 실시하는 전 과정에 이르기까지의 내용을 보다 상세하게 설명하고 있다.

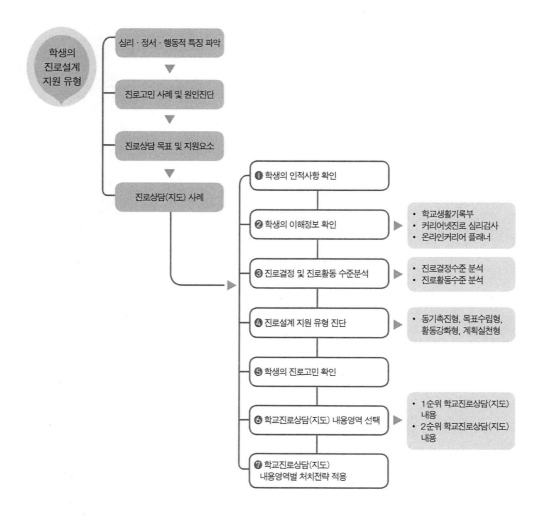

1) 동기촉진형

① 심리·정서·행동적 특징

동기촉진형은 진로결정 수준이 '낮고' 진로활동 수준도 '낮은' 유형으로서 진로희망이 일관적이지 않고 진로활동도 빈약한 경향을 보인다. 동기촉진형 학생들에게서 주로 볼 수 있는 심리·정서·행동적 특징은 다음과 같다.

- 진로의 중요성에 대한 인식이 부족하거나 평소 자신의 진로에 대해 별다른 흥미와 관심을 보이지 않음.
- 희망하는 진로가 '없다' 또는 '모르겠다'고 응답하는 경우가 많고, 진로활동 참여에 있어 소극적인 태도를 보임.
- 평소에 무기력한 태도를 보이는 경우가 많고, 전반적인 동기 수준이 저하되어 학업능력도 낮은 경우가 많음.
- 계열 및 교과 선택 등과 같이 중학교 3학년 학생들이 마주하는 과업의 중요한 의사결정을 앞두고 관련 정보탐색에 적극적이지 않으며 방관적인 태도를 보이기도 함.
- 진로상담(지도) 참여에 소극적인 태도를 보일 가능성이 높으며, 문답 과정에서도 별다른 호응이 없거나 단답형으로 대답하는 경향이 있음.

② 진로고민 사례 및 원인 진단

이러한 특징을 보이는 동기촉진형 학생들의 주요 진로고민 사례를 살펴보면 다음과 같다.

사례 **동기촉진형 중3 학생의 진로고민**

- 벌써 중3인데 아직까지 제가 무엇을 좋아하고 잘하는지 잘 모르겠어요. 진로에 대해 생각하면 머리만 아파요.
- 주위에서 자꾸 고등학교 어디 갈 거냐고 묻는데 저는 딱히 어디로 가야 할지 아직 정하지도 못했어요. 어차피 요즘은 대학 나와도 다 백수인데 열심히 공부해서 좋은 고등학교 가고, 대학 가고 하는 게 다 무슨 소용인가 싶어요.
- 저는 공부를 해야겠다는 생각은 있는데 몸이 정말 안 따라 주네요. 공부하려고 하면 자꾸 잡생각이 나고…… 머리와 몸이 따로 놀아요.

동기촉진형의 진로고민 사례에서 보는 것과 같이 이 유형 학생들이 자신의 진로에

대해 진지하게 탐색하기를 어려워하고 삶에 대한 적극적인 동기나 의욕을 보이지 않는데에는 다음과 같은 원인이 있을 것이라고 유추해 볼 수 있다.

- 자신의 특성에 대한 이해 부족
- 흥미나 욕구의 미발견
- 진로개발의 중요성에 대한 인식 부족
- 진로정보의 부족
- 학업, 학교생활에 대한 흥미 결여
- 낮은 자존감
- 성공경험 부족
- 신체적 에너지 수준 저하

③ 진로상담(지도) 목표 및 지원 요소

지금까지 살펴본 내용을 토대로 볼 때 동기촉진형 학생들이 삶에 대해 보다 긍정적인 인식을 토대로 자신의 미래 진로에 관심을 가질 수 있도록 지원하는 것이 필요하며, 다음과 같은 목표를 수립하여 진로상담(지도)을 진행해 나갈 수 있다.

- 자신에 대해 긍정적인 인식 가지기
- 다양한 진로탐색 활동을 통해 진로정보와 다양한 커리어패스의 인식을 높여 진로 전반에 대한 관심을 높이기
- 자신의 진로를 적극적으로 개발하려는 동기와 태도를 향상시키기

이러한 진로상담(지도) 목표를 달성하기 위해서는 다음과 같은 지원 요소를 적용해 진로상담(지도) 장면에서 활용해 볼 수 있다.

- 학생의 심리와 정서, 행동을 이해하는 공감적 언어 사용하기
- 사소한 흥미와 관심도 진로와 연결시킬 수 있음을 인식시키기

- 그동안의 경험을 탐색하고 이를 격려하는 방식의 대화 진행하기
- 일상생활에서 작은 목표를 세우고 이를 이루어내는 과정을 통해 성공경험 갖게 하기
- 과도한 진로정보를 일방적으로 제공하기보다는 학생에게 필요한 진로정보를 눈높이에 맞는 방식으로 제공하기
- 심리적 문제가 있을 경우 전문상담교사 및 외부의 전문기관에 연계하여 지원하기

2) 목표 수립형

목표수립형은 진로결정 수준은 '낮고' 진로활동 수준은 '높은' 유형으로서 진로활동은 다양하게 수행하였지만 진로희망이 일관적으로 나타나지 않고 진로목표가 불확실한 경향을 보인다. 양적으로는 다양한 진로활동을 수행하였지만 진로희망과의 구체성 및 연계성은 미흡하여 질적으로는 충분하지 않은 경향이 있다.

① 심리·정서·행동적 특징
목표수립형 학생들에게서 주로 볼 수 있는 심리·정서·행동적 특징은 다음과 같다.

- 다양한 분야에 대해 높은 호기심을 보임.
- 진로를 탐색하기 위하여 적극적으로 행동함.
- 관심의 변화가 자주 일어나는 경향이 있음.
- 평소 다양한 의사결정 상황에서 선택과 결정에 어려움을 겪기도 함.
- 어떠한 판단을 내릴 때 다소 즉흥적이고 직관적으로 결정하는 경향이 있음.
- 신체적 에너지 수준이 높음.

② 진로고민 사례 및 원인 진단

이러한 특징을 보이는 목표수립형 학생들의 주요 진로고민 사례를 살펴보면 다음과 같다.

사례 **목표수립형 중3 학생의 진로고민**

- 저는 하고 싶은 일이 너무 많아요. 보는 직업마다 다 좋아 보이고 재미있을 것 같아서 진로를 딱 한 가지로 정하는 게 너무 어려워요.
- 저는 꿈이 너무 자주 바뀌어서 문제예요. 제가 요즘 요리사에 관심 있어서 ○○ 조리고등학교로 갈까 생각했었는데, 제가 꿈이 너무 자주 바뀌니 그 학교로 갔다가 후회하면 어떡하지 하는 생각에 아직 확실한 결정을 못하겠어요.
- 저는 '이거다' 싶은 진로가 딱 나타나면 그걸로 열심히 노력할 생각이 있는데 아직 이거다 싶은 것을 찾지 못했어요.

진로고민 사례에서 보는 것과 같이 목표수립형 학생들이 다양한 진로활동을 수행함에도 불구하고 진로목표를 찾지 못하고 혼란을 경험하는 데에는 다음과 같은 원인이 있을 것이라고 유추해 볼 수 있다.

- 자기이해 부족
- 흥미나 관심에 대한 변별력 부족
- 흥미와 적성의 불일치
- 자신의 판단에 대한 확신 부족
- 의사결정능력 및 경험의 부족
- 타인의 시선에 대한 과도한 의식
- 실패에 대한 부담

③ 진로상담(지도) 목표 및 지원 요소

지금까지 살펴본 내용을 토대로 볼 때 목표수립형 학생들이 자신의 진로목표를 보다 분명히 하고, 이를 바탕으로 진로를 설계해 나갈 수 있도록 지원하는 것이 필요하며, 다음과 같은 진로상담(지도) 목표를 수립하여 상담을 진행해 나갈 수 있다.

- 자신의 특성에 대해 면밀히 파악하기
- 산발적으로 흩어진 관심을 진로특성과 연관된 분야로 압축시키기
- 관심 있는 진로에 대하여 정확하고 구체적인 정보 탐색하기
- 자신과 직업세계에 대한 이해를 토대로 적합한 진로목표 수립하기
- 진로목표와 성취의 관계를 알고 그 중요성을 이해하기

이러한 진로상담(지도) 목표를 달성하기 위하여 다음과 같은 지원 요소를 적용해 진로상담(지도) 장면에서 활용해 볼 수 있다.

- 관심분야에 대한 구체적이고 정확한 진로정보 제공하기
- 선택과 결정이 실패로 돌아갈 가능성에 대한 불안 감소시키기
- 진로는 최고가 아니라 최선의 선택을 하는 것임을 인식시키기
- 진로의사결정 과정에서 진로타협의 필요성에 대하여 이해하도록 돕기
- 적극적인 진로탐색 자세와 태도 칭찬하기
- 활발한 진로준비행동 격려하기
- 다양한 호기심 사이에서 선택과 집중을 하는 방법을 교육하기
- 심리적 문제가 있을 경우 전문상담교사 및 외부의 전문기관에 연계하여 지원하기

3) 활동강화형

① 심리·정서·행동적 특징

활동강화형은 진로결정 수준은 '높고' 진로활동 수준은 '낮은' 유형으로서 진로희망은 일관적으로 나타나지만 진로활동이 빈약하거나 진로희망과 연계되지 않는 경향을 보인다.

활동강화형 학생들에게서 주로 볼 수 있는 심리·정서·행동적 특징은 다음과 같다.

- 어떤 행동을 하기에 앞서 오랜 시간 숙고하는 경향을 보임.
- 신중한 성격이지만 우유부단한 경향을 보임.
- 변화를 두려워하고 새로운 것을 추구하는 데 망설이는 태도를 보임.
- 익숙한 것에 대한 선호를 보이며 한 번 정한 것은 바꾸지 않으려는 경향이 있음.
- 목표나 계획은 수립하나 이를 실천하는 행동적 측면이 약함.
- 때로는 의욕이 없고 의기소침한 모습을 보임.

② 진로고민 사례 및 원인 진단

이와 같은 특징을 보이는 활동강화형 학생들의 주요 진로고민 사례를 살펴보면 다음과 같다.

사례 **활동강화형 중3 학생의 진로고민**

- 저는 판사가 되는 것이 꿈인데요, 그러기 위해서 어떤 고등학교를 가야 하고 무엇을 준비해야 할지 모르겠어요.
- 저는 테마파크디자이너가 되는 것이 꿈인데, 이 직업이 아직 우리나라에 흔하지 않아서 체험을 해 보고 싶어도 어디서 어떻게 해야 할지를 모르겠어요.
- 저는 외교관이 되는 것이 꿈인데, 제가 영어를 잘못해서 과연 그 꿈을 이룰 수 있을지 걱정이 돼요.

진로고민 사례에서 보는 것과 같이 활동강화형 학생들이 구체적인 진로목표를 가지고 있음에도 불구하고 구체적인 진로계획을 수립하지 못하거나 진로목표와 관련된 진로활동을 하지 못하는 데는 다음과 같은 원인이 있을 것이라고 유추해 볼 수 있다.

- 과도한 진로목표 설정
- 진심을 드러내지 않으려는 숨겨진 진로목표
- 특수하거나 입직 가능성이 낮은 직업에 대한 선호
- 다양한 진로장벽의 가능성(희망 진로와 학생의 능력 간의 불일치 등)
- 생각만 하고 행동은 하지 않는 실천력 부족
- 관심 직업에 대한 구체적인 정보 부족
- 구체적인 진로활동 방법 이해 부족
- 진로활동의 경험 부족

③ 진로상담(지도) 목표 및 지원 요소

지금까지 살펴본 내용을 토대로 볼 때 활동강화형 학생들이 진로목표와 연계된 진로활동을 수행하고, 이를 바탕으로 진로목표를 실현할 수 있도록 촉진하는 것이 필요하며, 다음과 같은 진로상담(지도) 목표를 수립하여 상담을 진행해 나갈 수 있다.

- 학교 안팎의 다양한 진로활동 정보 탐색하기
- 진로목표와 연계되는 구체적인 진로활동 안내하기
- 부족한 진로활동을 보강할 수 있는 방법 모색하기
- 진로목표를 재점검하고 필요 시 적합한 진로대안 탐색하기

이러한 진로상담(지도) 목표를 달성하기 위하여 다음과 같은 지원 요소를 적용해 진로상담(지도) 장면에서 활용해 볼 수 있다.

- 진로목표를 갖게 된 이유 확인하기

- 진로목표를 이루기 위한 다양한 활동(실천) 방법 탐색하기
- 생각은 있지만 행동(실천)하지 않는 이유에 대하여 점검하기
- 진로목표는 실천해야 이루어질 수 있음을 인식시키기
- 관심 있는 진로에 대한 진로경로 탐색 및 진로대안 탐색하기
- 지금 당장 실천할 수 있는 작은 변화를 중심으로 행동(실천)을 유도하기

4) 계획실천형

① 심리·정서·행동적 특징

계획실천형은 진로결정 수준이 '높고' 진로활동 수준도 '높은' 유형으로서 진로희망이 일관적이고 진로희망 사유가 개인의 진로특성과 대체로 연계되며 진로희망과 관련된 진로활동을 수행해 온 경향을 보인다.

계획실천형 학생들에게서 주로 볼 수 있는 심리·정서·행동적 특징은 다음과 같다.

- 자기 자신의 특성에 대한 이해가 높음.
- 자신의 욕구, 흥미, 선호에 대하여 잘 파악하고 있음.
- 자신의 진로에 대한 관심이 많으며 진로를 개발하기 위해 적극적으로 방법을 찾고 탐색하려는 의지가 있음.
- 진로목표와 능력의 불일치로 학습, 진학 준비 등에서 어려움을 겪는 경우가 종종 나타남.
- 확고한 꿈을 가지는 반면 구체적인 실천 방법을 몰라 자신의 진로목표를 이루는 데 불안을 느껴 초조해 하는 경향을 보임.

② 진로고민 사례 및 원인 진단

이와 같은 특징을 보이는 계획실천형 학생들의 주요 진로고민 사례를 살펴보면 다음과 같다.

계획실천형 중3 학생의 진로고민

- 저는 뇌과학자가 되는 것이 꿈입니다. 얼마 전에 과학 콘서트에도 다녀오고 꿈을 이루기 위해 노력하고 있는데 뇌과학자가 되기 위해 반드시 과학고를 가야만 하는 것은 아니죠? 일반고에서도 뇌과학자가 되는 데 문제는 없는지 궁금합니다.
- 저는 한의사가 되는 것이 꿈인데 앞으로 어떤 고등학교를 가고 어떤 대학에 가야 하는지 앞으로의 진로계획을 세워 나가는 데 도움을 받고 싶습니다.
- 저는 역사교사가 되고 싶은데요, 요즘 사범대학 가기가 너무 어렵다고 하고 저는 공부를 열심히 하려고 해도 성적이 잘 오르지 않아요. 이러다가 꿈을 이루지 못할까 봐 걱정이 됩니다.

진로고민 사례에서 보는 것과 같이 계획실천형 학생들은 분명한 진로목표를 가지고 자신의 진로목표를 이루기 위한 방법을 모색하는 등 다양한 방식으로 노력하고 있는 것을 확인할 수 있다. 하지만 아무리 계획실천형의 학생일지라도 학습, 성적 등의 문제에서 자유롭지 못하고 진로목표를 이루지 못할까 불안해 하는 모습도 보이고 있다. 따라서 계획실천형의 학생들을, 스스로 알아서 목표 지향적으로 행동하므로 별도의 진로상담을 제공하지 않아도 되는 것으로 간주하기보다는 진로목표를 이루기 위해 좀 더 노력해야 할 부분이 무엇인지를 파악할 수 있도록 돕고 진로를 보다 효과적으로 설계할 수 있도록 지원하는 것이 필요하다.

계획실천형 학생들이 보이는 특징과 관련해서는 다음과 같은 원인이 있을 것이라고 유추해 볼 수 있다.

- 자기 자신에 대한 긍정적 자아상 보유
- 개인·학교생활 측면에서 긍정적인 성격과 대체로 높은 자기효능감
- 높은 진로동기와 실천의지

- 능력에 비해 높은 진로목표 설정
- 다양한 진로장벽의 가능성

③ 진로상담(지도) 목표 및 지원 요소

계획실천형 학생들이 자신의 진로목표를 실현하기 위하여 보다 적극적으로 노력하고 미래에 대한 청사진을 그려나갈 수 있도록 지원하는 것이 필요하며, 다음과 같은 진로상담(지도) 목표를 수립하여 진로상담(지도)을 진행해 나갈 수 있다.

- 진로목표를 이루기 위해 구체적이고 단계적인 진로 및 진학 계획 수립하기
- 학습 및 성적 관련 학습능력 향상 방법 모색해 보기
- 진로목표와 연관된 진로활동 방법을 모색하고 실천하기
- 진로목표를 이루는 장애요인을 직면하고 다루기

이러한 진로상담(지도) 목표를 달성하기 위하여 다음과 같은 지원 요소를 적용해 진로상담(지도) 장면에서 활용해 볼 수 있다.

- 적극적인 진로동기와 실천의지 격려하기
- 진로의사결정을 내린 과정과 결과에 대하여 점검하기
- 진로목표를 이루기 위한 실천 전략 안내하기
- 학습 및 진학 관련 장·단기 진로계획 수립 지원하기
- 관심 있는 진로에 대한 다양한 진로경로 탐색하도록 지도하기
- 진로목표와 현재의 조건 간의 차이를 인식하고 이를 해결할 수 있는 방법에 대한 조언을 제공하기
- 진로목표와 학생의 능력 및 역량 간의 불일치가 클 경우 관심분야에서 진로대안 제시하기

학습문제

1. 진로선택을 앞두고 있는 중학교 3학년 1명을 대상으로 학교진로상담 4단계[학생의 진로설계 지원 유형 진단, 학교진로상담(지도) 내용영역 선택, 학교진로상담(지도) 내용영역별 진로상담(지도) 방법 적용, 학교진로상담(지도) 학생 성장]에 따라 실제 상담을 진행해 봅시다.

2. 1에서 상담한 내용으로 동료들과 함께 사례 회의를 진행해 봅시다. 자신이 진행한 사례에 대해 동료들의 피드백을 받아 보고 그것을 바탕으로 다음 상담에서 적용할 만한 것에는 무엇이 있는지 정리해 봅시다. 동료의 사례에서도 피드백 제공과 함께 내가 배울 만한 것에는 무엇이 있는지도 정리해 봅시다.

참고문헌

한국직업능력개발원(2015a). 학교진로상담(지도) 종합 지원체제 중 진로길잡이-M3

한국직업능력개발원(2015b). 학교진로상담(지도) 종합 지원체제 중 진로솔루션-M3

김봉환, 정철영, 김병석(2006). 학교진로상담. 서울: 학지사.

김봉환, 김은희, 김효원, 문승태, 방혜진, 이지연, 조봉환, 허은영(2017). 진로교육개론. 서울: 사회평론
아카데미.

9장

호소 문제에 따른 진로상담 방법

허은영

중학생들이 호소하는 진로상담 주제들을 살펴보면 크게 자신에 대한 이해 부족, 진로정보 부족, 진로의사결정의 어려움, 진로문제와 관련된 부모와의 갈등 등을 들 수 있다. 이러한 전형적인 사례에 대해 진로상담에서 대면상담 못지않게 많이 활용되는 사이버진로상담 형태를 활용하여 진행할 수 있는 상담 방법을 제시하면 다음과 같다.

1 자신에 대한 이해 부족

내담자가 자신의 능력이 어느 정도이고 원하는 것이 무엇인지를 모르겠다고 호소하는 경우이다. 이러한 막연함은 자신의 이해 부족에서 비롯되는데 내담자들은 내가 누구인지, 나의 특성이 무엇인지, 내가 원하는 일을 잘할 수 있을지에 대해 알기를 원한다.

이러한 경우 먼저 자신에 대해 활발히 탐색하는 모습을 격려하는 것이 필요하다. 진로선택과 관련하여 가장 중요하면서 기본이 되는 것은 자신에 대한 정확한 이해이기 때문이다. 청소년들은 자신에 대해 일관되지 않은 혼란스런 감정을 느끼기도 하고 자신이 원하는 일이 가능성이 없는 것 같아 불안해 하기도 한다. 따라서 이런 문제를 고민하는 청소년은 오히려 이런 시기를 나름대로 열심히 고민하며 탐색하고 있는 것이므로 그런 고민 자체가 긍정적인 모습임을 격려해 주는 것이 필요하다.

다음으로 자기탐색에 대한 객관적이고 통합적인 방법의 안내가 필요하다. 청소년들의 자기이해는 지나치게 주관적인 경우가 많다. 내담자가 진술하는 자기이해의 내용이 지나치게 주관적이거나 편협한 것은 아닌지 살펴보고 내담자가 자기탐색을 폭넓게 객관적으로 할 수 있도록 이끌어 주어야 한다.

자기탐색을 돕는 방법을 제시하는 것도 중요하다. 청소년들이 자신에 대한 비현실적인 이미지 대신 현실적인 이미지를 형성하기 위해서는 다양한 경험을 통해 자신을 이해하는 것이 필요하다. 도움이 되는 방법으로는 다양한 심리검사(성격, 적성, 흥미 등)를 통해 통합적인 결과를 제시받는 것이다. 검사 이외에 자신에 대해 알 수 있는 방법으로는 가까운 사람과의 관계 속에서 자신을 파악하는 것인데 친구 또는 부모님, 선생님 등 가까운 대상과의 관계 속에서 내담자의 모습이 어떻게 나타나며 그들로부터 어떤 이야기들을 듣고 있는지를 통해 객관적인 모습을 이해할 수 있다.

끝으로 자기탐색은 변화의 과정임을 안내해야 한다. 자기를 안다는 것은 쉬운 일이 아니다. 또한 어느 시기에 완성되어 그 후에 불변하는 것도 아니다. 탐색이 충분히 이루어지기 위한 시간과 여유 그리고 지켜볼 수 있는 인내가 필요하다.

사례 1 **제가 재미있게 그리고 잘하고 싶은 직업을 찾고 싶어요.**

저는 공부도 어느 정도 하고 놀기도 하는 평범한 중학생입니다. 전 어렸을 때부터 부모님을 닮아서 손재주가 좋았어요. 아버지가 전통 금속공예(박음 상감 등)를 하시고 엄마가 홈패션을 하시거든요. 그래서 저도 잘하는 쪽으로 가면 좋겠지만 제가 어떤 직업을 잘할 수 있을지 잘 모르겠어요. 제가 재미있게 그리고 잘할 수 있는 직업은 무엇일까요?

....

자기 탐색에 대한 칭찬

주관적이나마 자신의 적성을 파악하고 있고 부모님의 직업 및 하는 일까지 잘 알고 있음을 칭찬하고 싶네요. 이것조차 모르거나 아예 잘하는 것이 전혀 없다고 생각하는 친구들도 적지 않거든요. 이것은 진로선택을 위한 기본적 준비가 되어 있다고 볼 수 있답니다.

적성과 흥미 탐색에 대한 지속적인 노력의 필요성 안내

직업선택에 있어 적성과 흥미가 중요하기는 하지만 그것이 매우 뚜렷하거나 또는 적성과 흥미만을 가지고 아무 고민 없이 직업을 선택한 사람은 많지 않답니다. 한

번 주변 직업인들에게 물어보세요. 중학교 시절에 정말 하고 싶은 것이 뚜렷해서 그 직업만을 준비한 후 현재의 직업을 갖게 된 사람이 있는지요. 거의 없습니다. 그런 직업을 찾았다 해도 그것은 자신의 적성과 흥미, 가치관 등에 대한 오랜 시간의 고민과 탐색 끝에 중학교 시절보다는 훨씬 나중에 발견하는 경우가 많지요. 또 더 많은 직업인들은 그 직업이 정말 하고 싶어서라기보다는 이 직업, 저 직업을 비교하면서 다 장단점이 있지만 그래도 이것이 자신이 직업선택에 있어 중요하게 여기는 조건을 통해 살펴볼 때 조금이나마 장점이 많은 것 같다는 마음으로 타협하며 직업을 결정한답니다.

자신의 경험 탐색과 다른 사람으로부터 정보 수집하기

지금까지 자신의 생활을 스스로 돌아보세요. 시간 가는 줄 모르고 하는 일은 무엇이 있는지, 다른 사람으로부터 칭찬을 받은 적은 언제였는지, 학교에 다니면서 어떤 분야에서 상장을 탔는지 등을 말입니다. 아울러 자신을 잘 알고 있는 사람, 즉 부모님, 형제, 친척, 선생님, 친구 등에게 내가 무엇을 좋아하고 잘했는지 정보를 수집해 보세요. 자신이 스스로 몰랐던 적성과 흥미에 대해 오히려 다른 사람이 더 잘 파악하고 있는 경우도 있거든요.

객관적인 자기탐색 방법 안내

다음으로 할 일은 바로 자신의 적성과 흥미, 가치관 등을 좀 더 폭넓게 그리고 객관적으로 살펴보는 것입니다. 물론 현재 손재주라는 적성이 있지만 더 많은 흥미(자신이 좋아하는 것)와 적성(자신이 잘하는 것)이 있을 수 있으니까요. 그리고 사람마다 직업을 선택하는 데 있어 중요하게 여기는 조건이 있는데 이것을 직업가치관이라고 해요. 어떤 사람은 보수와 전망을, 어떤 사람은 여가 시간을, 어떤 사람은 보람과 의미를 중요하게 여기는 것처럼 사람마다 직업가치관은 다르답니다. 따라서 직업가치 중 어떤 것을 더 중요하게 여기는지를 파악하고 그것을 기준으로 직업을 결정할 때 보다 만족스러운 직업생활을 할 수가 있답니다.

종합적 자기탐색: 커리어넷 사이트 아로플러스 안내

아래의 서비스는 직업적성, 직업흥미, 직업가치관 검사를 통해 종합적으로 자신에게 적합한 직업 및 관련 학과를 추천해 주고 있어요. 물론 한 가지를 꼭 집어주는 것이 아니라 여러 가지 직업을 추천하기에 그중에서 다시 자신에게 맞는 것을 선택하는 과정이 필요해요. 이때 그냥 직업명을 가지고 하는 것이 아니라 하는 일, 적성 및 흥미, 보수, 전망 등 구체적인 정보를 바탕으로 평가해야 합니다.

> 인터넷 경로: 커리어넷(www.career.go.kr) – 진로심리검사 – 진로탐색 프로그램 –
> 아로플러스

이 검사는 정답이 있어 맞히는 검사, 즉 능력검사가 아니라 자신의 특성에 스스로 보고하는 방식의 검사이기 때문에 문항을 잘 읽은 후 솔직하게, 빠짐없이, 성실하게 답해야 의미 있고 정확한 결과가 나온다는 점도 꼭 기억하세요.

심리검사 결과에 제시된 직업에 대한 세부정보 탐색

커리어넷 사이트나 워크넷 사이트의 직업정보 메뉴를 통해 직업에 대한 정확한 정보를 수집해 보세요. 왜냐하면 현명한 선택의 기본은 정확한 정보니까요. 물건을 살 때 충분한 시장조사를 하지 않고 눈에 띄는 물건을 무심코 샀는데 나중에 더 마음에 드는 물건이 있어 속상한 적은 없었나요? 물건 하나도 이렇게 후회와 손해를 불러오는데 하물며 인생에서 가장 중요한 직업을 선택하는 데 있어 정보 수집을 소홀히 할 수 없겠지요? 구체적으로 하는 일, 필요한 적성과 흥미, 준비 방법(학력과 자격증), 연봉과 전망, 관련학과 등을 꼼꼼히 살펴보세요.

2 진로정보 부족

진로정보 부족 문제는 내담자가 원하는 진로가 비교적 분명하게 있으나 이에 대한 구체적인 정보가 부족한 경우이다. 이들은 구체적인 직업이나 학과에 대해 막연하게 또는 구체적으로 관심을 가지고 있거나 진로와 관련한 제도(대입제도, 검정고시 등)에 대해 정보를 알기 원한다. 이러한 유형은 진로에 대해 지나치게 구체적이어서 관심이 제한적일 수 있고 또한 다른 진로로 대체가 될 수도 있겠지만 현재 관심 있어 하는 영역에 대한 적극적인 탐색을 시도하는 모습이라 할 수 있다. 여기서 중요한 것은 원하는 정보를 구하는 일인데 상담자가 모든 정보를 알고 있기는 어렵다. 따라서 인터넷이나 진로 관련 책자 또는 실제 그 분야에서 일하는 사람을 통해 정보를 알아볼 수 있다. 또한 내담자에게 정보를 제공할 때도 관련 정보 출처를 알려주어 좀 더 자세한 사항을 알고 싶다면 직접 알아볼 수 있도록 안내한다. 이것은 앞으로 내담자가 다른 문제로 정보 탐색이 필요할 때 다른 사람의 도움을 받지 않고 스스로 문제를 해결할 수 있는 계기가 되기도 한다. 인터넷 사이트를 통해 내담자에게 알려줄 정보를 찾았을 때 사이트의 전체 내용을 그냥 그대로 복사해서 전달하기보다 내담자의 수준에 맞게 필요한 정보를 알기 쉽게 요약해서 제시하는 것이 필요하다. 상담자가 이해하기 어려운 내용은 내담자에게도 불필요한 정보일 수도 있고 의미가 이해되지 않을 수 있다. 또한 알려주는 정보가 제대로 된 것인지 확인이 필요하다. 이 제도가 시행되고 있는 것이 맞는지, 실제로 안내하는 학과가 분명히 있는지 등 정확한 정보를 제공해야 한다.

사례 2 **계리사[1]라는 직업에 대해 자세히 알고 싶어요.**

저는 고등학생으로서 어렸을 때부터 수학경시대회에서 상을 받아오고 수학을 좋아하는 편이어서요. 치과의사, 수학선생님도 되고 싶긴 하지만 현재 제가 우선적으로 설계해 놓은 목표는 보험 상품을 개발하는 보험계리사입니다. 그런데 제가 이 직업을 진심으로 원하는지는 확신할 수 없습니다. 안정적이고 보수도 괜찮은 직업이라고 친구가 소개해서 그때부터 목표로 잡기 시작한 것이거든요. 제가 선택한 이 직업에 대해 자세히 알고 싶고 과연 정말로 원하는 것인지 아닌지를 알려면 어떻게 해야 할까요?

내적 가치를 통한 자기탐색에 대한 칭찬

사실 대다수 학생들은 계리사라는 직업이 있는 줄도 모르는데 직업명뿐만 아니라 하는 일까지 파악하고 있는 학생이 참 성숙하게 느껴지네요. 또한 계리사라는 직업이 안정성 면에서 좋은 직업이지만 정말 나에게 잘 맞는 직업인지를 파악하여 그것을 최종 선택에 반영하고자 하는 현명한 자세 또한 돋보입니다. 특히 계리사라는 직업을 선택한 이유가 주로 안정적이다, 친구가 괜찮은 직업이라고 추천했다와 같은 외적 조건이기 때문에 내적으로 얼마나 자신에게 어울리는지를 탐색하는 과정은 학생에게 매우 적절하다고 볼 수 있어요.

1 　계리사(보험계리인)는 보험, 연금, 퇴직연금 등에 대한 보험료 및 보상지급금을 계산하고 보험 상품을 개발하며 보험 회사의 전반적인 위험을 평가하고 진단한다.

성공한 직업인에게 공통적으로 찾을 수 있는 능력이 있는데, 바로 자기성찰능력이라고 합니다. 이것은 내가 어떤 목표를 향해 꾸준히 나아가고 있지만 가끔씩 내가 왜이 일을 하고 있는지, 목표를 향해 제대로 나가고 있는지, 앞으로 어떤 일들을 더 해야 하는지를 점검하고 반성하는 능력으로서 바로 계리사라는 목표가 세워져 있으되과연 이것이 나에게 적합한 일인지를 평가해 보고자 하는 학생의 태도가 바로 그 예가 될 수 있겠지요.

인터넷 직업정보를 통해 알아보기

바지 하나를 하나 사기 위해 의류점에 갔는데 정말 많은 종류의 바지가 눈앞에 펼쳐져 있습니다. 이 중에서 나에게 가장 어울리는 바지를 사려면 어떻게 해야 할까요? 색상, 디자인, 재질, 가격, 바느질 상태 등 세부 정보를 파악한 후 그것을 바탕으로 내가 원하는 것인가를 판단해야 합니다. 직업도 마찬가지예요. 세부적인 직업정보를 검색한 후 그것을 내가 원하는 조건을 바탕으로 평가해 보아야 합니다. 직업정보 검색을 위해서는 커리어넷과 워크넷 사이트의 직업정보 메뉴를 활용하세요.

이 곳에서는 하는 일, 적성과 흥미, 준비 방법(학력과 자격증), 관련학과, 연봉과 전망 등이 소개됩니다. 전반적인 직업정보 수집에 있어 가장 일반적으로 활용하는 방법입니다.

사이트 주소	사이트의 특징		
커리어넷	직업정보	직업명, 하는 일, 준비 방법, 취업 현황, 직업전망 등	
	학과정보	고등학교/대학교 학과 소개, 개설대학, 취업률 등	
	학교정보	학교 유형별 전국 초 · 중 · 고등학교, 대학교, 특수/각종학교, 대안학교 현황 등	
	직업인 인터뷰	사회 각 분야에서 주도적인 역할을 하고 있는 직업인 인터뷰, 창의적 기업가 인터뷰	
워크넷	직업 · 진로 −직업정보 검색	키워드로 찾기	주요단어를 통해 직업을 검색할 수 있다.
		조건으로 찾기	임금/전망 조건으로 직업을 검색할 수 있다.
		나의 특성으로 직업 찾기	지식, 업무수행능력 등을 기준으로 직업을 검색할 수 있다.
		분류별 검색	직업군에 따른 직업을 소개하고 있다.

직업정보를 정리할 때 다음 표를 활용하는 것도 좋습니다.

직업명	
하는 일	
준비 방법	
관련 학과	
필요한 적성과 흥미	
전망	
연봉	
직업동영상 내용	
정보 탐색 후 소감	

직업이 자신에게 잘 어울리는지를 알아보기 위해서는 제시되는 직업정보 중 구체적으로 '하는 일'과 필요한 '적성과 흥미'를 자신에게 적용해 봄으로써 평가하는 방법이 있습니다.

다음의 계리사(보험계리인)의 하는 일과 적성과 흥미를 읽고 적합성 정도에 따라 ( ) 안에 ○, ×를 치며 자신이 얼마나 잘할 수 있고 재미있게 할 수 있는 일인지 판단해 보세요. 이렇게 원하는 직업에서 필요로 하는 적성과 흥미를 자신이 가지고 있는지 점검한다면 자칫 소홀하게 생각할 수 있는 적성과 흥미의 중요성에 대해서도 알수 있고 나중에 혹시 적성과 흥미와 다른 일을 선택했을 때 겪어야 하는 시행착오를 예방할 수 있습니다.

＊하는 일
 - 보험계리인은 보험, 연금, 퇴직연금 등에 대한 보험료 및 보상지급금을 계산하고 보험 상품을 개발하며 보험 회사의 전반적인 위험을 평가하고 진단한다. ( )
 - 시대 변화에 따라 보험 상품으로 어떤 것이 필요하고, 보험료가 어떤 수준에서 책정되어야 하는지를 파악하며 금리 변동률, 영업 비용과 회사 이익 등을 고려

하여 보험 상품을 개발한다. ……………………………………………………… (　)

– 통계기법을 활용해서 위험률을 고려하여 보험료를 계산하고 보험률의 산정과
조정 및 검증 업무를 수행한다. ……………………………………… (　)

– 보험 및 연금계획을 설계하거나 검토하고 시장 상황을 고려한 합리적인 요율
산정, 보험금 평가 및 산정 등의 업무를 수행한다. ……………………… (　)

– 사망률, 사고, 질병, 장애 및 퇴직률을 판단하고 각종 통계를 작성, 분석하며 보
험 회사의 손익을 계산하여 발생 원인을 규명한다. …………………… (　)

* 적성과 흥미

– 추상적인 개념을 수리적으로 표현하고 관련시켜 분석할 수 있는 고도의 수리능
력과 분석능력, 판단력을 갖추어야 한다. ………………………… (　)

– 침착하고 꼼꼼한 성격을 가진 사람에게 유리하며 일에 대한 책임감과 상대방에
게 신뢰를 줄 수 있어야 한다. ……………………………………… (　)

– 관습형[2]과 탐구형[3]의 흥미를 가진 사람에게 적합하며, 꼼꼼함, 분석적 사고, 신
뢰성 등의 성격을 가진 사람들에게 유리하다. ………………………… (　)

직업 관련 동영상 시청

다양한 직업 또는 직업인 인터뷰 동영상을 볼 수 있는 출처를 통해 관심 직업에 대
해 알아보세요. 아래 사이트와 메뉴를 활용하세요.

• 워크넷(www.work.go.kr) – 진로 · 직업 – 직업 · 취업 · 학과동영상 – 직업동영상

2　관습형: 보수적이고 실용적임. 변화를 싫어하고 안정 추구. 고정된 기준 내에서 일하고 관례를 정하고 유지
하는 활동 선호함. 관련 직업으로 사무직 종사자, 사서, 비서 등이 있음.

3　탐구형: 지적이고 분석적임. 호기심이 많고 개방적임. 과학적이고 학문적인 활동 선호함. 문제해결을 위해
아이디어를 사용하고 정보를 분석하는 일을 선호함. 관련 직업으로 물리학자, 의학자, 수학자, 컴퓨터 프로
그래머 등이 있음.

아래와 같은 23개 직업군별로 세부 직업명이 제시되어 있으며 직업명을 클릭하면 직업 동영상이 제공됩니다.

.

- ✚ 경영·회계 사무 관련직
- ✚ 금융·보험 관련직
- ✚ 교육 및 자연과학·사회과학 연구 관련직
- ✚ 법률·경찰·소방·교도 관련직
- ✚ 보건·의료 관련직
- ✚ 사회복지 및 종교 관련직
- ✚ 문화·예술·디자인·방송 관련직
- ✚ 운전 및 운송 관련직
- ✚ 영업 및 판매 관련직
- ✚ 경비 및 청소 관련직
- ✚ 미용·숙박·여행·오락·스포츠 관련직
- ✚ 음식 서비스 관련직
- ✚ 건설 관련직
- ✚ 기계 관련직
- ✚ 재료 관련직(금속·유리·점토 및 시멘트)
- ✚ 화학 관련직
- ✚ 섬유 및 의복 관련직
- ✚ 전기·전자 관련직
- ✚ 정보통신 관련직
- ✚ 식품가공 관련직
- ✚ 환경·인쇄·목재·가구·공예 및 생산단순직
- ✚ 농림어업 관련직
- ✚ 군인

3 진로의사결정의 어려움

의사결정의 문제는 내담자가 원하는 여러 가지 중에서 한 가지를 선택해야 하는 상황에서 겪게 되는 어려움이다. 너무 많은 요인을 고려하거나 빈약한 대안으로 인한 결정의 어려움, 한 번의 확실한 결정에 대한 욕구 등의 문제로 불안한 마음을 갖게 된다.

이러한 경우 먼저 주체적인 결정을 할 수 있도록 도와야 한다. 의사결정의 문제에 대해서 상담자가 내담자의 갈등 상황을 정리하고 해결책을 제시해 주기보다 내담자가 자신의 의사결정과정에 따라 주체적으로 선택할 수 있도록 안내하는 역할이 필요하다.

다음으로 합리적인 의사결정 방법을 알려주어야 한다. 합리적인 유형의 의사결정이란 의사결정을 할 때 자신과 상황에 대해서 현실적으로 평가하는 유형을 말한다. 자신에 대해 그리고 상황에 대하여 정확한 정보를 수집하고, 신중하고 논리적으로 의사결정을 하며 또한 그 결정에 대하여 책임을 지는 것이다. 이때 활용할 수 있는 합리적인 의사결정의 7단계는 다음과 같다.

① 아직 탐색 가능성이 있는데 결정을 서두르는 것은 아닌지 의사결정의 필요성을 검토한다.
② 여러 가지 관련된 정보를 체계적으로 수집한다.
③ 모든 가능한 대안들을 열거해 본다. 확실한 대안만을 선택하기보다 있을 수 있는 가능한 모든 가능성을 나열해 본다.
④ 각 대안의 결과를 예측해 본다. 대안의 장점과 단점을 비교하여 각 대안이 어느 정도의 성공적인 결과를 가지고 올 수 있는지를 예측해 본다.
⑤ 성공할 확률이 높으면서 좋은 결과를 얻을 수 있는 대안 중에 자신의 가치관에 부합되는 것을 선택한다.
⑥ 선택한 대안을 실천한다.
⑦ 실천에 옮기지 못하거나 결과가 예상과 다를 때 결정의 과정을 다시 한 번 순서

대로 되밟아 본다.

또한 합리적인 진로의사결정을 위해 Wright 등이 주장한 주관적 기대효용모델을 활용한 의사결정비교표 작성을 안내하는 것도 하나의 방법이다. 이것에 대한 자세한 안내는 아래 상담 사례를 참고하기 바란다.

사례 3 사례 하고 싶은 일이 너무 많아서 고르기가 힘들어요.

저는 중학교 2학년인데 여러 직업 중 하고 싶은 게 너무 많아서 고르기가 참 힘드네요. 저는 어린아이들을 재미있게 잘 가르치는 초등학교 선생님도 하고 싶고, 영화를 정말 좋아하기도 하고 이야기 만드는 것, 동영상 촬영과 편집도 잘해서 영화감독도 하고 싶어요. 또 아직 많이 안 살긴 했지만 그동안 제가 고민이 많을 때 들어줬던 사람들도 존경스러웠고 저도 나중에 제 또래 친구들 고민을 들어주고 싶고, 진짜 제 고민처럼 느끼고 좋은 말을 해 주고 싶거든요. 그래서 상담선생님도 되고 싶습니다. 기술능력은 좀 떨어지긴 하지만 평소에 이벤트를 하거나 선물을 주는 걸 좋아하고 사람들이 좋아하는 모습을 보면 뿌듯하고 즐겁기 때문에 파티플래너도 하고 싶습니다. 다 되게 막연한 생각이긴 하지만 적성검사를 해도 항상 이것들이 다 맞게 나옵니다. 정말 고민이에요. 어떻게 해야 저한테 가장 맞는 직업을 하루라도 빨리 고를 수가 있을까요?

....

내적 가치의 중요성 인지 및 풍부한 직업정보에 대한 칭찬

직업 결정에 있어 부와 명예를 위한 수단으로서가 아니라 자신이 좋아하고 잘하는 일을 바탕으로 다른 사람을 위해 봉사하고 싶은 마음까지 담고 있는 것으로 보아 참 진지하고 성숙한 친구네요. 많은 친구들이 의사, 법조인, 교사 등 자신이 알고 있는 몇 개의 평범한 직업들 중에서 목표 설정을 하는 데 비해 이렇게 파티플래너와 같은 신생 직업까지 포함시켜 자신의 진로선택을 하고자 하는 것이 참 성숙하게 느껴집니다.

결정에 대한 조바심 덜어주기

먼저 하고 싶은 일이 많은 것은 고민이기보다는 참 다행한 일입니다. 왜냐하면 진로상담을 청하는 친구들 중에는 어떤 것도 하고 싶은 일이 없다고 호소하는 경우가 적지 않기 때문이지요.

또한 아직 중학생이므로 진로목표 결정을 하루라도 빨리 해야 한다는 조바심에서 벗어나는 것이 필요합니다. 진로에 있어 의사결정은 매우 중요한 과정이기 때문에 결정 자체를 도움 받고자 하는 학생이 대다수인데요. 요즘은 중요한 의사결정을 빨리 할수록 좋다는 생각 때문에 심지어 초등학교 때부터 어떤 고등학교에 진학할 것인지, 어떤 학과를 선택할 것인지, 어떤 직업을 가질 것인지를 결정하려고 하기도 합니다. 이것은 진로의사결정에 대한 충분한 이해가 없기 때문에 벌어지는 불안이 반영된 하나의 사회현상이라고 볼 수 있습니다.

중학생 시기는 진로발달에 있어 결정보다는 탐색이 필요한 단계로서 이때에는 무엇보다 자신에 대한 탐색이 필요해요. 이때는 어떤 것을 좋아하는지, 어떤 것을 중요하다고 느꼈는지, 어떤 것을 더 잘하는지, 주변의 기대는 어떤지 등에 대해 탐색을 하는 것이 중요합니다. 다음으로 자신이 지향할 수 있는 대안들을 전부 고려해 보고 각 대안에 대해 자신이 과연 밀고 나갈 만한 능력과 여건을 갖추고 있는지에 대한 예비 평가를 해 보세요. 아울러 각 대안이 충분한 가치를 지니고 있는지, 어떤 장점과 단점이 있는지 알아보는 것이 필요한 단계입니다.

관심 직업에 대한 상세 정보 수집

학생이 관심을 가지고 있는 직업에 대한 상세한 정보(준비 방법, 하는 일, 관련 학과, 연봉, 필요한 적성과 흥미 등)를 수집하는 것이 필요한데 합리적 의사결정의 기본은 정확하고 풍부한 정보이기 때문이지요. 예를 들어 휴대폰 하나를 살 때도 다양한 상품에 대한 정보를 찾고 장단점을 비교해야 후회 없는 선택을 할 수 있거든요. 직업에 대한 정보를 수집할 때는 커리어넷과 워크넷 사이트 직업정보 메뉴의 직업명 검색을 활용할 수 있습니다.

직업가치(직업 선택에 있어 중요하게 여기는 기준)를 중심으로 선택하기

중학교 시기는 최종 목표를 선택하기에 이르다고 말했지만 여러 직업 중 자신이 더 끌리는 몇 개의 대안을 갖는 것은 필요합니다. 학생의 경우에는 매우 다양한 직업에 대한 흥미를 가지고 있으므로 그중 어느 것이 자신에게 더 적합한지를 결정하는 방법을 활용하여 선택을 하기를 권할 수 있습니다.

이때 활용할 수 있는 방법은 앞에서 찾은 정보를 놓고 자신의 직업가치(자신이 직업선택에 있어 중요하게 여기는 조건, 예를 들어 적성과 흥미, 연봉, 근무 환경, 사회기여도 등)를 중심으로 평가해 보세요. 직업가치를 잘 모르겠다면 커리어넷 사이트의 심리검사 중 직업가치관검사를 해 볼 수 있어요. 그런데 결정 과정에서 너무 많은 직업가치를 내세울수록 선택은 어려워집니다. 자신이 정말 충족시키고 싶은 가치 두세 가지 정도로 단순화하는 것이 필요합니다. 다음 이야기를 읽어보세요.

인도의 열대림에서는 특이한 방법으로 원숭이를 잡는다고 합니다. 작은 나무 상자 속에 원숭이가 좋아하는 견과류를 넣은 뒤, 위쪽에 손을 넣을 정도의 작은 구멍을 뚫어 놓습니다. 견과류 한두 개 만 잡고 손을 빼면 될 텐데, 견과류를 손에 잔뜩 움켜진 원숭이는 구멍에서 손을 빼지 못하고 사냥꾼들에게 잡힙니다. 어리석은 원숭이지요? 우리도 이런 실수를 하지는 않는지 생각해 보세요. 즉 우리가 진로를 선택할 때 적성과 흥미, 전망, 연봉, 부모님의 기대, 가정 형편 등 모든 조건을 다 만족시키고 싶지만, 모든 조건을 충족시키는 완벽한 정답만 찾다가는 결정을 못해 우유부단함에 빠져 시간만 낭비할 수도 있습니다. 그러므로 여러 가지 조건 중 자신이 보다 중요하다고 생각하는 가치가 무엇인지 파악하여 그것을 중심으로 선택할 때 합리적인 결정이 가능하다는 점을 꼭 기억하세요.

의사결정비교표 작성법 안내

다음 표에 따라 자신의 직업가치를 탐색해 보세요.

직업가치 항목	발전성, 안정성, 자율성, 능력 발휘, 보수, 사회적 인정, 사회 봉사, 창의성 등				
내가 선택한 기준	기준 1	기준 2	기준 3	기준 4	기준 5

다음으로 의사결정비교표를 작성해 봅시다. 아래 표에 자신의 희망 직업과 선택 기준을 적어 넣고 각 기준별로 중요도 점수를 부여한 후 희망 직업별로 합계를 적어 보기 바랍니다.

(중요도 점수-매우 적합: 5점, 적합: 4점, 보통: 3점, 덜 적합함: 2점, 적합하지 않음: 1점)

선택 기준	기준 1 ( )	기준 2 ( )	기준 3 ( )	기준 4 ( )	기준 5 ( )	합계	순위
영화감독							
희 망 직 업							

합리적 의사결정 방법 참고 자료

주관적 기대 효용 모델

① 주장한 사람: Mitchell과 Beach(1976) 그리고 Wright(1984)

② 기본 원리: 의사결정자가 여러 결과에 직면했을 때 각 결과의 가치나 효용, 그 결과 발생의 가능성에 따라 취하게 될 행동을 예상할 수 있다는 것

③ 장점: 의사결정자들이 바람직한 결과를 얻을 수 있는 가능성의 극대화를 도와줌

④ 특정 대안 진로의 기대 효용 = 결과를 받아들이는 것에 대한 효용(1-10)×특정한 진로의사결정이 이루어지면 생길 수 있는 결과가 발생할 수 있는 가능성(0-1)

⑤ 예시

의사결정자가 수학교사와 엔지니어 중 하나를 선택해야 할 상황에 직면해 있다면 그는 아래와 같은 절차를 통해 합리적 진로의사결정을 할 수 있음

효용(1-10)	획득하게 될 가능성(0-1)	
	수학교사	엔지니어
직업적 안정성(9)	1.0	.8

높은 보수(10)	.1	1.0
지위(6)	.2	.6
적성과 흥미(6)	1.0	.9
발전성(7)	.4	.8
여가시간(4)	1.0	.4
가족과 지낼 수 있는 시간(7)	1.0	.4

- 수학교사의 주관적 기대 효용

$$= (9 \times 1.0) + (10 \times .1) + (6 \times .2) + (6 \times 1.0) + (7 \times .4) + (4 \times 1.0) + (7 \times 1.0) = 31.0$$

- 엔지니어의 주관적 기대 효용

$$= (9 \times .8) + (10 \times 1.0) + (6 \times .6) + (6 \times .9) + (7 \times .8) + (4 \times .4) + (7 \times 0.4) = 36.2$$

- 결론: 엔지니어가 올바른 의사결정이라고 할 수 있음

결정 후에도 다른 직업에 대한 관심은 계속 유지하기

위 과정을 통해서 최종 목표가 생겼다고 해도 다른 직업에 대한 관심은 늦추지 말아야 합니다. 왜냐하면 지금은 모르는 직업 중에서 후에 관심을 끌 수 있는 직업이 새롭게 등장할 수 있으니까요. 이럴 때 역시 커리어넷, 워크넷 사이트 등을 통해 직업정보를 찾고 그 직업까지 포함시켜 어떤 것이 학생의 직업가치에 더 적합한지를 다시 한 번 평가해 보아야 합니다. 위 방법이 조금 복잡하고 번거롭게 느껴질 수 있지만 인생에서 가장 중요한 결정인 만큼 시간과 수고를 아낄 수는 없겠지요?

최선의 결정은 결정 이후 자신의 노력으로 만들어 나가는 것

모든 선택에는 장단점이 있습니다. 결점이 전혀 없는 완벽한 선택이란 없다는 것이지요. 따라서 일단 결정을 하기까지는 최선을 다해 정보를 찾고 조언을 구하되 일단 결정이 내려지면 장점만을 생각하고 단점에 대해서는 어떻게 극복할 것인가만을 궁리하는 것이 현명하답니다. 최선의 결정은 결정 이후 자신의 노력으로 만들어 나가는 것입니다.

4 부모와의 갈등

내담자가 선택한 진로가 부모로부터 이해받지 못하고 거절당해서 힘들어 하거나 갈등을 일으키는 문제로 상담을 호소하는 경우가 적지 않다. 진로선택 시 부모의 반대나 이해 부족은 진로 당사자에게는 무엇보다 힘든 점이라 할 수 있다. 이러한 갈등을 효과적으로 해결하는 과정에서 자신의 진로에 대해 미처 알지 못했던 정보와 다양한 방법들에 대해 정리할 수 있도록 안내하는 것이 필요하다.

먼저 무엇을 원하는지가 분명하고 그에 대한 구체적인 계획이 수립되어 있는지에 대한 검토가 필요하다. 내담자의 문제를 접하다 보면 진로에 대한 구체적인 계획을 가지고 부모와 부딪히는 경우와 스스로도 진로에 대해 막연해 하는 상황에서 부모의 반대 자체만을 문제 삼는 경우로 나누어 볼 수 있다. 전자의 경우라면 자신의 계획을 부모에게 잘 전달할 수 있도록 구체적인 방법을 제시하고 부모의 의견은 어떤 점에서 수용할 수 있는지 등 서로의 갈등을 조화롭게 해결할 수 있도록 도와주는 것이 필요하다. 후자의 경우는 내담자 스스로 자신이 선택하려는 진로에 대해 뚜렷한 목표를 세우고 자기탐색을 통해 원하는 것을 정리해 보고 또한 진로에 대한 정보를 수집하는 일이 선행되어야 한다. 자신이 원하는 요구를 제대로 알고 인정할 수 있어야 부모도 효과적으로 설득할 수 있기 때문이다.

다음으로 부모가 반대하는 점이 어떤 부분인지 그것을 이해하려는 노력이 필요하다. 부모의 의견을 무조건 받아들일 필요는 없지만 어떤 점에서 염려를 하는 것인지 생각해 보고 그 염려가 내 진로와 관련이 된다면 그 부분의 의견을 받아들여 진로에 적극 반영할 수도 있기 때문이다.

마지막으로 원하는 것을 효과적으로 제시하는 방법에 대한 안내가 필요하다. 진로에 대한 문제로 부모와 이야기할 때 내담자가 의견을 제시하는 방법에 문제가 있어 갈등을 일으키는 경우가 있다. 자신의 의견이 잘 개진될 수 있도록 이야기 나눌 수 있는 환경을 만드는 일도 중요하다. 즉 함께 이야기할 충분한 시간이 되는가, 내 의견을 진지하게 말하고 있는가, 지금 한 번으로 허락을 못 받는다면 그 시기를 재조정할 수 있는가 등이다. 이러한 점에 대해 다시 한 번 생각해 보고 부모와 진로문제를 이야기할 수 있도록 안내한다.

사례 4 **부모님이 제가 원하는 고등학교 진학을 반대하세요.**

고등학교 문제로 고민하고 있는 중3 여학생입니다. 전 3학년 약 340명 중에 1학년 때부터 50~70등 중상위권을 유지해 오고 있습니다. 부모님은 계속 가난하게 살고 싶지 않으면 무조건 일반고 나와서 대학가래요. 하지만 전 특성화고 가서 내신 잘 받아 회계에 관련된 과가 있는 대학교를 들어가서 회계사 자격증을 따고 싶어요. 아니면 고등학교 졸업하고 바로 은행에 취업하거나 투자상담사, 펀드매니저 등을 하고 싶고요.

....

부모님과 갈등 때문에 힘든 마음에 대해 공감하기

비교적 자신의 미래에 대한 구체적인 정보와 계획을 갖고 있는 상황임에도 불구하고 입시를 코앞에 둔 시점에서 이렇게 부모님이 강하게 반대하시니 얼마나 답답하고 막막할까 하는 생각에 제 마음까지 무겁게 가라앉음을 느낍니다.

그런데 사실 이렇게 진로선택(학과, 학교, 직업 등) 문제를 가지고 부모님과 갈등을 겪는 경우가 적지 않아요. 지금까지 진로를 선택해야 하는 상황이 거의 없었고 어떤 문제가 있었다 해도 어렸기 때문에 주로 부모님이 대신해 주셨으니 이렇게 치열한 갈등 상황은 정말 힘들고 고통스러울 거예요. 한편으로 생각하면 앞으로도 부모님과 진로문제로 부딪히는 상황은 더 있을 수 있으니, 이번 기회에 이러한 문제를 해결하는 방법을 익혀둔다면 앞으로 어떤 갈등 상황이 닥쳐와도 슬기롭게 해결할 수 있을 거예요.

"좀 더 구체적인 관련 자료를 찾아 스크랩하여 부모님께 제시해 보세요."

부모님께서는 아무래도 과거의 정보를 갖고 계시기 때문에 현재의 교육제도나 특

성화고에 대한 이해가 좀 부족하실 수 있어요. 따라서 학생이 가고자 하는 특성화고에 대한 좀 더 구체적인 자료를 제시한다면 부모님을 설득하는 데 효과적인 수단이 될 거예요. 예를 들어 특성화고의 취업 분야와 취업률(원하는 학교의 홈페이지나 전화 문의 또는 학교알리미 사이트를 통해 알아보세요), 특성화고 특별 전형(특성화고 출신 학생이 대학을 갈 때 일반고 학생과는 별도로 뽑기 때문에 유리한 전형) 및 합격 사례, 회계학과가 개설된 대학의 특별전형 관련 자료 등을 찾아 스크랩해서 그것을 근거로 부모님과 대화를 나눠보기 바랍니다. 아울러 자신이 원하는 직업에 대해서도 세부 정보를 수집해 보세요. 커리어넷 사이트의 직업정보 검색을 통해 하는 일, 준비 방법, 적성과 흥미, 연봉과 전망, 관련 학과와 자격증 등을 알 수 있습니다. 이러한 자료를 바탕으로 앞으로 자신이 어떻게 그 꿈을 달성하기 위해 노력할 것인지 세부 계획을 세워 보세요(고등학교 선택을 포함하여). 이 자료 또한 부모님께 학생이 얼마나 진지하게 자신의 미래를 고민하고 준비하고 있는지에 대해 느끼게 하는 강력한 도구로 작용할 것입니다.

"부모님의 이야기에도 진지하게 귀를 기울여 보세요."

부모님은 누구보다도 학생을 아끼고 사랑하시며 행복하기를 바라시는 분들입니다. 사실 남의 자식이 부모와 이런 갈등이 벌어졌다는 얘기를 들었다면 그저 "자식이 그렇게 원하는데 원하는 대로 해 주지 그래"라고 시원하게 물러섰을지도 모르지요. 그런데 정말 내가 가장 잘되기를 바라는 내 자식이기 때문에 또한 지금까지 살아온 세월 속에서 축적된 경험과 지식 때문에 부모님의 주장을 펼치시는 것입니다. 부모님의 이야기는 무조건 반박하고 듣지 않으려는 자세를 보일 때 부모님은 감정적으로 서운할 수밖에 없고 이는 부모님과의 갈등의 골을 더욱 깊게 만들어 문제해결로부터 점점 멀어지는 결과를 초래할 수 있다는 점을 꼭 기억하세요.

"대화가 어렵다면 부모님께 편지를 쓰세요."

대화를 나눌 경우 감정적으로 치달을 가능성이 있기 때문에 부모님께 학생의 뜻을 충분히 담은 편지를 드리는 것도 하나의 방법입니다. 왜 특성화고를 가고 싶은지, 특성화고를 갈 때 어떤 유리한 점이 있고, 진학을 희망하는 학교의 취업 분야와 취업률, 동일계 특별전형 합격 사례 등(위에서 찾은 자료를 바탕으로)을 글로 작성하여 드린다면 부모님께서는 훨씬 진지하게 학생의 뜻을 고려하실 것입니다.

"담임선생님의 도움을 받아 보세요."

학생이 고민하고 있는 것을 담임선생님과 1차적으로 상담을 한 후 부모님 설득에 대한 협조를 요청하는 것도 효과적일 수 있습니다. 담임선생님께서는 현재의 입시 제도에 대한 정보뿐만 아니라 학생의 성적과 특성에 대해서도 가장 잘 알고 계시기 때문에 지금 상황에서 객관적인 판단을 내리는 데 큰 도움을 주실 수 있을 거예요.

마지막으로 학생이 이 과정에서 좀 더 학업에 전념하고 성실한 생활 태도를 보인다면 부모님은 좀 더 믿음을 가지고 학생의 의견을 고려하실 거예요. 무조건적인 반항이나 치기어린 행동이 아니라 보다 성숙하고 의젓한 태도를 보이면 원하는 직업에 대한 학생의 진지한 열정을 느끼실 수 있을 테니까요.

선택한 대안의 단점에 대해 대비하기

여기서 생각해야 하는 점은 특성화고를 갈 경우 일반고에는 없는 학과가 있기 때문에 혹시 현재 진학을 희망하는 학과가 특성에 잘 맞지 않을 경우 학교생활 만족도가 떨어질 수 있다는 점, 특별전형으로 대학에 진학해도 입학 후에는 일반고 학생과 똑같이 성적 경쟁을 해야 하기 때문에 학점 관리가 어렵다는 점(일반고에 비해 특성화고는 학과의 실무 능력 향상에 초점을 맞춰 교육과정을 구성하기 때문에 대학 공부에 필요한 영어, 수학에 대한 대비는 불리할 수 있습니다)을 기억하고 대비하기 바랍니다. 아울러 대학 진학을 않고 취업을 한 경우 아직도 대졸자에 비해 고졸자에 대한 사회적 편견과 경제적 불리가 있다는 점도 함께 고려하기 바랍니다.

부모님 설득 성공 사례 활용을 통해 격려하기

가수 박정현이 부모님의 반대를 극복한 사연을 알아볼까요? 고교 성적이 좋았던 박정현은 하버드 대학교를 가려고도 생각했습니다. 그러나 대학에 진학할 때 즈음 가정형편이 안 좋아졌고 하버드는 학비가 비싼데다 거주하는 캘리포니아 주를 떠나면 생활비가 두 배가 되었다고 합니다. 거주하는 지역의 학교를 가면 학비를 절반으로 깎아주는 '거주민 학비 제도'가 있기 때문이지요. 또한 지역 학생은 학자금 대출에도 유리하고요. 그래서 박정현은 하버드 진학을 포기하고 캘리포니아 주에서 UC버클리 다음으로 좋은 학교인 UCLA 영화과 진학을 결정합니다. UCLA가 헐리우드 바로 옆에 있어 영화계 주요 인사들이 강의를 하기 때문입니다. 열심히 공부해 온 박정현이 연극영화과로 진학한다는 것에 부모는 반대했습니다. 부모는 박정현이 UCLA에 지원하는 것은 알았지만 연극영화과에 가는 것은 몰랐다고 해요. 아버지는 박정현이 목회를 잘할 것 같다는 생각에 신학과에 가길 바라셨고 어머니는 변호사가 되길 원하셨습니다. 박정현은 부모를 설득하기 위해 부엌에서 프리젠테이션을 준비해 대본을 외워서 조목조목 이유를 나열하고 "미국에서 활동하는 한인 변호사는 많지만 예술인은 적다"며 여러 가지 이유를 들며 1시간 반 동안 설득했다고 합니다. 그리고 교회에 피아노 칠 사람이 없다는 이야길 듣고 교회에서 매주 피아노를 치기로 약속했고요. 그러한 노력 끝에 부모님을 설득하여 원하는 전공을 할 수 있었으며, 기숙사에서 생활해도 된다는 약속까지 받아내며 꿈꿔 오던 독립에도 성공했다고 합니다.

혹시 위에서 제시한 과정을 성실하게 실천했지만 원하는 결과가 안 나올 수도 있습니다. 그렇지만 자신이 그 꿈을 포기하지 않는 한 학생의 꿈을 막을 수 있는 사람은 없다는 점을 꼭 기억하기 바랍니다. 비록 꿈을 달성하는 것이 좀 늦어질 수는 있지만요.

학습문제

1. 다음의 사례를 읽고 어떻게 상담을 진행할지 구체적인 계획을 세워 보세요.

> 저는 고등학교 2학년으로서 진로문제 때문에 걱정이 많습니다. 꿈이 없었던 건 아닙니다. 중학생 때 운동선수가 되고 싶었습니다. 사교성이 없다보니 매일 혼자서 집 앞에서나 운동장 나가서 했습니다. 지금 열심히 해서 대학교 가서 뛰어나게 잘 함으로써 운동선수가 될 수 있을 거라고 생각했습니다. 그런데 학교 체육시간에 어떤 활동을 하는데 어떻게 된 게 제가 제일 못하더군요. 갑자기 흥미가 뚝 떨어진다는 걸 느꼈습니다. 운동 외에 제가 자신 있는 일을 찾을 수가 없습니다. 저는 정말 운동선수라는 꿈을 포기해야 하는 것일까요? 포기한다면 그다음에 저는 어떻게 해야 할까요?

2. 각자 진로상담 사례 하나씩을 준비하고 모둠을 구성하여 사례 나눔을 해 봅시다. 각 사례에 있어서 내담자의 호소 문제에 대한 진단은 정확했는지, 상담 목표는 타당하게 설정했는지, 개입 전략은 효과적이었는지, 선택한 전략이 내담자의 수준에 적절했는지에 대해 토의해 보세요.

참고문헌

허은영(2013). 묻고 답하는 청소년 진로카페. 북멘토.

커리어넷 사이트. 중고등학생 진로상담 주제 및 개입방법.

10장

학부모 진로교육 및 상담

허은영

학부모 진로교육은 '학령기 자녀를 둔 부모(보호자)를 대상으로, 자녀들이 자신에게 적합한 일을 선택하고 선택한 일을 잘 수행할 수 있게 도와주는 부모로서의 역할 기능을 잘할 수 있도록 지식이나 정보를 전달하거나 기술 및 전략을 가르치는 교육적인 활동'이다. 학부모들이 진로교육에 대한 역할과 기대를 제대로 수행할 수 있도록 지원하고 적절한 환경을 조성해 주는 것은 국가·사회의 교육 발전을 위해 아주 중요한 과제로 인식된다(조희경·장석민·이용순, 2013).

자녀의 진로발달에 있어 부모가 자녀에게 어떤 태도를 보이고 역할을 하는가에 따라 자녀의 진로성숙도와 진로결정 수준이 달라진다. 부모는 자녀의 성공적인 진로발달을 적극적으로 도와야 할 의무가 있으며, 실제로 가장 영향력 있는 존재이기도 하다. 하지만 유정이, 황재원, 박지아(2009)에 따르면, 우리나라 부모들은 다른 영역에 비해 진로문제에 대해서 어떻게 자녀에게 조언해야 할지 매우 어려워할 뿐만 아니라 적절한 도움을 주지 못하고 있다. 즉 부모들이 자녀 진로지도를 위한 현실적인 지식이나 기술이 부족하다고 느끼고 있어, 자녀의 총체적인 진로발달 과업 수행은 점점 더 부모에게도 큰 부담이 되고 있는 실정이다. 또한 학부모들은 자녀의 진로설계를 돕는 것이 중요한 부모 역할이라고 생각하고는 있지만 효과적으로 돕기 위해서 무엇을 해야 할지 확실하게 인식하지 못하고 있다.

자녀의 직업발달에 영향을 미치는 부모의 영향에 대한 연구는 자녀가 부모의 관여를 어떻게 지각하는지를 중심으로 이루어져 왔으나, 최근에는 부모의 실제 진로지도 경험을 토대로 학부모가 진로지도에 대해 어떻게 생각하는지를 직접적으로 탐색하는 연구도 다수 이루어지고 있다(오혜영·공윤정·김영화, 2012). 이러한 연구들은 공통적으로 학부모가 자녀의 진로지도에 대해 어렵게 생각하고, 학부모 스스로가 다양한 갈등을 겪으며, 지도를 잘할 수 있을지에 대한 부담과 두려움을 지속적으로 느끼고 있다고 보고하였다. 구체적으로 학부모가 느끼는 어려움으로는 특별히 학부모 진로교육을 받아 본 적이 없고, 부모로서 어떻게 자녀 진로지도를 해야 하는지 주변에 모델링할 대상이 없으며, 그 결과를 바로바로 확인하기 어려운 점 등이 거론되었다(유정이·황재원·박지아, 2009).

자녀의 진로발달과 진로선택에 관한 국내 연구들은 학부모 관련 변인에 대해 부모의 양육태도, 부모의 사회경제적 배경, 진로와 관련한 부모의 모델링과 활동, 부모의 자녀에 대한 직업기대, 자녀의 진로발달에 대한 관심과 지지, 부모와 자녀의 관계 등 매우 다양하게 탐색해 왔다(유정이·황재원·박지아, 2009 재인용). 이는 서양 문화권과 비교하여 우리나라가 개인의 판단과 결정에 가족의 의견을 상당히 고려하는 집단주의적 문화가 강하기 때문이라 할 수 있다. 이러한 한국인들의 가족성취 중심 문화 속에서 특히 학부모가 자녀의 진로발달과 성숙에 매우 결정적인 영향 요인이라는 사실이 거듭 강조되고 있다.

이 중 최근의 중학생과 관련된 연구 몇 편을 살펴보자.

곽민경(2015)의 연구에 따르면 중학생이 지각한 부모진로기대는 학업 스트레스와 진로 스트레스에 영향을 미치는 요인임을 확인하고 있다. 특히 부모가 자녀의 적성을 진로선택의 주요 고려 사항으로 강조하는 경우에는 진로 스트레스가 오히려 감소하는 부분에 주목할 필요가 있다. 그리고 부모진로기대와 학업 및 진로 스트레스와의 관계에서 부모자녀 의사소통과 주관적 안녕감의 부분 매개효과가 존재하는 것으로부터 부모와 자녀 간의 관계는 학생들의 스트레스 지각에 영향을 주는 요인으로서 자녀와 부모 간에 보다 기능적인 의사소통과 원만한 관계가 요구됨을 보고하고 있다. 또한 부모진로기대를 스트레스로 지각함에 있어 주관적 안녕감이 어느 정도 기여하는 만큼 평소 자신의 삶을 좀 더 긍정적으로 바라볼 수 있는 정서를 함양하는 것이 스트레스 상황에서 벗어날 수 있는 길임을 주장하고 있다.

이미영(2016)은 중학생이 지각한 부모진로기대 및 진로정체감이 진로포부에 미치는 영향에 대한 연구를 한 결과 진로포부에 영향을 미치는 변인으로 부모진로기대와 진로정체감이 중요한 요소임을 확인하였다. 특히 중학생이 지각한 부모진로기대는 진로포부와 밀접한 관련이 있었다. 다만 부모진로기대가 진로포부의 하위 요인 중 유일하게 승진이 통계적으로 유의미한 정적 상관을 나타냈다는 것은 지각의 주체가 부모가 아닌 자녀이기 때문에 부모가 자녀에게 기대하는 의도와는 다르게 해석할 수도 있기 때문이다. 즉 우리나라 대부분의 부모들이 자녀가 부모의 사회 경제적인 지위보다 더 높은 지위로 상승하기를 바라는 전반적인 사회적 인식이 실제 각 가정에서 영향을 미치는 부모의 진로기대와는 다른 방향으로 중학생인 자녀에게도 영향을 미쳤을 것으로 해석할 수 있다.

강지혜(2017)의 연구는 청소년기 진로결정에 영향을 주는 심리적 변인으로 자기효능감을 향상시키기 위한 방안을 모색해 보고자 진로선택의 주요 변인으로 자녀가 지각한 부모진로기대를 선정하고 진로결정 자기효능감과의 관계에서 자기성찰지능이 미치는 영향을 탐색해 보았다. 그 결과 진로결정에 관한 부모의 과도한 기대나 낮은 적성고려를 지각한 학생들은 진로결정 자기효능감이 낮았지만 자신의 내면을 성찰함으로써 자신에 대한 이해와 반성 능력이 높은 학생들은 진로결정에 관한 외부의 부정적인 상황에서도 이를 조절하고 완화하여 진로결정 자기효능감이 높다는 것을 확인할 수 있었다. 본 연구의 결과를 종합해 볼 때, 중학생의 진로결정 자기효능감을 높일 수 있는 방안으로 자신에 대한 이해와 반성을 통해 자기성찰능력을 키울 수 있도록 하는 교육이 제공될 필요가 있다.

2 학부모 진로교육 현황

학부모 진로교육 현황을 한국직업능력개발원이 실시한 '2016 진로교육 현황조사'를 통해 알아보자. 학부모가 갖고 있는 학교 진로교육에 대한 기대와 실태를 객관적으로 파악하는 것은 효과적인 학부모 대상 진로교육 및 상담을 기획하고 운영하는 데 있어 첫걸음이라고 할 수 있다.

첫째, 학부모는 자녀의 학교 진로활동에 대해서 전반적으로 만족하는 편이었다. 자녀 학교생활이나 수업 시간에 진행하는 진로활동에 대해서는 전반적으로 평균 이상으로 만족스럽다고 인식하였다. 다만 학부모가 생각하는 자녀의 진로활동별 참여율은 학생이 실제로 참여했다는 응답률에 비해서 낮은 수준을 보였다. 그러나 전반적인 활동에 대한 만족도는 높은 수준을 유지하고 있어 향후 학교 차원에서 학부모를 대상으로 자녀의 진로활동이나 계획 등에 대한 정보를 제공할 필요가 있다.

둘째, 학부모가 자녀의 진로 문제로 담임교사와 상담을 한 비율은 초등학교 36.6%, 중학교 50.2%, 고등학교 48.4% 수준이고, 진로진학상담교사가 있는 중·고등학교에서 상담을 받은 비율은 19% 이상의 수준이다. 주로 담임교사와 상담을 하는 것을 볼 수 있다. 자녀의 흥미와 적성을 파악하고 보다 올바른 진로지도를 하기 위해서는 담임교사뿐만 아니라 진로진학상담교사와의 상담이 병행되는 것이 필요하다.

셋째, 학부모가 실제로 학교 진로교육에 참여하는 프로그램은 '학부모 대상 진로연수나 특강 수강'으로 참여율은 1/4 수준이고 만족도는 높았다. '학부모 진로코치나 진로아카데미 강사로 활동'이나 '학부모 직장인 특강 및 멘토 활동' 비율은 10% 이내 수준이고, '학부모 직장을 체험처로 제공하는 비율'도 10% 수준으로 나타났다. 비록 프로그램에 참여한 학부모 비율은 낮은 수준이지만 일단 참여한 학부모들은 학교 진로교육에 대하여 만족도는 높은 것으로 나타났다. 진로교육법이 제정되고 자유학기제가 전면 시행됨에 따라 학부모의 진로교육 필요성이 강조되고 있는 상황에서 학부모가 적극적으로 참여할 수 있는 방안들을 구체적으로 제시할 필요가 있다.

넷째, 학교 밖 진로활동에는 초·중·고등학교에서 25% 내외로 참여하였다. 초등학교에 비해 중고등학교에서 학교 밖 진로활동 경험률이 다소 높은 편이었다. 초등학교 및 중학교는 주로 '현장견학 및 직업체험', '진로심리검사' 활동을 주로 하였고, 고등학교는 '진로심리검사 및 상담', '직업인 멘토·특강 활동'을 주로 하였다. 학교 진로교육에서 체험과 관련된 다양한 프로그램이 요구되는 것으로 보인다. 외부 기관 진로활동의 주요 장점은 '정보의 전문성', '정보의 다양성', '정보의 현실적인 활용성' 등으로 나타났다. 학교급이 올라갈수록 정보의 전문성 비중이 높은 것은 향후 학교급에 따른 진로교육 정책에서 고려해야 할 사항으로 보인다.

다섯째, 학부모가 자녀와 대화하는 내용은 학교급이 낮을수록 학교 생활 전반의 이야기를 자주 하다가 학교급이 높아질수록 자녀의 진로 관련 주제로 집중되는 것을 알 수 있었다. 학부모가 자녀에 기대하는 학력 수준은 대졸 이상의 비중이 많았으며, 자녀가 희망하는 직업을 아는 부모는 초등학교는 90.6%, 고등학교 83.9%, 중학교 82.5% 순으로 나타났다. 학부모가 희망하는 자녀의 직업은 교사, 공무원 등 안정적인 직업과 의사 등 보수나 사회적인 명망이 높은 직업들이 상위권을 차지하였다.

여섯째, 자녀의 진로지도를 위해 초등학생 학부모는 학습방법 정보, 진로설계 정보, 중학생 학부모는 진학·입시 정보, 진로설계 정보, 고등학생 학부모는 진학·입시 정보, 취업 등 다양한 형태의 진로관련 정보가 필요하다고 응답하였다.

일곱째, 학부모들 대상으로 자녀의 진로지도 역량을 강화하기 위해 필요한 것은 ① 자녀 진로지도를 위한 자료 및 정보제공 ② 학부모 진로교육(진로코치 등) 프로그램 개발이었다. 그다음으로 초등학교에서는 학부모 참여 기회를 확대하고 학부모 진로의식 제고를 위한 온·오프라인 설명회 및 연수 지원을 필요로 하였으며, 중고등학교 학부모는 설명회 및 연수 지원과 학부모 참여 기회를 확대할 것을 요구하였다. 이러한 결과는 학부모의 진로교육에 대한 관심이 높아지고 있고 시·도 교육청이나 학교 현장에서 학부모 역량 강화 관련 사업을 구체적으로 계획해야 함을 제시하고 있다.

3 자녀 진로지도에 있어 부모의 역할

1) 부모의 자녀의 진로에 대한 개방적 태도

자녀의 진로지도에 있어 부모는 자신의 개인적 경험을 자녀에게 강요하지 말아야 한다. 자녀교육에서 반드시 피해야 할 사항은 자신의 개인적 경험에 의해서 생긴 편향된 정보로 아이들을 지도하는 것이다. 이는 주로 부모나 주변 어른들이 지극히 개인적인 경험을 일반화하는 오류를 많이 범함으로써 편향된 정보가 만들어진다.

예를 들어 본인이 이공계 출신이기 때문에 사회에서 불이익을 받았다고 생각하는 부모는 아이가 이과계열에 적성이 맞아도 일부러 문과 쪽으로 유도하는 경우가 많다. 특히 조심해야 할 것은 학부모들이 주변 사람에게 듣는 정보가 객관적이라고 맹신하는 점이다. 특정 직업에 대해서 어느 한 사람에게 물어봤는데, 그 사람이 정확하지 못한 정보를 제공했음에도 불구하고 그 직업 자체가 아이의 목표 대상에서 빠지는 경우가 허다하기 때문이다.

일단 중요한 것은 아이는 부모와 다른 독립적인 개체라는 사실이다. 따라서 부모는 자신의 주관적인 관점으로 자녀의 성향을 단정 짓지 말고 관찰자적 입장에서 객관적으로 보려고 노력해야 한다.

그리고 냉정하다고 느낄 만큼 현실과 밀접한 충고를 해 줄 수 있는 조언자 그룹을 형성하는 것 또한 굉장히 중요하다. 좋은 면만이 아니라 나쁘고 부정적인 것까지 말해 주는 사람이 있다면 그 사람을 자주 찾아가 여러 이야기를 나눠보는 것이 좋다. 그래야 제대로 된 의사결정을 내릴 수 있기 때문이다(조진표, 2005).

2) 자녀 진로지도를 위한 관련 기관 활용

부모 혼자의 힘만으로는 자녀의 진로지도를 제대로 수행하기가 어렵다. 이를 위해서 부모들은 가까운 곳에 있는 지역사회의 여러 기관을 통하여 도움을 받을 수 있는 방법을 알고 있어야 한다. 예컨대 인근에 있는 청소년상담실, 고용센터 등은 매우 전문적인 도움을 받을 수 있는 곳이다. 이들 기관에서 수행하고 있는 업무 내용을 잘 파악한 후, 자녀들에게 진로탐색 프로그램에의 참여를 권유할 수도 있고, 심리검사를 받은 후 전문 상담자를 통해서 검사해석 상담을 받도록 유도하는 것도 도움이 될 것이며, 특히 최신의 다양한 진로정보를 얻을 수 있는 것도 큰 장점이다. 아울러 부모들은 자녀의 진로지도에 직접적으로 도움을 줄 수 있는 여러 기관들(고용노동부, 한국직업능력개발원, 한국산업인력공단, 한국고용정보원, 한국교육학술정보원, 고용센터, 청소년상담복지센터 등)의 홈페이지에 탑재된 정보와 도구들을 유용하게 활용하는 지혜도 필요하다.

사실 부모는 진로지도의 전문가가 아니기 때문에 위에서 언급한 내용을 제대로 수행해야만 한다는 기대는 무리임에 틀림없다. 단지 자녀가 자신의 진로에 대해서 진지하게 고민하고 탐색할 수 있도록 분위기를 조성하고 자극의 단서를 주는 것만으로도 훌륭한 역할을 수행하는 것이다. 그리고 부모 자신이 본인의 진로(일, 배움, 여가)에 대해서 진지하게 고려하고, 합리적으로 선택하기 위해 노력하는 모습을 보이는 것만으로도 큰일을 하는 것이다.

▶ 자녀 진로지도에 활용 가능한 인터넷 사이트
- 워크넷(www.work.go.kr)
  - 한국직업사전
  - 한국직업전망
  - 각종 진로심리검사
  - 직업 동영상
- 커리어넷(www.career.go.kr)
  - 각종 진로심리검사
  - 다양한 직업정보
  - 진로탐색프로그램(아로플러스)
- 청소년사이버상담센터(www.cyber1388.kr)
  - 청소년 고민상담
  - 고민해결백과 메뉴 중 진로 영역의 학부모 편에는 진로 불안, 진로 변경, 진로 갈등, 진학정보탐색 등으로 구분하여 부모가 활용할 수 있는 다양한 진로지도 사례가 탑재되어 있다.

3) 자녀와 대화할 수 있는 분위기 조성

진로 문제 등 자녀와 갈등을 겪을 때 대화를 통한 원활한 문제해결방법이 중요하다.[1] 사실 청소년기를 거치는 동안 부모가 자녀와의 관계를 원만하게 유지하는 것은 그리 쉬운 일은 아니다. 그래서 부모들은 자녀에게 어느 정도 자율성을 부여하면서 적절하게 통제하는 균형을 유지하는 것이 필요하다. 그러기 위해서는 자녀가 행동을 할 때 자녀도 수긍할 수 있는 기준을 정해 놓고 그에 따라 자율성과 통제를 적절히 사용하는 것이 좋다. 무엇보다 자녀와 대화를 할 수 있는 가정 분위기가 조성되어야 한다. 자녀가 생각을 마음 놓고 이야기할 수 있도록 하고 그 속에서 자신이 미처 생각하지 못한 면을 부모와의 대화를 통해서 깨달을 수 있도록 하는 것이 필요하다.

이러한 방법을 사용하는 데 있어서 하나의 장애물이라고 할 수 있는 것은 부모와 자녀가 느끼는 세대 차이라고 할 수 있다. 부모와 자녀는 자신들이 살아왔던 사회적 환경 등의 차이로 인하여 세상에 대한 옳고 그름에 대한 가치관, 세상을 바라보는 방식이나 사고하는 형태, 생활하는 방식 및 자신의 감정을 표현하는 방법 등에서 많은 차이를 보인다. 이로 인하여 부모는 자녀의 행동 하나하나에 대해서 긍정적으로 이해하기보다는 부정적으로 보고 간섭을 하기 시작하고 자녀는 자신의 행동을 잘못된 것이라고 보는 부모에 대해서 이해하지 못하고 반발한다.

부모와 자녀의 갈등 중 특히 부모가 원하는 진로와 자녀가 원하는 진로의 차이로 인한 갈등은 가장 심각하고 대표적인 문제이다. 부모는 그동안 자신이 경험했던 인생 경험을 토대로 하여 자녀가 좀 더 행복한 삶을 살 수 있도록 자녀의 진로를 걱정한다. 이와는 달리 자녀는 부모가 경험했던 여러 가지 일들을 이해하지 못하거나 부모가 이야기하는 것은 지금 시대에는 맞지 않는 것이며 자신의 결정이 올바른 것이라고 생각한다. 또한 부모는 자녀와 의견 충돌이 많아져도 자녀와의 세대 차이를 그다지 크게 느끼지 않지만, 자녀는 부모와의 세대 차이를 지나치게 확대 해석하는 경향이 있는 점도 알아 두는 것이 좋다.

이제는 부모의 생각만을 강요하기보다는 자녀의 적성이나 흥미 또는 성격을 파악하여야 한다. 부모의 인생 경험을 토대로 하고 자녀의 여러 가지 특성을 고려하여 자녀가 진로결정을 스스로 할 수 있도록 도와주어야 한다. 대학 진학 시 학과만을 고려하여 진로를 결정하기보다 앞으로 대학을 졸업하고 난 다음의 직업까지 함께 생각하는 것이

---

1   이 부분은 청소년사이버상담센터(www.cyber1388.kr)의 내용을 참고했음.

좋다. 또한 자녀의 진로를 함께 이야기할 때에 부모가 일방적으로 결정하는 것보다는 자녀가 여러 가지 가능성 중에서 스스로 최종 결정을 하도록 해야 한다.

부모의 결정에 따라서 진로를 선택하였을 때 시간이 흘러 그 결정이 옳지 않은 것이라고 느끼게 되면 부모를 원망할 수 있다. 그렇다고 옳지 않은 자녀의 결정을 그대로 인정하라는 것은 아니다. 단지 자녀가 스스로 선택할 수 있도록 부모는 옆에서 도와주는 역할이어야 한다.

4) 자녀의 학업 능력에 대한 객관적 평가

부모는 자녀가 상급 학교(특히 대학)에 진학할 수 있는 학업능력을 갖추었는가를 객관적으로 판단하여 자신의 인식을 조정할 필요가 있다. 자녀의 진로선택에는 부모가 가장 큰 영향력을 미치고 있다. 자녀가 대학에 가고자 하는 열망은 기성세대인 부모가 주입한 관념의 영향이 크다. 그러나 학업능력이 부족한 경우 자녀는 재촉하는 부모와 자신의 위치 사이에서 심각한 갈등에 빠지며 대학에 가지 못하면 이는 곧 성공적인 인생에서 멀어진다는 인식을 갖는다. 부모는 자녀를 객관적으로 판단하여 자녀가 이러한 극단적인 관념에 사로잡히지 않도록 자신을 되돌아보아야 한다. 부모 스스로 판단한 결과 학업능력이 안 된다면 그 능력에 맞는 진로가 무엇인가 전문가를 방문하여 상담하거나 스스로 시각을 조정하여 적어도 부모의 감정을 건전하게 전달할 필요가 있다(교육부, 2011).

5) 4차 산업혁명 시대 자녀 진로지도

자녀의 진로지도에 있어 4차 산업혁명에 대한 학부모들의 두려움이 커지고 있다. 4차 산업혁명이란 인공지능, 사물 인터넷, 빅데이터, 모바일 등 첨단 정보통신기술이 경제·사회 전반에 융합되어 혁신적인 변화가 나타나는 차세대 산업혁명을 의미한다.

인공지능(AI), 사물 인터넷(IoT), 클라우드 컴퓨팅, 빅데이터, 모바일 등 지능정보기술이 기존 산업과 서비스에 융합되거나 3D 프린팅, 로봇공학, 생명공학, 나노기술 등 여러 분야의 신기술과 결합되어 실세계 모든 제품·서비스를 네트워크로 연결하고 사물을 지능화한다는 것이다.

모두가 느끼겠지만 장밋빛 미래를 그리던 분위기는 온데간데없고 어디서 무슨 일이 터질지 모르는 불안이 일상화되었다. 더군다나 우리는 상당히 낯선 기술의 특이점(singularity)을 눈앞에 두고 있다. 새로운 인공지능 학습기술로 무장한 '알파고(Alpha-Go)'가 인류의 지적유희의 최고봉이라던 바둑 세계의 9단에 올랐듯이 인간만이 할 수 있다고 믿던 영역은 조금씩 조금씩 학습된 기계 그리고 그 기계를 소유한 인간에게 잠식당할 것으로 점쳐지고 있다. 유일하게 확실한 미래는 한국이 전 세계 최고 속도로 저출산, 고령화 사회를 맞을 것이란 암울한 사실뿐이다. 이처럼 경제발전은 이미 정체기에 들어섰고, 바야흐로 기술에 의한 인간 직업의 초대형 구조조정이 예고되고 있는 상황이다.

4차 산업혁명 시대에 적합한 학부모 진로지도 방법에 있어 채승병(학부모를 위한 직업진로가이드, 2015)의 조언에 주목해 보자.

가장 중요한 첫째는 반드시 남들과 '다르게 행동할 수 있는 용기'를 북돋워주라는 것이다. 몇 년마다 해외토픽에 등장하는 나이트클럽 화재 참사에는 반복되는 패턴이 있다. 어두운 공간에서 '불이야!'라는 비명이 일어나면 사람들은 패닉에 빠져 자기가 들어왔던 주 출입구로 몰려가고 거기서 인파에 오도 가도 못한 채 대거 질식사하는 것이다. 이 아비규환에서 살아남은 사람들은 남들이 많이 가지 않는, 비교적 한가한 비상구를 찾아 나간 이들이다. 성공적인 직업, 진로도 이와 무관하지 않다. 지금 유망해 보이는 직업, 전공이라고 몰려가봤자 아주 초기가 아니면 이내 맞닥뜨리는 현실은 고만고만한 수천, 수만의 경쟁자들에 파묻힌 초라한 신세이다. 모두가 불안할 때 소수의 길을 당당하게 간 사람들이 더 넓고 멋진 기회를 잡는 법이다.

둘째는 가급적 '지능화된 기계를 능숙하게 부릴 수 있는 재주'를 키워줘야 한다.

우리의 자녀들이 살아갈 세상은 이미 단순 기능은 상당수 프로그램화되고, 어느 정도는 기계 스스로 학습하며 웬만한 인간 뺨치게 작업을 잘 해내는 세상이다. 이런 세상에서는 지능화되는 기계를 만들고, 부리고, 더불어 사는 능력이야말로 미래 세대의 필수 생존기술 중의 하나가 될 것이다. 혹시 내가 기계치, 컴맹인데 뭘 알고 지도하느냐고 걱정하는 부모가 있을지도 모르겠다. 하지만 그건 부모세대의 막연한 두려움일 뿐이다. 이미 어렸을 적부터 각종 스마트기기와 인터넷에 둘러싸여 자라고 있는 자녀들에게 그런 두려움은 기우일 뿐이다. 부모라면 언제고 그런 친숙함을 발전의 동력으로 삼을 수 있도록 끊임없는 호기심을 일깨워주는 노력을 기울여야 한다. 예컨대 '알파고'를 개발한 구글 딥마인드 사의 CEO 데미스 하사비스는 어릴 적부터 게임에 푹 빠져 산 게임 개발자이자 챔피언이었다. 그러나 하사비스는 단순히 게임중독에 그치지 않고 어떻게 두뇌가 복잡한 사고를 하는지, 컴퓨터도 그렇게 배우고 터득해 스스로 움직일 수 있는지 호기심에 충만했다고 한다. 그러니 TV에서 '생활의 달인'의 숙련 작업자를 함께 본다면 같이 '우와'하는 데 그치지 말자. 그걸 보고 어떻게 하면 저런 숙련된 기능을 컴퓨터에 옮길 수 있을까, 어설프더라도 저런 일을 하는 기계를 만들어 볼 수는 없을까 잠시 고민하는 건 어떨까.

셋째는 그럼에도 '인간과 소통하는 법'을 끊임없이 가르쳐야 한다.

지난 몇 년 동안 직업 대멸종에 대한 연구가 활발해지면서 '앞으로 20년 뒤에 사라질 직업들' 등등의 기사를 여럿 보았을 것이다. 기사를 꼼꼼히 읽었다면 알 수 있지만, 그 가운데 꿋꿋이 살아남는 직업들이 현란한 기술로 무장한 이공계 직업만은 아니다. 오히려 그런 기술 발전의 큰 파도를 타고 넘을 결정적인 한 방은 아이러니하게도 '사고 능력'에 있을 것이다. 세상이 아무리 발전해도 인간은 때때로 같은 인간의 예민한 감각, 따뜻한 손길, 불완전한 모습을 갈구하기 마련이다. 미국의 인공지능 전문가 제리 카플란 교수가 "내 가족의 수의를 로봇이 입히게 할 수 있겠는가?"라며 장의사가 미래에도 살아남을 것이라는 전망을 한 사실을 기억할 필요가 있다. 어려운 도전 앞에서 사람들의 협력을 이끌어 내고 누군가 실의에 빠졌을 때 따뜻한 위로를 보낼 수 있는 인간다운 능력을 겸비한다면 자녀가 보다 성공적인 진로를 찾을 가능성은 그만큼 높아질 것이다.

『통제 불능(*Out of Control*)』. 천방지축으로 날뛰며 부모의 마음과 달리 노는 자녀들의 모습을 떠올릴지 모르겠다. 그러나 이것은 이미 20여 년 전 인간과 기계가 공존하고 우리 뜻대로 강제하기 어려워지는 미래 생태계를 예견한, 와이어드(Wired)지 전

편집장 케빈 켈리의 책이름이다. 이 책제목처럼 우리 자녀들의 미래를 우리 뜻대로 통제할 수 있으리란 희망일랑 접어두자. 대신 우리는 그들이 험한 세상에서 가끔 의지할 수 있는 행동의 원칙과 최소한의 기능을 제대로 갖추는 데 집중해야 한다. 자녀에게 그런 자유와 용기, 실력을 심어줬을 때 비로소 우리 아이들은 활짝 날개를 펼 수 있을 것이다.

4 학부모 진로상담 사례

사례 1 진로에 대해 모르겠다고만 하는 아이, 어떻게 해야 할까요?

중2 남학생을 둔 엄마입니다. 저는 아이가 스스로 자신의 길을 잘 찾아가길 바라며, 원하는 진로를 적극적으로 밀어줄 생각입니다. 그런데 아이에게 관심이 있는 직업이 있는지 물으면 매번 '생각해 본 적 없다'거나 '잘 모르겠다'고만 합니다. 그러니 대화가 잘되지 않고 아이에게 도움을 주고 싶어도 도와줄 방법이 없어 답답합니다.

평소 모습 관찰 후 대화에 활용하기

아직 진로에 대해 진지하게 생각해 보지 않았거나 자신의 특성을 충분히 탐색하지 못한 경우 이런 경향을 보일 수 있습니다. 이런 경우 '좋아하는 일이 뭐지?' '해 보고 싶은 직업은 있니?'와 같이 자기탐색을 토대로 서술식으로 답해야 하는 질문은 진로에 대해 막연한 생각을 가지고 있는 아이들에게는 어렵게 느껴질 수 있습니다. 그러므로 평소 자녀의 특성을 잘 살펴보고 그 특성을 기반으로 '네' 또는 '아니오'처럼 자신의 의사를 간략히 표현할 수 있는 질문을 하면 대화의 실마리를 풀어나가는 데 도움이 될 것입니다. 예를 들어 "엄마가 보니 너는 그림을 참 잘 그리던데 너는 어떻게 생각하니?", "너 로봇 조립하는 거 좋아하잖아. 로봇연구원 같은 직업은 어떠니?"
와 같은 질문들입니다. 긍정적으로 응답한 질문과 부정적으로 응답한 질문을 별도로
기록해 놓는다면 자녀가 원하는 진로에 대한 의미 있는 정보를 확인하는 데 유용할
것입니다.

다중지능 이론 활용하기

자녀의 지능을 다양하게 탐색할 때 다중지능(Multiple Intelligence, MI)이론—
1980년대에 미국 하버드대 하워드 가드너 교수가 만든 이론—을 활용할 수 있습니
다. 인간의 지능이 한 가지가 아닌 여러 가지로 이뤄져 있다는 이론으로 언어지능은
높고 수리지능은 낮은 경우에도 지능을 하나의 수치로 나타내기 때문에 여러 지능
중 강점과 약점을 변별하기 어려운 기존 지능지수(IQ)의 허점을 보완하기 위해 만들
었습니다.

그럼 이 다중지능이론에 대해 좀 더 자세히 알아볼까요? 가드너는 인간의 지능이
언어·논리수학·음악·공간·신체운동·인간친화·자기성찰·자연친화 지능 등 모두
8가지로 구성돼 있다고 주장합니다. 각 지능은 두뇌의 각각 다른 영역을 차지하며 동
등하고 독립적으로 작용하면서도 상호보완 작용을 하면서 인간의 사고와 행동을 결
정짓는다는 것이지요. 다중지능이론을 활용하면 기존의 지능지수로는 알 수 없는 다
양한 능력을 인정해 아이들의 특성을 이해하고 계발하도록 도울 수 있다는 장점이
있습니다. 예를 들어 발표는 잘못하지만 어려운 수학 문제는 척척 푸는 아이나, 축구
나 야구 등 신체를 움직이는 활동은 잘하지만 노래나 악기를 다루는 데는 다른 아이
들에 비해 어려움을 겪는 아이들이 있습니다. 예전에는 IQ에 따라 아이의 지능을 한
가지로만 판단했지만 다중지능으로 보면 수학 문제를 잘 푸는 아이는 논리수학지능
이 뛰어난 반면 언어지능은 약한 것으로 볼 수 있습니다. 축구나 야구를 잘하는 아이
는 신체운동지능은 뛰어난 반면 음악지능은 별로 없다고 할 수 있지요. 모든 사람은
각자 자기 소질이 있다는 것입니다. 때문에 다중지능이론은 부모와 교사에게 아이의
한 가지 면만 보지 말고 다양한 능력의 강·약점을 인정해 강점은 더 잘할 수 있도록
격려하고 약점은 보완하도록 돕는 역할을 강조하고 있습니다.

자녀와 함께하는 직업체험

끝으로 자녀와 함께 다양한 직업체험을 할 수 있는 '한국잡월드'(성남시 분당구 소재)를 방문해 보는 것도 좋은데 먼저 홈페이지에서 원하는 날, 원하는 직업체험을 예약하세요.

사례 2 게임에 빠져 있는 아이의 관심을 긍정적으로 발전시킬 진로는 뭘까요?

중 2 아들이 게임을 너무 좋아합니다. 프로게이머가 되겠다면서 e-스포츠 구단에 입단하겠다고 하는데, 물론 프로게이머로 성공하는 사람들도 있지만 아직까지는 안정적인 일이 아닌 것 같아 걱정이 많이 됩니다. 게임에 대한 아이의 관심을 긍정적으로 발전시킬 만한 직업에는 무엇이 있을까요?

....

자녀의 흥미를 존중하는 태도에 대한 칭찬

자녀가 게임에 빠져 있는 모습을 보면서 마음이 편한 부모님은 없을 겁니다. 그래도 아이의 관심을 무시하지 않고 관심 분야에서 진로대안을 찾아보려는 모습이 참 좋습니다.

게임 관련 직업 및 학과 정보 제공

게임과 관련된 직업으로는 프로게이머 이외에도 게임기획자, 게임시나리오작가, 게임캐릭터디자이너, 게임프로그램개발자, 게임시스템운영자 등 다양하고 국내 대학에도 게임공학과, 게임콘텐츠학과, 게임디자인학과 등 여러 관련 학과가 설치되어 있습니다.

프로게이머가 되려면 먼저 e-스포츠협회에서 주관하는 준프로선발전인 커리지 매치 경기에 참가해야 합니다. 토너먼트 형식으로 경기를 해서 4강에 입상하면 준프로게이머의 자격을 얻게 되는 동시에 프로게임단의 선수 선발에 참여할 자격이 생깁니다. 구단의 지명을 받아 연습생으로 입단해서 프로게이머 소양교육을 2차례 받고 나면 비로소 정식 프로게이머라고 할 수 있습니다. 프로구단의 지명을 받지 못할 경우에는 공인대회에서 한 번 더 입상해야만 프로게이머로 인정받습니다. 이 외에도 프로게이머가 속해 있는 길드(일종의 게임유저들의 활동의 장으로 게임동호회 등을 지칭함)의 마스터나 게임단 코치의 추천을 받거나 뛰어난 실력을 인정받아 소문이 나면 프로게임단 감독에 의해 스카우트되어 프로게이머로 활동할 수도 있습니다.

게임 관련 직업의 전망 안내

프로게임에 열광하는 사람들이 점점 늘어나면서 게임 전문 채널과 e-스포츠 잡지 등이 많이 생기고 있습니다. e-스포츠 산업의 성장잠재력은 높다고 볼 수 있습니다. 프로게임 관람을 좋아하는 사람들이 많기 때문에 기업에서는 프로게임단 운영을 통해서 홍보 효과를 얻으려 할 테니 프로게이머에 대한 지속적 수요는 있을 것으로 보입니다. 그러나 프로게이머들이 안정적으로 연습하고 경기에 참가하는 것을 지원하는 프로게임 구단이 증가하고 있지는 않다고 합니다. 기업 경영이 어려워질 경우 프로게임단을 없애는 경우도 있다고 합니다.

직업 준비의 중요성 안내

프로게이머는 짧은 순간에 빠른 판단을 내리고 적절한 전략을 구사해야 합니다. 빠른 두뇌회전과 순발력이 중요합니다. 평소에 '어떻게 하면 좀 더 빠르게 효율적으로 일할 수 있을까?' 전략적으로 생각하는 습관을 들여야 합니다. 또한 순발력이 중요한 만큼 프로게이머라는 직업을 오래 유지하기는 어렵다는 점도 알아두어야 합니다. 나이가 들면 반응속도가 떨어져서 좋은 성적을 내기 어렵다고 합니다. 이 때문에 대다수 프로게이머는 20대 중반 미만이라고 합니다. 또 한 가지! 일부 스타 프로게이머들은 수억 원의 연봉과 큰 인기를 누리지만 나머지 선수들은 이 선수들과 현격히 차이가 나는 연봉과 대우를 받는다는 것도 알아두어야 합니다. 선수들 간에 대우 차이가 아주 심한 직업임을 잊지 마세요.

컴퓨터 시스템이나 프로그램 등을 다루는 직업은 하드웨어와 컴퓨터프로그래밍에 능숙해야 하므로 컴퓨터 활용능력을 키울 수 있도록 도와주시고 게임기획이나 시나리오 작업은 스토리를 만들어내는 능력이 중요하므로 역사, 문화 등의 서적을 많이 읽어 감각을 키울 수 있도록 도와주세요.

최근에는 학습에 흥미를 유도하기 위해 교육 콘텐츠에 애니메이션이나 게임을 도입하는 사례도 늘어나고 있으므로 이러한 경향을 자녀에게 알려주셔서 진로를 계획하는 데 도움을 주시기 바랍니다.

자녀 직업에 대한 개방적 태도의 중요성

자녀에게 희망 직업에 대한 부정적인 정보, 즉 위에서 제시한 제한적인 프로게임 구단의 수, 선수들 간의 매우 큰 연봉 차이 등을 전달할 때 꼭 명심하셔야 되는 것은 직업세계의 부정적인 점을 부각시켜 자녀의 희망 직업을 포기시켜야겠다는 태도는 절대 안 된다는 것입니다. 긍정적인 측면을 충분히 설명하신 후 부정적인 측면에 대해서는 포기가 아닌 각오와 의지를 다지고 철저한 준비를 해야 한다는 측면에서 정보를 전달해야함을 기억하시기 바랍니다.

사례 3 **꿈은 큰데 노력하지 않는 아이, 어떻게 해야 할까요?**

중2 딸의 꿈은 외교관이 되는 것이라고 합니다. 그런데 말로만 외교관이 되겠다고 할 뿐 꿈을 이루기 위해 아무런 노력을 하지 않아 정말 걱정입니다. 제가 답답한 마음에 "그렇게 해서 어떻게 외교관이 되겠니? 공부 좀 해라"라고 하면 '알아서 할 거니 잔소리하지 말라'며 짜증을 냅니다.

부모님의 답답한 마음에 대한 공감

큰 꿈을 가지고 있으면서 노력하지 않는 자녀를 보고 있으려니 답답하고 걱정되시겠네요. 보통 꿈이 있으면 당연히 노력을 할 거라 생각하지만 솔직히 성인들도 일상에서 금연, 다이어트, 자격증 취득 등 다양한 결심을 하고도 실천하지 못하는 경우가 많이 있는 것을 보면 자녀의 태도와 의지에 대해 마냥 탓할 수만은 없을 듯합니다.

자녀의 태도에 대한 원인 탐색의 필요성

공부하라고 다그친다고 해서 아이가 갑자기 공부에 매진하게 되는 것은 아니므로 꿈이 있는데도 왜 노력하지 않는지 그 이유를 살펴보고 해결책을 찾아보는 것이 좋겠습니다.

따님 같은 경우에는 보통 진정 원하는 것은 따로 있지만 진심을 드러내지 않기 위해 가장한 진로목표이거나 목표가 커서 막상 실천할 엄두를 내지 못하거나 또는 그 꿈을 이룰 수 있을 것이라는 확신이 없다 보니 아예 노력조차 하지 않는 등 여러 가지 이유가 있을 수 있습니다. 따라서 대화를 통해 자녀가 어떤 생각을 가지고 있는지 들어본 후에 필요한 도움을 주시기 바랍니다.

외교부 견학 프로그램 활용 안내

끝으로 외교부는 외교의 현장을 직접 눈으로 체험하고자 하는 청소년들을 위해 견학프로그램을 아래와 같이 운영하고 있으니 자녀의 진로지도에 활용해 보시기 바랍니다.

정기견학 프로그램은 통상 매월 1~3주 수요일 오후 3시부터 5시까지 실시하고 있습니다. 정기견학을 희망하시는 분은 외교부 홈페이지 '국민 참여〉견학/방문〉견학' 프로그램에 게재된 공지문을 참고하여 정해진 접수일자에 '신청' 게시판을 통해 신청하시면 됩니다.

정기견학 프로그램에는 ① 외교부 소개와 강연 ② 외교관과의 대화 등이 마련되어 있습니다.

외교관과의 대화에서는 현직 외교관과 만나서 외교부 및 외교관에 대해 평소 궁금하였던 사항에 대해 질문하고 이야기를 나누실 수 있습니다.

외교부는 정부중앙청사 본관과 세종문화회관 사이에 위치하고 있으며, 지하철로 오실 경우에는 3호선 경복궁역 6번 출구 정부중앙청사 출구로 나오시거나, 5호선 광화문역 1번 출구 세종문화회관 방향으로 나오시면 됩니다. 방문 시에는 신분증(주민등록증, 학생증 등)을 지참하여 주시기 바랍니다.

사례 4 아이가 포부를 좀 더 크게 가졌으면 좋겠어요.

중1 아들이 있는데 나중에 커서 경호원이 되고 싶다고 합니다. 경호를 받을 사람이 될 생각은 못하고 왜 남을 경호하는 일을 하겠다는 건지 정말 속이 상합니다.

⸻

자녀의 진로에 대한 개방적인 태도의 중요성

자녀의 꿈이 탐탁지 않으신가 봅니다. 사실 많은 부모님이 우리 아이는 이런 학교 이런 학과에 진학했으면 좋겠다. 이런 직업을 가졌으면 좋겠다는 바람을 갖고 계십니다. 그래서 자녀의 꿈이나 진로 목표가 부모님의 마음에 들지 않을 경우에는 자녀가 원하는 것을 지원해 주시기보다는 부모님이 원하는 것을 권유 또는 강요하거나 회유함으로써 자녀의 생각을 바꾸려고 하시는 경우도 있습니다.

자녀의 희망 직업을 존중하는 태도

학부모님께서는 아마 경호인이 의뢰인의 신변을 보호해야 하기 때문에 경우에 따라서는 신체에 위협을 받는 상황이 생길 수도 있으므로 불안한 마음에 더더욱 속이 상하셨으리라 생각됩니다. 그러나 지금과 같은 표현 방식으로는 자녀를 걱정하는 마음이 잘 전달되지 않으리라는 생각이 듭니다. '부모님이 나를 위해서 그러시는구나'라는 생각보다는 '부모님이 내 꿈을 무시하고 반대하시는구나'라고 생각하게 될 가능성이 더 높습니다. 부모님의 바람과 다르다고 해서 지금과 같은 방식으로 반응하기보다는 왜 경호원이 되고 싶은지 자녀의 생각을 물어보고 귀기울여 들어주세요. 아이들이 스스로를 존중하고 무엇이든 할 수 있다는 자신감을 갖게 하는 힘은 부모님의 따뜻한 눈길에 있습니다.

자기효능감 이론의 활용

자녀가 스스로를 존중하고 무엇이든 할 수 있다는 자신감을 가진 어른으로 성장하기를 바라신다면 자기효능감 이론을 활용해 보시기 바랍니다.

자기효능감이란 특정상황에서 개인이 가진 능력을 고려할 때 주어진 과제를 성공

적으로 달성할 수 있다는 생각을 말하는데 Bandura에 의해 제기되었습니다. 자기효
능감은 과거 수행(성공경험), 간접 경험, 언어적 설득(칭찬), 신체와 정서 상태에 의해
결정되는데 제시한 순서대로 영향력이 강하다고 합니다.

첫째, 과거의 수행(성공경험)은 자신감 형성에 가장 큰 영향을 미치는 요인으로 과
거에 유사한 상황에서 성공한 정도를 어떻게 인식하는가를 말합니다. 성공경험을 늘
려주기 위해서 부모는 가급적 목표를 작게 가지고 학생의 내재적 흥미 등을 적극 고
려하는 전략이 필요합니다.

둘째, 간접 경험은 다른 사람이 하는 행동을 관찰하는 것을 말합니다. 직접 해 봐서
성공경험을 할 수 있는 영역이 아니라면 다른 사람이 하는 것을 보기만 해도 그것을
보지 않은 사람에 비해 그 영역에 대해 잘할 수 있다는 자신감을 가질 수 있다는 것이
지요. 워크넷 사이트의 진로정보 메뉴에 제공되어 있는 다양한 직업 동영상을 보게
한다면 자녀가 여러 직업에 관심과 함께 자신감을 갖는 데 도움이 될 것입니다.

셋째, 언어적 설득(칭찬)은 자기효능감을 높이기 위해 사용하는 언어적, 비언어적
전략을 통칭하는 개념입니다. 주변에서 잘할 수 있다고 격려해 주면 자신감이 생기
지요. 언어적 설득은 해당 분야의 전문가나 주요 타자(부모나 교사)가 해 줄 때 효과
가 크다고 합니다. 자녀가 무언가 잘하는 것을 발견했을 때 놓치지 말고 적극 칭찬해
주세요.

넷째, 신체와 정서 상태인데 심박수 증가, 땀, 몸의 긴장 등을 어떻게 해석하느냐
에 따라 자기효능감을 높이거나 떨어뜨릴 수 있습니다. 먼저 자녀가 심리적으로 편
안한 마음을 유지할 수 있도록 주변 환경을 조성하고 더 나아가 진로와 관련된 즐
거운 체험을 할 수 있는 기회를 다채롭게 제공해 주시기 바랍니다.

사례 5 **음악을 하겠다는 아들의 마음을 돌리고 싶어요.**

저에게도 이런 일이 생길 줄은 정말 몰랐는데 어처구니가 없습니다. 저는 고등학
교 2학년 딸과 중학교 3학년 아들을 둔 가정주부입니다. 아이들이 공부를 아주 뛰어

나게 잘하는 것은 아니지만 비교적 잘 따라가고 말썽도 피우지 않아 아이들 때문에 속상한 일은 별로 없이 지금껏 지내 왔습니다. 그런데 막내가 중학교 3학년에 올라가면서 공부를 하지 않으려고 하고 노는 친구들과 어울리는 것 같더니 갑자기 음악을 하겠다는 것입니다. 아무리 생각해도 3학년이 되면서 새로 사귄 친구들과 어울리면서 그 아이들에게 휩쓸려서 그런 것 같은데 어떻게 해야 아이의 마음을 바로잡을 수 있을까요? 물론 아들이 앞으로 어떤 직업을 가졌으면 좋겠다는 생각을 심각하게 해 본 적은 없지만, 남자 아이가 음악을 해서 어떻게 하겠어요. 집에 돈이 많아서 자기가 돈을 벌지 않아도 되면 또 모르지만 우리가 그렇게 돈이 많은 것도 아니거든요. 어떻게 하면 아이의 마음을 돌릴 수 있을지 도움을 받고 싶습니다.

학부모의 놀라고 막막한 마음에 대한 공감

아드님 때문에 걱정이 많으시군요. 중3이면 본격적으로 공부를 시작해야 할 시기인데, 공부는 하지 않고 음악을 하겠다니 놀라셨겠네요.

자녀의 진로 목표 설정에 대한 칭찬 제공

어머님께서도 진지하게 아들이 앞으로 어떤 직업을 가질까에 대해 생각해 보지 않으셨다고 하셨는데, 중3이라면 대부분 아직 진로에 대한 구체적인 계획이 없는 경우가 많습니다. 그러나 지금부터 진로에 대해 고민한다면 더욱 바람직할 것입니다. 적어도 아드님이 음악을 하겠다고 주장하는 것은 그런 점에서는 긍정적입니다. 너무 당황하지 마시고 찬찬히 이 문제를 풀어나가도록 하지요. 어머님께도 아드님께도 좋은 기회가 될 것입니다.

부모의 자녀 진로에 대한 개방적인 태도의 중요성 강조

무엇보다 아들의 고민이 얼마나 진지한 것인지 궁금합니다. 음악 쪽으로의 구체적인 진로 계획을 가지고 현재 부모님께 구체적으로 어떤 것을 요구하고 있는 상태인지요? 또는 막연히 공부가 싫어서 음악을 하겠다고 하는 것인지요?

아이가 어느 정도 구체적인 계획을 가지고 얼마나 정확히 현실 파악을 하고 있는지 알아보기 위해서는 어머님부터 준비를 하셔야 합니다. 그것은 아이가 앞으로 음악을 직업으로 선택할 수도 있다는 가능성을 열어두는 것입니다. 어떻게 해서든지 음악을 하겠다는 아들의 마음을 바꾸려는 마음만으로 아들과 대화를 해서는 서로 의견을 좁히기 힘들고 아이는 오히려 반항심이 생겨 확실하지도 않은 음악이라는 대안을 자신의 것으로 더욱 굳히게 될 수도 있습니다.

아이는 현재 많은 변화의 시기에 있습니다. 여러 가지 일들에 대해 호기심도 많고 넘쳐나는 힘을 감당하기도 힘듭니다. 가만히 앉아서 지루한 공부를 하기보다는 멋지게 음악이라는 활동을 하는 것에 마음을 빼앗길 만도 합니다. 지금 아드님이 잘 모르고 있는 부분은 바로 여기에 있습니다.

음악을 생업으로 삼기 위해 치루어야 하는 대가가 무엇인지에 대해 아이는 잘 모르고 지금 당장의 즐거움에 매력을 느끼는 것일 수 있습니다. 그것은 우리 부모님들께서도 잘 모르고 계십니다. 알아보려고도 하지 않고 무조건 힘드니까 하지 말아야한다는 의견을 고집하는 것이 대부분 부모님들의 태도이기도 하고요.

음악 진로에 대한 세부적인 정보탐색 제안

이제 아이와 함께 음악이라는 세계에 대해 탐색해 보시기 바랍니다. 단지 음악만이 아니라 아들이 관심을 보이는 여러 분야들을 찾아서 진정한 진로탐색을 시작하는 것입니다. 지금 자라나는 청소년이 성인이 되어 살아갈 시기의 직업세계와 현재 부모님들이 몸담고 있는 시기의 직업세계는 다를 것입니다. 직업에 부여하는 의미도 다르고 직업의 안정성도 다르고 직업의 사회적 지위도 달라집니다. 따라서 아드님과 함께 진지하게 앞으로 아드님이 선택할 직업에 대해 고민하는 시간을 마련하셔야 합니다.

아들에게 "네가 음악을 하겠다는 말을 듣고 보니 엄마가 지금까지 네가 앞으로 어떤 일을 하게 될까에 대해 아무 생각이 없었다는 것을 알았다. 우리 ○○가 이렇게 많이 자랐구나. 미안하다. 이제부터 우리 같이 네가 앞으로 어떤 일을 하면 좋을지 알아보자. 네가 말한 음악을 하는 것에 대해서도 알아보고 그리고 다른 관심 분야에 대해서도 알아보자"라고 오늘 이야기하시기 바랍니다. 커리어넷이나 워크넷의 직업정보 검색을 통해 음악 분야의 구체적인 직업들, 하는 일, 준비 방법, 연봉과 전망, 필요한 적성과 흥미 등을 자녀와 함께 알아보는 것도 좋습니다. 다양한 직업체험을 제공하고 있는 한국잡월드를 방문하여 자녀와 함께 생생한 직업체험을 통해 자녀의 적성과 흥미를 파악해 보시기 바랍니다.

주변의 전문가와의 상담 권유

음악에 대한 적성과 흥미를 파악하기 위해 학교 음악선생님과의 면담 혹시 실용음악이라면 주변의 학원을 이용하여 객관적인 평가를 받아보는 것도 좋습니다. 진로탐색 과정이 어렵다면 주변의 전문가들의 도움을 받을 수도 있습니다. 현재 각 학교에 진로상담을 전문으로 하시는 진로진학상담교사가 한 분씩 배치되어 있으니 학교 상담실로 전화를 하셔서 예약을 하신 후 진로상담을 받아보시는 것도 좋습니다.

자신의 진로에 대해 명확해지면 무슨 일이든 동기가 높아져서 열심히 하게 될 것입니다. 대학 진학을 해야 가질 수 있는 직업을 선택했다면 학업에 열중할 것이고, 그렇지 않다면 그 분야로의 진출을 위한 노력을 하게 될 것입니다.

자녀의 진로에 대한 개방적인 태도 강조로 마무리

마지막으로 한 가지만 부탁드리면 아이와 이야기를 할 때는 어떤 결론을 가지고 그 결론을 아이에게 주입하려 해서는 안 된다는 것입니다. 결론을 열어두고 아이와 의논하여 더 나은 결론을 내리겠다는 입장이 필요합니다. 결론을 내리기에 정보가 부족하다면 각자 정보를 수집하여 다시 만나서 이야기를 하면 됩니다. 결론을 미루더라도 성급한 결론을 강요하지는 마시기 바랍니다.

학습문제

1. 다음 사례에 대해 어떻게 상담을 진행해야 할지 전략을 세워 보세요.

> 그림 그리는 것을 좋아하는 중2 딸아이는 초등학교 때부터 꾸준히 미술학원을 다녔고 지금은 예고 미술과 진학을 준비하고 있습니다. 그런데 얼마 전부터 아이가 자기는 창의력도 부족하고 실력도 늘지 않는다며 괴로워합니다. 이제라도 진로를 바꿔야 하는 건지 아니면 용기를 줘야 하는 건지 잘 모르겠습니다.

2. 다음 사례에 대해 어떻게 상담을 진행해야 할지 전략을 세워 보세요.

> 아이가 지난 겨울방학에 천문대 견학 프로그램에 다녀오더니 천문학자가 되겠다며 천체망원경을 사 달라느니 나중에 별을 발견하면 자기 이름을 붙이겠다느니 하며 들떠 있습니다. 평소에 과학을 잘하지도 좋아하지도 않는데 너무 즉흥적으로 꿈을 정하려는 것 같아 걱정입니다.

참고문헌

강지혜(2017). 중학생이 지각한 부모진로기대가 진로결정 자기효능감에 미치는 영향. 연세대학교 석사학위 논문.

곽민경(2015). 중학생이 지각한 부모진로기대와 학업 및 진로 스트레스와의 관계에서 부모자녀의사소통과 주관적 안녕감의 매개효과 검증. 이화여자대학교 석사학위 논문.

교육부(2011). 학부모 진로상담. 진로진학상담교사 자격연수 교재.

오혜영, 공윤정, 김영화(2012). 초등학생과 부모를 위한 진로집단상담 프로그램 개발. 초등교육연구, 25(4), 211-237.

유정이, 황재원, 박지아(2009). 중고등학생 학부모의 진로지도 경험에 대한 질적 연구. 직업능력개발연구, 12(3), 71-96.

이미경(2016). 중학생이 지각한 부모진로기대 및 진로정체감이 진로포부에 미치는 영향 충북대학교 석사학위 논문.

조진표(2005). 현명한 부모는 아이의 10년 후를 설계한다. 서울: 예담프랜드.

조희경, 장석민, 이용순(2013). 초ㆍ중등단계 학부모진로교육 현황 및 개선 방안 연구. 한국직업능력개발원.

한국고용정보원(2016). 사례로 보는 학부모를 위한 직업진로 가이드.

한국직업능력개발원(2015). 커리어넷 드림레터 특별판.

한국직업능력개발원(2016). 2016 진로교육 현황조사.

11장

진로체험 개요 및 유형[1]

김덕경

학교 진로교육은 청소년들이 일생 동안 수행하게 될 일과 직업을 준비하고 행복한 삶을 설계할 수 있도록 돕는 교육이며 청소년기의 다양한 학습 및 여가, 일 경험은 청소년들이 일생에 걸쳐 행복한 삶을 영위하고 이웃과 소통하며 사회에 기여하는 삶을 살 수 있도록 도와준다.

행복한 삶을 살기 위해 길러야 하는 자신의 진로역량강화 방법에는 여러 가지가 있다. 자신을 알아가기 위해 진로심리검사를 실시하여 추천하는 직업을 살펴보거나 타인들을 통해 자신에게 어울리는 직업을 추천받을 수도 있다. 물론 여러 미디어를 통해 다양한 직업에 관심을 가질 수도 있고 책을 통해 영감을 받을 수도 있다. 하지만 여러 다양한 경로를 통해 관심 있는 직업이 생겼다고 해서 학생들의 행복한 미래를 위한 진로계획이 모두 세워지는 것은 아니다. 학생들이 저지르는 잘못 중 하나는 관심 있는 직업이 생기면 거기서 끝난다는 점이다. "제 꿈은 요리사예요. 전 어떤 음식이든 좋아하고 잘 먹는데 가끔 요리를 해서 가족들에게 주면 좋아하고 잘 먹어요." 그럴 때면 몇 가지 요리나 해 보았는지, 한여름에 하루에 몇 시간이나 불 앞에 서 있을 수 있는지, 자신이 한 요리를 다른 사람들이 정말로 좋아했는지, 한 달에 얼마나 벌기를 원하는지 묻는다. 일반적으로 학생들은 위 질문에 제대로 대답하지 못하면서 자신이 요리사라는 직업을 정확히 잘 몰랐다는 사실을 인지하게 된다. 학생들의 진로를 보다 합리적으로 성숙시킬 수 있는 방법 중 하나는 진로체험이다. 진로체험을 통해 학생들은 보다 올바른 직업 정보를 얻게 된다. 이 장에서는 진로체험의 의의와 여러 유형에 대해 살펴보고자 한다.

---

1   이 장의 표와 그림은 교육부, 한국직업능력개발원(2017). 2017 진로체험 매뉴얼(학교용)에서 인용했다.

1) 개념

진로교육법 제2조에 의하면 진로체험은 학생이 직업 현장을 방문하여 직업인과의 대화, 견학 및 체험을 하는 직업체험과, 진로캠프·진로특강 등 학교 내외의 진로교육 프로그램에 참여하는 활동이라고 한다. 즉 학생에게 다양한 진로와 직업을 탐색할 수 있도록 직·간접 경험을 제공함으로써 학생의 진로선택과 진로설계에 도움을 주는 교육활동이다.

2) 진로체험의 효과 및 필요성

청소년들은 다양한 진로체험 활동을 통해 자신의 꿈을 보다 넓게 확장하고 새로운 가능성을 발견할 수 있다. 그 필요성을 좀 더 세분화하면 다음과 같다.

① 자신의 진로를 찾아볼 수 있는 가장 적합한 방법이다.
② 학생들의 흥미분야를 찾은 후 자신이 그 분야에 적합한지 그렇지 않은지를 점검할 수 있다.
③ 직업에 관한 현장감 있고 현실적인 정보를 좀 더 구체적으로 알 수 있다.
④ 직업인들의 직업 현장을 직접 살펴 볼 수 있어서 실수를 줄일 수 있다.
⑤ 직업인 멘토링이나 실무체험을 통해 간접적인 직업체험의 효과를 볼 수도 있다.
⑥ 간접 직업체험은 원거리에서도 가능하여 도서 벽지 학생들의 진로성숙도 꾀할 수 있다.
⑦ 집중적인 시간에 실시하는 진로캠프를 할 경우 진로결정이 급하게 필요한 경

우, 빠른 진로성숙과 진로선택의 실수를 줄일 수 있다.

⑧ 1차 교육기관인 가족에서의 진로교육의 효과를 대신하거나 확장할 수 있다.

⑨ 자신이 살고 있는 지역 외의 직업에 대한 관심의 영역도 넓힐 수 있다.

3) 청소년 진로체험과 사회적 관심

"한 아이를 키우기 위해 온 마을이 나서야 한다"라는 말처럼 우리의 미래를 책임지게 될 청소년들 교육은 학교교육뿐만 아니라 마을이 함께 나서야 한다. 따라서 진로교육의 중심에 있는 진로체험에 대한 사회적 관심이 필요하다. 청소년이 자신의 진로를 선택하기 위해서는 무엇보다 다양한 진로체험을 통한 사회적 경험이 기초가 되어야 하며 우리 사회의 주요 요소로서 기능을 하는 기업, 시설, 기관, 단체 등은 그 자체로 학생들에게 '살아 있는 교과서'로 활용되어야 한다. 따라서 청소년들이 진로체험의 기회를 가질 수 있도록 학교뿐 아니라 공공기관 등 지역사회 모두의 관심과 노력이 필요하다.

4) 진로체험 운영 체계

단위학교에서 진로체험을 실시하기 위해 지역 기관, 공공 기관, 학부모를 통한 시설 등 다양한 기관과 연결하려고 부단히 노력해 왔다. 하지만 이 노력은 사회적 협력 없이는 매우 어려운 상황이었기 때문에 각 교육지원청과 관할 지자체, 지역사회 유관 기관이 협력하여 학교의 진로체험 활동을 지원하기 위한 지역 '자유학기제·진로체험지원센터(이하 지역센터)'가 운영되기 시작했다. 대도시에는 각 구지역청마다 1개씩 있어서 서울의 경우 25개의 행정구청에 각 1개씩 25개가 운영되고 있고 지방의 경우 대도시 중심으로 수원 진로직업체험센터처럼 운영되거나 강원도진로교육원과 같은 곳에서 통합적으로 운영되기도 한다. 운영체계는 다음과 같다. 이처럼 만들어지는 직업체험처에 대한 정보는 꿈길 사이트(www.ggoomgil.go.kr)를 통해 제공되고 있다. 교육부 산하

직업체험 운영 체계도

직업체험 관련 기관 및 역할

구분		주요 역할	
지역 자유학기제 · 진로체험지원센터 ('16년 기준, 전국 216개, 시군구별 1개)	• 체험처 발굴 · 관리 • 체험프로그램 컨설팅 • 자원봉사자 운영 · 관리		• 꿈길 활용 체험처-학교 매칭 • 학생, 학부모 대상 자체 체험프로그램 운영 • 교육기부 진로체험기관 인증제 심사
체험처	• 진로체험처(일터, 모의 일터 등) 제공		• 체험프로그램 제공 및 운영
단위 학교	• 체험프로그램 신청 및 운영		
진로정책협의체	교육지원청	• 지역사회 진로체험 기획 · 총괄 • 체험처 정보 제공 및 예산 지원	
	지자체	• 공공기관, 기업 등의 체험처 정보 수집 및 제공 • 자유학기제 · 진로체험지원센터 행정 · 재정적 지원	
	지역사회 유관 기관	• 지역사회 체험처 발굴 지원 및 정보 제공	
진로체험지원센터 (한국직업능력개발원)	• 진로체험 및 자유학기제 정책 연구 및 자료 개발 • 진로체험 상황실 및 온 · 오프라인 상담실 운영 • 체험활동 활성화를 위한 지역협력체계 구축 • 지역센터, 진로체험 유관 기관 컨설팅		
꿈길	• 체험처 및 체험프로그램 관리, 체험처 – 학교 매칭을 위한 진로체험지원전산망		

국가진로교육센터 아래에는 17개 시, 도 교육청의 지역진로교육센터가 있고 진로체험 지원센터는 진로체험을 점검하고 진로상담도 실시한다. 각 지역 진로체험지원센터는 각 지역의 직업체험처를 관리할 뿐만 아니라 직업체험 인증제, 자원봉사 인력풀, 학부모 진로 코칭단 등을 운영하면서 각 지역의 진로전담교사들과 정기적인 협의회를 거쳐 직업체험을 논의하고 연계하여 실시한다.

5) 진로체험 운영 절차

진로체험은 꼼꼼하게 사전, 사후 계획을 세워서 실시한다. 그렇지 않으면 많은 학생들이 참여하는 행사이므로 사고가 날 가능성이 많아진다. 따라서 그 관리가 철저해야 한다. 우선 각 기관별로 진로체험 운영절차를 살펴본다.

① 학교: 진로체험 계획 수립 → 학생 수요 조사 → 체험처 발굴 또는 꿈길이나 진로체험지원센터 연계 → 체험처 답사 및 사전협의 → 학생들의 체험터 배정 → 인솔교사 배정 → 사전 안전지도 → 진로체험 실시 → 사후교육(보고서 작성 및 포트폴리오 생성)을 실시한다.

② 지역센터: 진로체험 활동에 적합한 지역사회 체험처 확보 → 체험처 특성에 맞는 체험프로그램을 기획하여 컨설팅 → 학교에 배정 → 학교와 체험처의 의견 조율 → 사후 피드백을 통해 직업체험처와 만들어진 진로체험의 효과 유무를 판단하고 피드백한다.
※ '체험처 발굴 및 관리'는 지역센터를 중심으로 운영되도록 유도하고 있음.

③ 체험처: 일터를 개방하고 일터의 업무를 학생에게 적합한 체험프로그램으로 기획 및 운영하는 역할을 수행하며 체험처에서의 모든 일정을 관할한다.

기관별 직업체험 운영의 흐름

6) 진로 체험처 발굴

(1) 체험처 발굴 및 유의사항

① 진로체험지원전산망인 '꿈길(http://www.ggoomgil.go.kr)'에 등록된 체험처는 교육부의 점검을 받은 곳일 가능성이 많으므로 해당 학교의 체험 일정과 맞는 체험터를 점검한다.

② 가정통신문을 통한 학부모의 일터나 주변 일터에 대한 자발적 참여를 받을 수 있다.

③ 학교에서 자발적으로 지역 기관에서 가능한 직업체험터를 개발할 수 있으나 학생에 대한 이해가 부족하고 체험프로그램을 개발하는 힘이 약할 수 있어서 협력하여 프로그램을 만들 필요가 있다.

④ 학교가 위치한 행정구역 내(대도시인 경우 구 또는 동, 중소도시인 경우 시, 군)에서 체험처를 발굴하는 것이 마을연계활동으로 긍정적인 효과를 낼 수 있다.

⑤ 학생의 이동 시간을 고려한 체험처를 발굴한다. 대중교통인 경우 1시간 이내가 적절하며 그 이상의 시간이 소요될 경우 버스를 빌리는 등의 다른 운송 수단이 필요할 것이다.

⑥ 실제적인 체험 시간이 확보된 체험처를 발굴한다.

⑦ 체험처 주변의 유해 시설을 최소화하고 체험처 주변의 위해·위험 요소는 사전 교육 시 학생들에게 안내한다.

⑧ 체험처에서 학생들을 책임·담당할 체험처 멘토의 성명, 직위, 연락처 등을 확인한다.

⑨ 체험처 장소의 규모를 확인하여 체험처 멘토와 체험 학생 인원수를 적절히 배정한다.

■ 피해야 할 체험처

• 학교나 학생의 거주지에서 너무 먼 체험처(이동 시 사고 발생 위험)
  – 당일 진로체험의 경우 체험 시간을 제외한 순수 이동 시간이 왕복 6~8시간 이상인 곳

• 시설이 낙후되어 있거나 위험한 물질·기구를 많이 다루는 체험처(내부사고 발생 위험)

• 기상이변이나 지역적 위험 상황이 자주 발생하는 곳에 위치한 체험처(기상이나 지역적 특성으로 인한 우발적 사고 발생 위험)

• 두 개 이상의 비상구가 확보되지 않은 체험처

• 비인가 수련시설
  – 학교 밖에서 1박 2일 이상의 숙박이 필요한 진로체험을 진행할 경우 계약 시에 인가된 수련 시설인지 반드시 확인
  – 청소년수련활동인증정보시스템(http://yap.youth.go.kr)을 이용하여 인가된 수련 시설과 활동 프로그램인지 확인

2012년 진로체험유형이 진로교육에 들어올 때는 진로체험 매뉴얼상 직접체험과 간접체험으로 나뉘었다. 직접체험은 현장견학형, 학과체험형, 현장직업체험형, 캠프형, 위탁형으로 나누고 간접체험으로는 영상미디어 자료 활용, 전문직업인 초청이 있었다. 하지만 여러 해의 시행착오를 거치면서 2016년 이후 아래 표에서와 같이 총 6가지 유형으로 구분되어 시행되고 있다.

본 장에서는 현장직업체험형과 직업실무체험형을 함께 다루고 나머지 직업체험유형에 대해서는 12장에서 다루고자 한다.

	유형	활동 내용
1	현장직업체험형	학생들이 관공서, 회사, 병원, 가게, 시장과 같은 현장 직업 일터에서 직업 관련 업무를 직접 수행하고 체험하는 활동 ※ 멘토 1인당 10명 내외 학생 지도 권장
2	직업실무체험형 (모의 일터 직업체험)	학생들이 직업체험을 할 수 있는 모의 일터에서 현장직업인과 인터뷰 및 관련 업무를 직접 수행하고 체험하는 활동(현장직업인 멘토 필요) ※ 멘토 1인당 15명 내외 학생 지도 권장
3	현장견학형	일터(작업장), 직업관련 홍보관, 기업체 등을 방문하여 생산ㆍ공정, 산업 분야의 흐름과 전망 등을 개괄적으로 견학하는 활동
4	학과체험형	특성화고, 대학교(원)을 방문하여 실습, 견학, 강의 등을 통해 특정 학과와 관련된 직업 분야의 기초적인 지식이나 기술을 학습하는 활동
5	진로캠프형	특정 장소에서 진로심리검사ㆍ직업체험ㆍ상담ㆍ멘토링ㆍ특강 등 종합적인 진로교육 프로그램을 경험하는 활동-1일(6시간 이상) 운영
6	강연ㆍ대화형	기업 CEO, 전문가 등 여러 분야의 직업인들의 강연(대화)을 통해, 다양한 직업세계를 탐색하는 활동(대화형은 30명 내외 학생 기준)

1) 현장직업체험형과 직업실무체험형

(1) 특성 및 차이점

	현장직업체험형	직업실무체험형
차이점 (장소)	실제 직업현장: 관공서, 회사, 병원, 가게, 시장 등 일터(체험처)를 방문하여 실제 업무를 직접 체험하고 일터(체험처) 멘토와 인터뷰를 수행하는 활동	실제 직업현장과 유사한 시설: 직업체험관, 금융교육기관 등 모의 일터를 방문하여 관련 업무를 체험하는 활동
특성	현장감 있는 직업체험을 할 수 있으며 실제적인 직업체험의 기회 제공을 통한 정확한 직무 내용 전달	짧은 시간에 한 장소에서 다양한 직업세계 탐색과 직업 실무 체험이 가능
시간	4~6시간	3~4시간
대상(인원)	2~10명 이내	15명 내외

(2) 목적
- 지역의 실제 체험처 또는 모의 체험처가 학교가 되어 학생들에게 직업체험 기회를 제공함으로써 진로탐색의 장을 열어주는 계기가 되도록 함
- 직업 및 실무 체험을 통하여 정확한 직무 내용과 직무의 전문성을 익히고, 바람직한 직업 가치관과 직업세계관을 형성하도록 함
- 학교, 지역사회, 학부모, 학생 모두에게 소통으로 하나되는 교육의 계기가 되게 함

(3) 운영
- 대상: 현장직업체험형은 2~10명 이내, 직업실무체험형은 15명 내외로 구성 (학생 적성 및 직업선호도 조사 기초)
- 진행자: 담당교사, 체험처(일터) 멘토, 진로체험지원 자원봉사자[2]
- 소요시간: 3~4시간

---

2   교내외 진로교육 및 진로체험을 지원하는 자원봉사자로서 주로 현직 직업전문인, 학부모, 퇴직(은퇴)자, 대학생 등이 있음.

- 장소: 개별 체험처(모의 체험처)
- 운영시기: 체험처와 학교에서 일정을 고려하여 협의
- 체험처와 학교가 운영 사항(일정, 업무 및 학생 특성)을 협의하여 진행

(4) 기대효과

- 직업에 대한 직·간접 체험이 가능하고 다양한 직업세계에 관한 이해와 탐색이 이뤄질 수 있음
- 체험처 멘토와의 만남을 통해 직업에 대한 실질적이고 구체적인 정보를 얻을 수 있으며 직업인의 삶에 대해 간접 경험을 할 수 있음
- 체험활동을 통해 자신의 미래 직업에 대한 구체적인 설계 및 목표 의식이 강화됨
- 지역사회 직업체험을 통해 일하는 가치와 보람을 배워 지역사회 일원으로 책임 의식을 높일 수 있음

(5) 과정

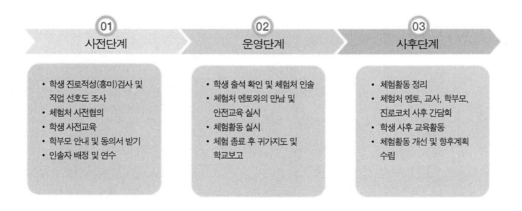

01 사전단계	02 운영단계	03 사후단계
• 학생 진로적성(흥미)검사 및 직업 선호도 조사 • 체험처 사전협의 • 학생 사전교육 • 학부모 안내 및 동의서 받기 • 인솔자 배정 및 연수	• 학생 출석 확인 및 체험처 인솔 • 체험처 멘토와의 만남 및 안전교육 실시 • 체험활동 실시 • 체험 종료 후 귀가지도 및 학교보고	• 체험활동 정리 • 체험처 멘토, 교사, 학부모, 진로코치 사후 간담회 • 학생 사후 교육활동 • 체험활동 개선 및 향후계획 수립

① 사전단계

a. 학생 직업 선호도 사전 조사

학생 진로적성(흥미)검사 및 직업선호도 조사를 통해 희망 직업을 매칭할 수 있도

록 사전 조사한다. 이때 학생 희망에 따른 체험처 매칭이 어려울 수 있으므로 선호 순위 조사하여 체험처 리스트를 1~3순위 정도 작성하여 최대한 희망에 따른 체험이 될 수 있도록 한다.

- 진로적성(흥미)검사
  - 커리어넷(www.career.go.kr)이나 워크넷(www.work.go.kr), 지역 진로진학정보센터의 진로적성(흥미) 검사 결과를 근거로 학생 흥미 직종 및 직업군을 파악한다.

b. 체험처 발굴 및 매칭

학생들의 진로적성(흥미)검사 및 직업체험 수요(선호) 조사를 바탕으로 작성한 필요 체험처 리스트를 기초자료로 체험처를 발굴한다. 이때 진로체험지원전산망 '꿈길(www.ggoomgil.go.kr)'을 활용할 수 있으며 학교 자체적으로도 발굴할 수 있다. 학교에서 체험처를 추가적으로 발굴할 경우 관할 지역의 진로체험지원센터와 협력하여 체험처의 적합성을 확인할 수 있으며 반드시 방문하여 확인한 후 '꿈길'에 등록할 것을 권유한다.

학생 선호 조사 자료를 기초로 학생 희망 순위를 최대한 고려하여 체험처와 학생을 매칭하는데 체험처당 체험가능 인원수를 고려하여 학생을 배정한다. 체험처 멘토 1인당 학생 10명 내외로 배정하는 것을 권한다.

- '꿈길(진로체험지원전산망)'을 활용한 체험처 매칭 시 유의사항
  - 진로체험지원전산망 '꿈길'에 다양한 체험프로그램이 등록되므로 체험처 매칭 담당교사는 체험처 확인 후 프로그램 배정을 요청한 후 매칭되면 실시한다. 또 학교에서 희망하는 체험프로그램이 있으나 체험처 제공 일정이 학교 일정과 상이한 경우 체험프로그램 '배정 요청' 시 '요청 내용' 칸에 일정 조정이 필요하다는 의견을 작성하여 신청 또는 지역센터와 별도 협의 후 진행하기도 한다.

- 학교 자체적으로 체험처 발굴 시 유의사항
  - 일반적으로 학교 내에서 자체적으로 체험처를 발굴하는 경우는 학부모 총회나 가정통신문을 활용한다. 먼저 학부모 자원을 이용하되 불편을 끼치거나 어려움을 유발하지 않도록 조심해야 한다. 또 지역 기관의 체험처를 발굴할 수 있는데 체험처 의뢰서를 우편으로 발송하거나 학교 진로전담교사, 교장, 교감이 함께 발품을 팔면서 체험처를 발굴하기도 한다. 이때 발굴된 체험처는 학교와 공공기관, 지역사회와의 MOU 등 협조체계를 구축하는 것이 좋고 체험처 확정 전 학생 대상 직업체험활동이 적절하게 진행될 수 있는 곳인지 체험처의 안전과 체험프로그램 점검이 필요하다.

신규 체험처 사전점검 체크리스트(예시)

- 체험처 멘토는 진로체험을 운영할 적극적 의사가 있는가?
- 체험처의 시설 및 기자재가 진로체험 프로그램을 운영하기에 충분한 양과 질을 갖추고 있는가?
- 체험처 및 주변에 청소년 유해 환경이 차단되어 있는가?
- 체험처에 소음·악취·분진 등이 없고, 쾌적한 공간·시설을 제공하고 있는가?
- 비상구 등 학생들의 비상 탈출로는 충분히 확보되어 있는가?
- 체험처에 소화시설(소화기 등)이 설치되어 있으며 정상 작동하는가?
- 체험처에서 응급처치를 할 수 있는가?(구급약품 등)
- 만약 위험물이 있다면 경고 표지를 부착하고 안전하게 관리하는가?

---

c. 체험처와 사전협의

체험 담당자와 연락하여 체험프로그램 전반(체험처 주소, 연락처, 비상시 연락체계, 교통편 등에 대한 정보 확인 및 공유)에 대해 협의하고 협조가 필요한 사항을 전달하고 진로체험 비상 연락망, 학생들의 옷차림, 준비사항, 안전 수칙, 중식 제공 여부, 체험처 주요 안전 사항 등을 확인한다.

체험처 멘토의 역할	내용
사업장 근무 수칙 및 주의 사항 안내	• 체험처에서 준수해야 할 근무 수칙, 안전 사항 등 안내
체험처 직업에 대한 간략한 설명	• 체험처의 주요 생산품 및 서비스를 설명하고 해당 체험처에 어떠한 직업인이 활동하고 있는지 소개
업무 수행 안내 및 개별 지도	• 주요 업무를 안내한 후 필요한 경우 시범을 보이고 학생들이 체험할 수 있도록 지도
직업생활 및 향후 진로에 대한 조언	• 체험과정에서 궁금한 사항에 대해 응답해 주고 향후 진로에 대해 조언

d. 학부모 안내 및 동의서 받기

전체적인 계획을 학기 또는 월별로 세워서 가정통신문으로 직업체험활동 일정, 장소, 운영시간, 교통편, 인솔자 등의 정보를 제공하여 학부모로부터 한 번에 동의서를 받는 등 절차를 간소화하도록 한다.

e. 학생 사전교육

체험처 홈페이지, 홍보물, 안내 자료 등을 활용하여 학생들에게 체험처에 대한 기초 지식을 전달한다.체험처에서 학생들에게 요구하는 사항을 상세히 설명하고 안전한 체험활동을 위해 여러 매체를 활용하여 예절·안전 및 성범죄 예방 교육을 실시하여 사고가 발생하지 않도록 지도한다. 진로체험 프로그램 목적 및 일정 소개, 진로체험 장소의 위치와 교통편, 집합 시간과 장소 등의 정보 제공, 필기도구, 카메라, 핸드폰 등의 준비물과 체험 학교의 주의 사항 안내, 진로체험 보고서 작성 요령을 설명한다. 우수 보고서 시상 및 발표 계획을 사전에 공지한다. 학생들이 보고서 양식을 분실할 경우를 대비하여 학교 홈페이지에 탑재하는 것이 좋다.

체험활동 전 학생 개인 점검 사항(예시)

- 개인의 흥미와 적성을 고려하여 자신이 평소 체험하고 싶었던 체험처를 충분히 생각해서 결정했는가?
- 체험 기간 동안 무엇을 배우고, 해 보고, 살펴볼지 미리 생각했는가?
- 평소 많이 생각해 보지 않았거나, 익숙하지 않은 새로운 분야의 직업 현장을 선택하는 것은 자신의 또 다른 모습을 발견하는 기회가 될 수 있음을 인식했는가?
- 자신이 선호하는 직업이 아닌 경우 어떤 자세로 참여할 것인지 생각했는가?
- 체험할 직업에 대해 미리 조사했는가?
- 체험처별 조별 활동 시 자신의 역할을 점검했는가?
- 안전, 성범죄 예방, 예절 교육을 통해 안전하고 의미 있는 직업체험에 참여할 준비가 되었는가?
- 체험활동 중 사고를 예방할 수 있는 안전 수칙을 잘 숙지하였는가?
- 체험활동 시 필요한 준비물(이름표, 복장 등)을 준비했는가?

학생 사전교육 운영 예시

차시	주제	교육 내용
1	진로적성(흥미) 및 직업선호도 조사	• 직업체험 전 진로적성(흥미) 및 직업가치관 조사 • 선호 직업 조사
2	직업체험활동 목적 및 운영 안내	• 해당 유형 체험활동의 목적과 운영 안내 • 직업세계와 직업의 다양성 이해, 미래 직업세계 전망
3	사전 희망 체험처 조사	• 체험하고 싶은 직업 조사 예) 우리 지역사회 간판 찍어보기, 체험 희망 직업카드 제작하기, 신생직업 조사하기 등
4	체험처 직업에 대한 사전조사	• 체험처 직업에 대한 사전조사 • 체험처 멘토에게 인터뷰할 내용 작성
5	그룹별 체험활동 안내	• 체험처 약도 및 준비 사항 안내 • 체험처별 구성원 역할 배정
6	체험처 안전 · 성범죄 예방 · 예절 교육 및 마무리 점검 활동	• 체험처에서 학생들이 지켜야 할 기본예절과 규칙 설명 • 체험처 안전 및 성범죄 예방교육 • 체험활동 후 마무리 및 체험처를 떠나기 전 점검해야 하는 사항 안내

f. 인솔자 배정 및 연수

인솔자는 학교 교육과정 및 학교 내 진로체험 운영 계획에 의거하여 교사(진로전담교사 등), 진로체험지원 자원봉사자 등을 활용할 수 있으나 각 시도교육청이 정하는 일정 시간 이상의 진로심화과정 이수자를 기준으로 하는 것이 좋다. 진로체험 인솔자를 위한 연수를 제공하여 개별 체험처 배정 인원 및 명단, 안내 사항(비상연락처, 약도, 집합장소, 체험처 도착 시간 등)을 전달하여 점검하도록 하고, 안전한 체험활동이 진행될 수 있도록 협조 요청한다.

② 운영단계

a. 학생 출석 확인 및 인솔

인솔자가 집합 장소에서 학생 인원 점검 후 체험처까지 인솔한 후 학생 출석 및 요양호자 확인, 복장, 준비물 구비 여부 등 확인한다. 체험처 이동 시 학생 인원을 수시로 확인하고, 안전사고가 발생하지 않도록 교통법규를 준수하고 인솔자가 반드시 동행한다.

b. 체험처 멘토와의 만남과 안전교육 실시

c. 체험활동 실시

- 1단계: 멘토와 학생 자기소개
- 2단계: 체험 일정과 체험처 이용 안내, 체험활동 시 유의 사항 안내 및 안전교육 실시
- 3단계: 체험활동
  - 멘토가 학생들에게 체험 자료 제공 및 체험 시연
  - 학생들이 멘토의 지시에 따라 체험활동에 성실히 참여할 수 있도록 지도 (메모나 활동지 작성 등)
  - 인솔자는 사후교육을 위해 학생들의 체험활동 모니터링
  - 멘토 인터뷰는 체험 중 또는 마무리 단계에서 진행
  - ※ 체험처에 사전 동의를 구하고, 체험활동 및 체험처 업무에 방해가 되지 않도록 주의

• 4단계: 활동 마무리 및 소감 공유

현장직업체험 프로그램 운영 예시

직업체험 일시		○○○○년 ○○월 ○○일	
	구 분	소요시간	내 용
소개 및 만남	첫 만남	5분	• 멘토 및 참여 학생 상호 소개 • 선택 동기와 희망하는 체험 발표
	체험처 안내 및 일정, 현장견학	5분	• 체험처의 특성 및 근무 수칙 및 유의 사항 안내 • 주요 활동과 체험 장소 안내, 현장견학
체험활동	직업체험	3시간	• 체험처 참관 및 간단한 업무 시행 • 직업체험활동 실시
마무리 활동	멘토에게 듣다	5분	• 오늘의 활동에 대한 멘토의 한마디
	체험 마무리	5분	• 자기평가 및 소감 공유 • 멘토와 체험처에 감사 인사 전하기
	체험활동은 3~4시간 이내에서 융통성 있게 진행		
학생 유의 사항	• 체험처 멘토 지시에 따라 활동 실시 • 1단계: 체험처 및 멘토 소개, 학생 자신 소개하고 인터뷰하기 • 2단계: 체험처 근무 수칙 및 안전 수칙 안내 받기 • 3단계: 직업체험에 관한 일정 숙지하기 • 4단계: 성실하고 진지한 자세로 직업체험활동하기. 멘토 지시에 따라 체험 종료하기 • 5단계: 활동 마무리하기 • 6단계: 인솔자와 안전하게 귀가하기		

연번	체험처명	주소 및 연락처	체험 내용	인원	인솔자	집합 시간	집합 장소
1	○○한약방			10	○○○		
2	○○병원			5	○○○		
3	○○ 보건소			5	○○○		
4	헌혈의 집			5	○○○		
5	○○ 약국			5	○○○		
6	○○ 지원센터			6	○○○		
7	○○종합사회복지관			6	○○○		
8	아름다운○○책방			5	○○○		

9	○○마켓	5	○○○
10	○○파출소	5	○○○
11	○○경찰서	4	○○○
12	○○ 은행	5	○○○
13	○○ 생명	5	○○○
14	○○ 상담복지센터	10	○○○
15	○○ 통합치료센터	10	○○○
16	무형문화재	5	○○○
17	○○ 스킨	5	○○○
18	○○ 유치원	5	○○○
19	○○대 일본어과	5	○○○
20	○○ (교복매장)	5	○○○

직업실무체험 프로그램 운영 예시

내용	주요 활동
오리엔테이션	• 인사 나누기　　• 체험처 및 멘토 소개　　• 학생 자기소개 • 프로그램 일정 안내　　• 체험처 유의 사항 전달 및 안전교육 실시
직업실무체험	• 체험활동 실시 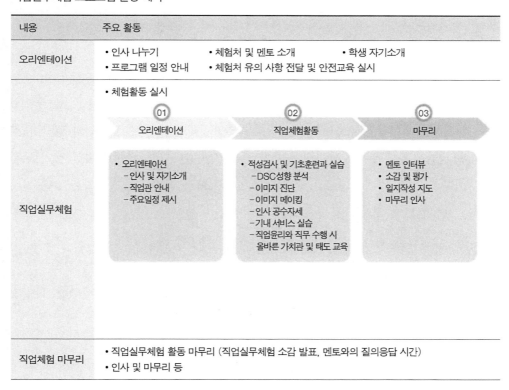
직업체험 마무리	• 직업실무체험 활동 마무리 (직업실무체험 소감 발표, 멘토와의 질의응답 시간) • 인사 및 마무리 등

연번	체험처명	위치	인원	시간	점심	인솔자
8	○○구민종합체육센터 (헬스트레이너)	○○구 ○○가	15	09:00~12:00	도시락	이○○, 배○○
11	○○직업체험센터 (네일아트)	○○구 ○○로	14	10:00~12:30	5,000	김○○
12	○○직업체험센터 (보컬)	○○구 ○○로	14	10:00~12:30	5,000	송○○, 장○○
13	○○직업체험센터 (스트릿댄스)	○○구 ○○로	14	10:00~12:30	5,000	이○○, 김○○
14	○○직업체험센터 (플로리스트)	○○구 ○○로	14	10:00~12:30	5,000	서○○, 윤○○
20	○○청소년수련관 (청소년 지도사)	○○구 ○○로	19	10:00~14:00	6,000	황○○

d. 체험활동 마무리

체험 전반에 관한 학생 소감 발표 및 멘토와의 질의응답 시간 제공 후 만족도 조사한 후 귀가한다. 이때 작성한 보고서는 포트폴리오로 생성한다.

③ 사후단계

a. 진로체험 보고서 작성 및 활용

학생들은 체험활동 보고서를 작성하고 직업체험활동을 통해 느낀 점과 생각, 새로 알게 된 직업세계 내용에 대하여 모둠별 토론 및 발표한다. 멘토에게 감사한 점, 멘토를 통해 배운 점 등을 감사편지를 통해 전달하고 체험활동 결과물을 정리하여 교내 전시회나 진로체험 UCC대회를 통해 공유한다.

b. 진로포트폴리오 제작

체험활동 확인서 및 이수증, 보고서 등을 '진로포트폴리오'나 '진로탐색장' 파일집 등에 진로체험 보고서와 함께 보관하도록 지도한다.

c. 체험활동 개선 및 향후계획 수립

만족도 설문 조사를 참고하여 프로그램 운영의 적합성 여부를 결정하고 향후 내실 있는 프로그램을 제공하기 위한 계획을 수립한다. 교사, 학부모, 멘토, 학생들의 종합적인 의견을 수렴하여 좀 더 유익한 직업체험활동 계획을 수립한다. 지역사회에서 지속적인 직업체험활동이 이루어지도록 지역사회 인식 개선 및 참여 분위기를 조성한다.

학습 문제

1. 직업체험이 학교 진로교육에 미치는 영향에 대해 기록하시오

2. 직업체험의 6가지 종류를 쓰시오.

3. 현장직업체험형과 직업실무체험형 직업체험의 차이점을 서술하시오.

참고문헌

교육부, 한국직업능력개발원(2017). 2017 진로체험 매뉴얼(학교용).

교육부(2015). 2015 학교진로교육 목표와 성취 기준. 한국직업능력개발원.

김봉환, 김은희, 김효원, 문승태, 방혜진, 이지연, 조붕환, 허은영(2017). 진로교육개론. 사회평론아카데미.

꿈길 소개 http://www.ggoomgil.go.kr/front/intro/intro02.do?rootMenuId=05&menuId=0502

12장

유형별 진로체험과 안전지도[1]

김덕경

성장기 청소년들이 자신의 진로역량을 효과적으로 강화하는 방법 중 하나는 진로 체험이다. 이전 장에서 언급한 것처럼 진로체험은 총 6가지로 나눈다. 본 장에서는 이전 장에 이어서 현장견학형, 학과체험형, 캠프형, 강연·대화형에 대해 살펴보고자 한다. 또한 2014년 세월호 사건 이후 가장 중요하게 부각된 안전지도에 대해 살펴보고 준비하여 보다 안전하고 효율적인 직업체험운영이 이루어지도록 하고자 한다. 시간이 없거나 준비하지 못해서 간과하기 쉬웠던 안전지도지만 현장에서 철저한 안전지도를 하여야 진로체험의 효율이 더 높아짐이 입증되고 있다. 좀 더 안전한 진로체험을 통해 중학생들의 진로역량을 키우고 진로탐색을 보다 충분히 이루어 자신의 진로를 디자인할 수 있도록 도와야 한다.

1 유형별 진로체험 개괄

학생들이 현장 직업 일터에서 직업 관련 업무를 직접 수행하고 체험하는 4~6시간의 현장직업체험형, 학생들이 직업체험을 할 수 있는 모의 일터에서 현장 직업인과 인터뷰 및 관련 업무를 직접 수행하고 체험하는 직업실무체험형(모의 일터 직업체험), 일터(작업장)·직업관련 홍보관이나 기업체 등을 방문하여 생산·공정, 산업 분야의 흐름과 전망 등을 개괄적으로 견학하는 활동인 현장견학형, 특성화고나 대학교의 특정 학과와 기초적인 지식이나 기술을 학습하는 학과체험형, 특정 장소에서 6시간 이상의 종합적인 진로교육 프로그램을 경험하는 진로캠프형, 기업 CEO·전문가 등 여러 분야의 직업인들의 강연(대화)을 통해 다양한 직업세계를 탐색하는(대화형은 30명 내외 학생 기준) 강

---

1   6가지 직업체험 유형 중 현장직업체험과 직업실무체험은 11장을 참고하기 바란다.

연·대화형이 있다. 현장견학형부터 자세히 살펴보고자 한다.

1) 현장견학형

(1) 특성

	현장견학형
차이점 (장소)	직업관련 홍보관, 기업체, 공공기관 등의 체험처
특성	짧은 시간에 많은 학생들이 함께 체험할 수 있으며, 체험처 및 체험처 업무를 간접적으로 관찰 가능
TIP!	학생들이 기업, 공공기관, 박물관, 전시관 등을 방문하여 직장 및 근로자의 일하는 모습과 생산품의 생산과정, 전시물들을 직접 보거나 직업인의 설명을 듣는 등의 진로체험활동도 포함

(2) 목적

- 직업에 대한 간접 경험(현장 견학)을 통해 직업에 대한 정보 탐색의 기회를 제공함
- 직업에서 요구하는 기초적인 지식이나 기술을 학습할 수 있는 기회를 제공함
- 해당 직업으로 진출하기 위해 필요한 학습동기를 유발하고 진로 실천 의지를 강화함

(3)운영

- 대상: 학급 단위, 학년 단위, 관심과 흥미가 유사한 모둠 단위
- 진행자: 교사(진로전담교사 등), 진로체험지원 자원봉사자,체험 담당자(멘토)
- 소요시간: 2~6시간
- 장소: 기업체, 박물관, 직업 관련 홍보관, 공공기관 등
- 운영시기: 학사일정 및 상황을 고려하여 각 체험처와 조절

(4) 기대효과

• 직업에 대한 기초지식 및 구체적인 정보를 탐색할 수 있음

• 적성과 흥미에 맞는 진로 정보를 수집하여 자기주도적 진로설계 수립 능력 배양

• 견학 안내자와의 만남을 통해 직업인의 삶에 대해 간접 경험을 할 수 있음

(5) 과정

① 사전단계

a. 체험처 발굴·섭외하기 및 학생·교사 선호 조사

체험터 선정 이전에 설문 조사를 통해 학생들이 선호하는 체험 및 교과 및 학년 협의회를 통해 교사들이 선호하는 체험도 조사한다. 이때 꿈길을 통해 체험터에 대한 정보를 얻을 수도 있다. 위치 및 교통편, 주변 위험 요소, 가능한 날짜, 수용 인원, 활동 비용, 예약 방법 등에 대한 정보를 수집하여 사전 예약한다.

b. 체험 인원 및 일정, 프로그램 확정

체험처 업무담당자와 연락하여 최종 일정과 프로그램 내용 확정한 후 운영 계획을 수립하고 기안 및 결재하여 학부모 대상 가정통신문을 발송한다.

c. 체험처와 사전 협의

당일 체험 현장까지의 교통편 확인, 사전 교육에 활용할 정보 수집 등을 위한 담당 교사와 체험현장 실무자 간 사전 업무 협의가 필요하다.

d. 학생 사전 교육

체험활동에 대한 기초 지식 전달, 예절·안전 및 성범죄 예방 교육 실시, 체험처별 학생 모둠 구성, 진로체험 프로그램 안내 , 진로체험 보고서 작성 및 모둠별 활동 결과물 제작 안내에 대한 사전 교육을 실시한다.

e. 인솔자 배정 및 연수

체험처별 인솔자 배정,사고 발생에 대비하여 대응 체계 숙지 및 비상 연락망 확보, 체험장소로 이동 – 체험활동 중 안전지도 – 체험 후 귀가지도까지 학생과 함께하는 교육 활동임을 인식할 수 있도록 주요 업무를 안내한다.

② 운영단계

a. 학생 출석 확인 및 인솔

인솔자가 집합장소에서 학생 인원 점검 후 체험처까지 인솔하여 학생 출석 및 요양호자 확인, 복장, 준비물 구비 여부 등 확인한다. 학생이 부모님과 개별적으로 이동할 때에는 체험처의 위치를 숙지시키고, 인솔자의 연락처와 체험처 멘토 연락처를 안내한다. 체험처 이동 시 학생인원을 수시로 확인하고, 안전사고가 발생하지 않도록 교통법규를 준수하고 반드시 인솔자가 동행한다.

b. 체험처 멘토와의 만남과 안전교육 실시

c. 체험활동 실시
  • 1단계: 멘토와 학생 자기소개
  • 2단계: 체험일정과 체험처 이용 안내, 체험활동 시 유의 사항 안내 및 안전교

육 실시

- 3단계: 체험활동
    - 멘토가 학생들에게 체험 자료 제공 및 체험 시연
    - 학생들이 멘토의 지시에 따라 체험활동에 성실히 참여할 수 있도록 지도 (메모나 활동지 작성 등)
    - 인솔자는 사후교육을 위해 학생들의 체험활동 모니터링
    - 멘토 인터뷰는 체험 중 또는 마무리 단계에서 진행
- 4단계: 활동 마무리 및 소감 공유

활동 세부 내용

순	추진내용	추진 일정	업무담당자
1	현장견학형 진로체험 선호도 조사		
2	현장견학형 진로체험 선호도 조사 결과 보고		
3	사전 답사 실시		
4	사전 답사 결과 보고		
5	현장견학형 진로체험 운영 계획 운영위원회 심의		
6	현장견학형 진로체험 계획서 제출		
7	현장견학형 진로체험 안내장 발송		
8	현장견학형 진로체험 인출 안내장 발송		
9	현장견학형 진로체험 사전 공개자료 탑재		
10	현장견학형 진로체험 보험가입		
11	인솔교사 출장 및 시간외 근무 상신		
12	사전지도 (안전지도 포함)		
13	현장견학형 진로체험 학생지도		
14	출발 전 교육 및 차량안전점검 및 운전자 교육		
15	사후지도 및 설문조사		
16	현장견학형 진로체험 경비 집행 및 정산		
17	현장견학형 진로체험 사후 공개		
18	다음 학년도 계획수립을 위한 선호도 조사 및 통계처리		

○학년 체험활동 장소

반	체험 장소	체험처 소재지	활동내용	집합시간 및 장소	인솔자	인원
1	대법원	○○○	법원전시관 관람, 사법기능의 중요성 체험	○○○	○○○ ○○○	30명
2	중앙우체국 우표박물관	○○○	우표박물관 견학, 나만의 우표 만들기, 세계의 우표 관람	○○○	○○○ ○○○	33명
3	한국 광고 박물관	○○○	전시관, 광고역사과, 광고자료관 관람	○○○	○○○ ○○○	32명
4	서울애니메이션 센터	○○○	만화, 애니메이션의 제작 원리 체험	○○○	○○○ ○○○	33명
5	대검찰청	○○○	검찰역사관, 디지털포렌식센터, 검찰체험관, 홍보동영상, 중앙지검 관람	○○○	○○○ ○○○	32명

d. 체험활동 마무리

체험 전반에 관한 학생 소감 발표 및 멘토와의 질의응답 시간 제공. 학생 및 체험처 멘토의 만족도 조사 후 마무리 인사. 인솔자는 학생들이 안전하게 귀가할 수 있도록 지도하고 학교에 체험 완료를 보고한다.

③ 사후단계

학생들은 체험활동 결과를 정리하여 진로포트폴리오 생성, 감사의 편지 작성, 진로체험 UCC 대회, 나의 꿈 발표 체험활동 결과물 교내 전시회 활동 등과 같은 체험활동과 관련한 다양한 사후 활동을 실시할 수 있다. 또한 교사는 작성된 학생들의 만족도 설문지를 체험처와 관할 진로체험지원센터에 필요 시 송부하고 진로체험 보고서에 대한 활용 방안을 모색하여 발표 대회를 통해 활동을 공유하거나 상담 자료로 활용할 수 있다.

(6) 유의 사항

• 효율적인 체험활동을 위하여 전체 학생 대상 희망 조사를 통해 학생들의 요구가

반영된 직업군으로 체험 장소를 선정·운영

- 내실 있는 활동으로 운영하기 위해서는 활동지 등의 활용을 권장
- 체험활동 전 안전수칙 준수하기, 시간 지키기 등에 관해 교사, 인솔자 등에 대한 충분한 사전교육 필요
- 학생들의 효율적인 체험활동을 위하여 인솔 담당교사는 1~2주일 전에 체험처를 사전 방문하여, 가는 방법, 안전사고 발생 가능성 등을 파악하여 계획 수립에 반영

2) 학과체험형

(1) 특성

	학과체험형
차이점(장소)	특성화고, 마이스터고, 전문대학, 대학교(원) 등의 교육기관 또는 찾아가는 학과체험의 경우 단위학교
특성	직업세계에서 요구하는 기초적인 지식과 기술을 학과 중심으로 폭넓게 탐색
TIP!	대학생 멘토링이나 특성화 고교 학생들의 멘토링을 통해서도 실시 가능

(2) 목적

- 학과에 대한 직, 간접 경험을 통해 직업과 직무에 대한 정보 탐색의 기회를 제공함
- 직업에서 요구하는 기초적인 지식이나 기술을 학습할 수 있는 기회를 제공함
- 직업 및 진학 정보를 알아보고 개인의 흥미와 적성에 맞는 진로를 설계할 수 있는 기회를 제공함

(3) 운영

- 대상 : 학급 단위, 학년 단위, 관심과 흥미가 유사한 모둠 단위
- 진행자 : 교사(진로전담교사 등), 진로체험지원 자원봉사자, 체험 담당자(멘토)
- 소요시간 : 2~6시간

- 장소 : 특성화고, 마이스터고, 전문대학, 대학교(원), 단위학교
- 운영시기 : 각 체험처와 학사일정 및 상황을 고려하여 조절

(4) 기대효과
- 직업에 대한 기초지식 및 구체적인 정보를 탐색할 수 있음
- 적성과 흥미에 맞는 진로 정보를 수집하여 자기주도적 진로설계 수립 능력 배양
- 상급학교와 학과에 대한 올바른 이해를 통한 진로의사결정 능력 신장
- 관련학과에 대한 기초지식 및 구체적인 정보를 탐색할 수 있음

(5) 과정

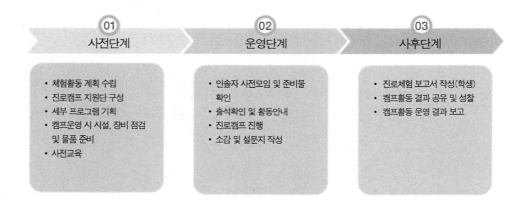

① 사전단계

a. 체험처 발굴·섭외하기 및 학생·교사 선호 조사

사전 설문 조사를 통해 학과(특성화고, 마이스터고, 전문대학, 대학교(원))에 대한 학생들이 선호하는 직종을 찾아 견학할 수 있는 다양한 체험처 발굴한다.

b. 체험 인원 및 일정, 프로그램 확정

체험처 업무담당자와 연락하여 최종 일정과 프로그램 내용 확정한 후 운영 계획을 수립하고 기안 및 결재하여 학부모 대상 가정통신문을 발송한다. 이때 대학이나 특성

화 고교에서 학과체험을 실시할 수도 있으나 희망 중학교에서도 학과체험을 실시할 수 있으므로 체험처를 협의하고 확정한다.

c. 체험처와 사전 협의

당일 체험 현장까지의 교통편 확인, 사전 교육에 활용할 정보 수집 등을 위한 담당 교사와 체험현장 실무자 간 사전 업무 협의가 필요하다.

d. 학생 사전 교육

체험활동에 대한 기초 지식 전달, 예절·안전 및 성범죄 예방 교육 실시, 체험 학과별 학생 모둠 구성, 진로체험 프로그램 안내 , 학과체험 보고서 작성 및 모둠별 활동 결과물 제작 안내에 대한 사전 교육을 실시한다.

e. 인솔자 배정 및 연수

체험처별 인솔자 배정, 사고 발생에 대비하여 대응 체계 숙지 및 비상연락망 확보, 체험장소로 이동 – 체험활동 중 안전지도 – 체험 후 귀가지도까지 학생과 함께하는 교육 활동임을 인식할 수 있도록 주요 업무를 안내한다.

② 운영단계

학생 출석 확인 및 인솔, 체험처 멘토와의 만남과 안전교육 실시 후 체험활동 실시
- 1단계: 멘토 및 체험 학과 소개
- 2단계: 체험일정과 체험처 이용 안내, 체험활동 시 유의 사항 안내 및 안전교육 실시
- 3단계: 체험활동
- 4단계: 활동 마무리 및 소감 공유

활동 세부 내용

연번	학교명	주소 및 연락처	교통편	체험내용	인원	집합 시간	집합 장소	인솔 교사
1	○○고			학교 설명회 및 각 과별 체험	27	○:○	3학년1반	안○○
2	○○고			캐리커처 활용 비즈니스 카드 제작	35	○:○	스탠드	최○○
3	○○고			RC 자동차 체험 미니 진동 로봇 체험	17	○:○	3학년3반	송○○
4	○○고			태양광 키트 이용 곤충제작 3D 모델링 체험	18	○:○	3학년5반	임○○
5	○○고			보드게임을 활용한 경제 교육 미니북 아트	25	○:○	3학년6반	이○○

체험활동 마무리

체험 전반에 관한 학생 소감 발표 및 멘토와의 질의응답 시간 제공. 체험활동에 대한 만족도 조사 후 마무리 인사. 인솔자는 학생들이 안전하게 귀가할 수 있도록 지도하고 학교에 체험 완료를 보고한다.

③ 사후단계

학생들은 체험활동 결과 정리하여 진로포트폴리오 작성, 체험활동 결과물 교내 전시회 활동 등과 같은 체험활동과 관련한 다양한 사후 활동을 실시할 수 있다. 만족도 설문지를 통하여 추후 활동을 계획한다.

(6) 유의 사항

- 효율적인 체험활동을 위하여 전체 학생 대상 희망 조사를 통해 학생들의 요구가 반영된 학과를 선정하도록 운영
- 내실 있는 활동으로 운영하기 위해서는 활동지 등의 활용을 권장
- 체험활동 전 안전 수칙 준수하기, 시간 지키기 등에 관해 교사, 인솔자 등에 대한 충분한 사전 교육 필요
- 학과체험 시 일방적인 설명보다 해당 학과를 이해할 수 있는 체험이 포함되면

지루하지 않게 효과적인 체험을 운영할 수 있음

• 한번에 2~3개 정도의 학과를 돌아가며 체험하도록 시간을 운영할 수도 있음

3) 진로캠프형

(1) 특성

• 특정 장소에서 진로심리검사·직업체험·상담·멘토링·특강 등 종합적인 진로 교육 프로그램을 6시간 이상 집중적으로 체험하는 유형
• 다양한 방식의 프로그램을 종합적으로 체험하며, 체계적인 진로인식 및 탐색, 설계, 선택 지원 가능

(2) 목적

• 자신에 대한 긍정적인 자아상 수립과 함께 자기 관리 능력을 키울 수 있음
• 자신과 타인의 특성에 대한 폭넓은 이해를 바탕으로 대인관계 역량을 키울 수 있음
• 직업세계에 대한 폭넓은 이해를 바탕으로 자기주도적 진로탐색 능력을 배양함
• 자아선언문으로 꿈과 비전에 대한 지속적 몰입과 실천적 역량을 강화함

(3) 운영

• 대상 : 학년 단위, 학급 단위, 관심과 흥미가 유사한 캠프 지원자
• 진행자 : 교사, 진로체험지원 자원봉사자, 외부강사 등
• 기간 : 1일(6시간 이상) 집중캠프 또는 2일 이상 연속 활동 캠프(동일 프로그램, 동일 학생인 경우만 인정)
• 장소 : 학교 또는 청소년 수련시설
• 시기 : 학사일정을 고려하여 실시(자유학기제 경우 다른 학년의 중간·기말고사 기간, 토요일 등)

(4) 기대효과

- 자신에 대한 긍정적 자아상을 수립하여 자아존중감 향상
- 진로활동에 대한 인식을 긍정적으로 전환하고 자기주도적으로 진로설계 능력 신장
- 학급 내 담임교사 및 급우들과 신뢰감과 친밀감을 높여 대인관계 능력을 향상시켜 즐겁고 건강한 학교생활을 견인

(5) 과정

① 사전단계
a. 계획 수립

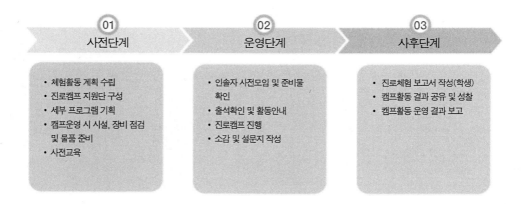

- 학사 일정, 진로교육 예산 및 학교 상황 고려한 진로캠프 계획 수립
- 학교 특색 사업이나 해당 연도에 추진할 교육목적에 맞추어 진로캠프 주제 설정

b. 진로캠프 지원단 구성
- 해당 학년 담임교사 외에 프로그램 진행에 필요한 교과 교사 및 부장교사 인력풀 구성

- 진로체험지원 자원봉사자에게 협조 요청
- 진로캠프 프로그램 중 외부 전문가의 강의나 진행이 필요한 경우 사전 섭외

c. 세부 프로그램 기획

- **진로캠프 운영 유형 결정**
  - 학교 상황과 진로캠프 운영 형태, 운영 방식, 운영 내용 등을 고려하여 진로캠프 운영 유형 결정

  형태에 따른 구분
  - 1일(6시간 이상) 집중 캠프: 전일제 진로체험의 날이나 토요일 프로그램 형식으로 진행
  - 2일 이상 연속 캠프: 하루에 3~4시간 이상 연속적으로 캠프를 진행, 자유학기중인 경우 중간·기말 고사기간 중에 운영 가능

  운영에 따른 구분
  - 한 학년 동시 진행 캠프(※ 단 시작 시간과 마무리 시간이 동일한 경우)
    - 학급별 교실이나 특별실에서 학급 단위로 캠프 진행
    - 학년 전체가 강당이나 운동장 등에서 학년 단위로 캠프 진행
  - 학급별 순차 진행 캠프
    - 매주 토요일을 활용해서 학급 단위로 캠프 진행
      예시) 한 학년이 5개 반일 경우 5주에 걸쳐 매주 토요일마다 캠프 진행
    - 평일 하루 오후~저녁 시간을 활용해서 학급단위로 캠프를 진행하는 경우
      예시) 한 학년이 5개 반일 경우 월~금요일에 걸쳐 매일매일 한 주 동안 캠프 진행

주제/내용에 따른 진로캠프 구분

구분	프로그램 내용	캠프 운영 전문성	전문 강사 진로 특강
행복진로캠프	친교 활동/공동체 놀이 (요리대회/협동화/패션쇼 등의 활동 중심 진로 프로그램)	• 일반교사 진행 가능 • 단 사전에 프로그램 전체 구성과 각 세부 프로그램의 특징 및 역할 공유	학교 상황과 캠프 주제 및 진행 흐름을 고려하여 필요하다면 진로 특강 배치
진로비전캠프	존재 가치/자아 선언/꿈 등, 꿈과 진로비전에 보다 초점을 맞춘 진로 프로그램	• 일반교사 진행 가능 • 일부 프로그램의 경우, 워크숍 사전 체험 권장 및 전체 진행교사 대상 사전교육 필수 • 같은 지역 진로교사가 연합하여 캠프 진행 가능	학교 상황, 캠프 주제 및 진행 흐름을 고려하여, 필요한 경우 외부 전문가의 진로 특강 배치

■ 진로캠프 주제에 맞는 세부 기획

■ 진로 특강 외부 강사 발굴 및 섭외

■ 학부모 안내 및 동의서 받기

d. 캠프 전 점검 및 준비: 필요한 물품 사전 조사 및 구매, 실시 장소 및 프로그램 진행에 필요한 인력 배치, 운영 시 필요한 시청각 기자재 및 방송 상태 점검, 활동 자료 (동영상, 활동지, 설문지, 기타 문구 등) 준비

e. 진로캠프 참가자 사전 교육

② 운영단계
a. 인솔자 사전 모임 및 준비물 확인

캠프 전체 일정과 장소 확인 및 준비물 배부, 동영상 및 기자재 확인, 안전교육/예절 교육 및 주의 사항 공유, 진로체험지원 자원봉사자 또는 외부 강사 사전 모임, 인솔자들이 서로 학생들에 대한 간단한 안내서를 공유한다.

b. 출석 확인 및 활동 안내
- 각 반별 인원을 점검하고 당일 일정/활동 안내 및 안전교육을 실시
- 진로체험지원 자원봉사자 또는 외부 강사에 대한 학생들의 예절 교육 실시
- 장소 이동 시 반드시 교사 인솔 하에 이동하며 안전사고에 유의

c. 캠프 실시
- 계획된 대로 프로그램이 원활하게 진행될 수 있도록 중간 활동을 준비하고 2일에 걸쳐 캠프가 진행될 경우 2일 차에 오프닝에서 전날 활동에 대한 리뷰 (전날 활동 동영상 시청 등)를 통해 이어지는 활동에 대한 동기와 의미 부여하면 효과가 상승함
- 각 프로그램에 학생들이 적극적으로 참여할 수 있도록 독려
  - 캠프 진행에 참여하는 모든 교사들이 일심동체가 되어 긍정적인 말과 추임새, 격려 활동을 지속적으로 실시
- 쉬는 시간 학생들의 안전사고 유의
  - 특히 강당이나 운동장에서 진행되는 캠프활동의 경우 방송이나 안내문 등을 통해 쉬는 시간에 일어날 수 있는 안전사고를 미리 예방할 수 있도록 함

활동 세부 내용

시간	구분	활동 내용	진행 및 협조	준비
1교시	공동체 놀이 진로특강	학급 공동체 놀이 미래 사회 변화와 진로탐색의 중요성	각 반 담임 진로특강 (진로교사)	전체 방송 준비
2교시	자기 & 타인 이해 활동	직업흥미 강의(15분) 홀랜드 유형별 〈우리 마을 그리기〉	교과 교사	홀랜드 유형별 모둠 사전 확정 마을 그리기 준비물
3교시		홀랜드 유형별 〈우리 마을 그리기〉 모둠별 발표		
4교시	직업탐색	직업 스피드퀴즈 (넌센스 퀴즈나 학교 관련 문제 중간 삽입으로 적극 참여 유도)	담임교사	직업 스피드퀴즈 ppt
점심				

5교시	꿈의 대화	모둠별 〈꿈의 대화〉 나누기 모둠별 협동화 활동	교과 교사	홀랜드 유형별 모둠 구성 협동화 전지 및 문구
6교시	자아선언문	〈나의 인생, 나의 길〉 자아선언문 만들기 및 자아선언 활동	담임교사	자아선언문 활동지

d. 캠프활동 마무리
- 캠프활동 사진이나 동영상(준비가 가능한 경우) 시청 후 소감문 작성, 캠프활동 만족도 조사
- 캠프활동으로 나온 학생 작품, 소감문 및 설문지 수합

③ 사후단계

학생은 진로캠프 결과를 정리하는 보고서를 작성하고 캠프활동과 관련한 다양한 사후 활동을 실시한다. 교사는 캠프활동을 정리하고 운영결과 보고서 작성 시 멘토 의견을 바탕으로 체험활동 시 학생들의 참여 태도 등을 기록하고 우수학급에는 상장을 수여할 수 있다.

(6) 유의 사항
- 학교 전체 부서와 해당 학년 담당교사협의체 및 일반교과 담당교사와의 상호협조체제 구축 필요
- 진로체험지원 자원봉사자와 원활한 소통 및 협조 요청
- 캠프를 위한 철저한 사전 준비 및 사전·당일 안전교육 실시
- 활동 장소 주변 환경 청결 유지 및 발생 쓰레기 분리 수거

4) 강연·대화형

(1) 특성

- 기업 CEO, 현직 종사자, 전문가 등 각 분야 직업인들이 현재 직업을 갖기 위해 노력한 과정 또는 실제 직업세계에 대한 강연을 듣거나 대화하는 유형
- 학교 안팎에서 강연 및 대화의 시간을 통해 평소에 만나기 힘든 전문직업인과 소통하며 친밀한 관계를 형성할 수 있으며, 간접적으로 직업세계를 체험할 수 있는 유형
- 강연형은 참가학생의 인원의 제한이 없으나 대화형은 멘토 1인당 30명 내외 학생 참여

(2) 목적

- 다양한 직업인과의 만남을 통해 해당 직업에 대한 이해의 시간을 제공하고 일과 직업에 대한 건전한 가치관을 갖도록 함
- 실제 직업세계에 대한 이야기를 통해 학생 흥미에 맞는 진로설계의 시간을 가지고 자신들의 진로 역량을 강화함

(3) 운영

- 대 상 : 전 학년 대상(강연·대화 주제에 따라 학교에서 자율적으로 선택) / 희망자
- 장 소 : 강당 및 각 교실, 시청각실, 체육관
- 강 사 : 전문직업인 및 학부모, 대학생 진로 멘토
- 시 간 : 1~2시간
- 내 용 : 전문직업인의 직업 및 학생들의 진로에 대한 도움을 주는 내용
  ※ 강연형·대화형 진로체험활동은 학교 내에서 다양한 형태로 운영 가능
  – 전문직업인(1명 이상)을 섭외하여 전교생을 대상으로 강당에서 진행
  – 학급별로 전문직업인을 섭외하여 교실에서 진행
  – 다수의 전문직업인을 초청하고 학생들이 원하는 전문직업인별 강의실로 배

치하여 진행

- 한 학생이 여러 멘토의 강의를 듣게 할 경우 해당학교에서 다양하게 운영할
  수 있음

(4) 기대효과

- 자신이 선택한 직업에 대해 보다 구체적인 정보를 얻고, 해당 직업에 대해 더 큰
  관심과 흥미 부여
- 직업을 선택하기 위해 고려해야 되는 사항과 준비 등에 대해 구체적이고 현실적
  인 정보를 얻어 진로설계에 활용
- 자신의 흥미와 적성에 맞는 직업탐색을 통해 학습동기 유발하여 학습의욕 증진
- 체험을 마친 후 다양한 직업세계에 대해 새로운 정보를 얻고, 여러 가지 직업에
  대한 간접 경험 가능
- 미래의 전문직업인으로서의 자신의 모습을 상상하며 자신의 꿈을 찾고 실현할
  자기설계 시간 부여

(5) 과정

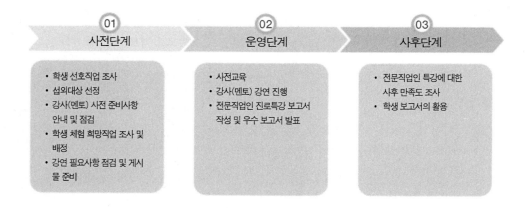

① 사전단계

a. 학생 직업선호도 조사

- 장래희망을 3지망 정도까지 학생 직업선호도 조사하여 정리
- 학생 관심분야를 바탕으로 관심분야의 직업인 목록을 정리하여 사전에 정보 수집

b. 강사(멘토)발굴 및 섭외

■ 강사(멘토) 발굴 및 섭외

- 학생 선호 직업 조사를 바탕으로 학생 선호 직업뿐만 아니라 다양한 직업군을 섭외하여 학생들에게 다양한 선택의 기회 제공
- 강사(멘토) 섭외대상 발굴 방법
  - 학부모 총회 시 1년간 실시되는 진로 행사에 대해서 설명하고 학부모의 재능기부와 자원봉사 참여 및 협조 요청
  - 전문직업인 특강 행사 전 진로체험지원 자원봉사자 신청 안내 가정통신문 발송, 학부모회, 학교운영위원회, 아버지 모임 등을 통해 학부모 자원 발굴
  - 교직원의 주변 지인(가족, 친인척 등) 중에서 발굴
  - 교육청, 교육기부센터 인력풀 활용
  - 모교 졸업생 중 전문직업인 활용
  - 학교 주변의 지역사회 체험처 대상 재능기부 유도(학교 담당 경찰관, 상담복지센터, 학교 인근 체험처 직업인 등)
  - 직업인 단체를 통한 발굴(의사협회, 건축가협회, 사회복지사협회 등)
  - 한국산업인력공단 우수 숙련 기술인 종합정보망 활용
  - 무료로 초청해서 들을 수 있는 기관 확보(기업 사회공헌, 재능기부 등)
- 섭외 대상 강사(멘토)에 대한 사전정보 수집(강사 정보, 소속단체 또는 체험처 정보 등)하여 공문, 전화, 이메일, 방문 등을 통해 프로그램의 취지를 설명하고 협조 요청 및 섭외 후 유사 강의 조율

- 강사(멘토) 사전 협의 및 준비 사항 점검
  - 확정된 강사(멘토)에게 프로그램 전반에 대해 협의하고 협조가 필요한 사항을 전달
  - 강사(멘토)에게 강연 시 기자재 필요성 확인 및 학생용 자료가 있는지 사전 확인
    - 강연형: 시청각실 학생 좌석 배정, 방송 설비 및 컴퓨터 점검
    - 대화형: 교실 시설 점검(기자재 및 시설 점검)
  - 필요한 경우 재직 기관에 강사 위촉 또는 협조 요청 공문 발송
  - 강사(멘토)에게 본교 학생들의 특징에 대한 정보를 제공
  - 강사(멘토)에게 전달할 감사장이나 강의료 지급을 위한 준비

- 학생 체험 희망조사 및 배정
  - 직업별 25~30명 수준으로 강연 2주 전 확정, 학생들의 희망이 최대한 반영되도록 학생 및 교사를 배정하고 불만이 있는 경우를 조절하고 다양한 직업 및 진로 탐색의 기회임을 인지시킴(친구 따라서 직업을 선택하지 않도록 유의)

- 학생 사전 교육
  - 체험활동 전 강연을 들을 직업에 대한 사전 조사, 강사(멘토) 질문지 작성 등 사전 과제 부여
  - 학생들에게 교육 예정 내용에 대한 정보를 제공
  - 예절·안전 및 성범죄 예방 교육 실시
  - 진로체험 보고서 작성 및 모둠별 활동 결과물 제작 안내

② 운영단계
a. 당일 사전 교육
  - 강의 시작 전에 이동 시 안전교육, 강의 청취 자세에 대한 교육, 직업별 강의 장소 안내, 사전 질문지 및 체험 보고서 양식을 배부하고 동영상 시청 후 사전

질문지를 미리 작성

b. 강사(멘토) 강연 실시
- 담당교사가 해당교실의 안전지도 및 출석관리, 분위기 조성
- 강연 진행: 강사(멘토) 소개 및 강의 진행[강사(멘토)가 현재 하고 있는 일과 속해 있는 직업군 등 직업과 직무에 대한 설명을 강연 주제에 맞게 20~30분 정도 하는 것이 효율적임]. 강의가 끝나면 학생들과 20~30분 정도 질의응답

활동 세부 내용

연번	직업	이름	관련분야	소속	연락처
1	생물학교수		연구원, 생물학		
2	비행기 기장		항공		
3	가구 디자이너, 목수		가구제작		
4	네일 아티스트		네일아트		
5	경찰관		경찰		
6	회계사		경영학, 경제학		
7	기자		기자, 작가		

- 진로 특강 강사 배치 및 입실 교사 배치 명단

| 연번 | 장소 | 5, 6교시 | | | 입실 교사 | |
| | | 전문직업인 특강 강사 | | | 5교시 | 6교시 |
		이름	직업	소속		
1			생물학교수			
2			비행기 기장			
3			공방 디자이너			
4			네일 아티스트			

c. 체험활동 마무리

- 강연 종료 후 학생들이 자신의 교실로 이동하여 진행 및 전문직업인 특강 보고서 작성
- 친구들과 강의에 대한 소감 공유 및 만족도 조사지 작성

③ 사후단계

학생은 체험활동 결과를 정리하고 감사의 편지 작성 및 체험활동과 관련한 다양한 사후 활동을 실시하며 교사는 캠프활동을 정리하고 운영결과 보고서 작성 시 멘토 의견을 바탕으로 체험활동 시 학생들의 참여 태도 등을 기록하고 우수 학급에는 상장을 수여할 수 있다. 특강에 대한 만족도 설문 결과 및 자료를 분석하여 추후 강사 섭외 시에 참고하고 지역사회에서 지속적인 직업인 특강활동이 이루어지도록 지역사회 인식 개선 및 참여 분위기 조성에 힘쓴다.

(6) 유의 사항

- 학생이 참여하고자 하는 직업에 대해 관심을 가지고 자기주도적인 사전 조사 및 탐색 활동이 필요함
- 담당교사는 초청된 전문직업인과의 사전 소통을 통하여, 전문직업인이 강의 경험이 부족한 경우에는 강연에 포함되어야 할 기본 내용에 대한 사전 안내를 충분히 하고 교육적 효과를 얻을 수 있도록 함
- 전문직업인 초청 강연은 학생들이 희망하는 직업에 대한 탐색 기회를 제공해 주는 것이 우선이나 여러 여건상 부득이 학생의 희망대로 배정하지 못하는 경우 새로운 직업세계에 대해 아는 것은 의미 있는 일이며, 전문직업인의 삶에 대한 이야기를 듣는 것도 가치 있는 경험임을 참여 학생에게 설명하여 인지시킴
- 학생이 체험 대상으로 선택한 전문직업인의 직업과 직무에 대해 궁금한 점과 이외에도 평소에 궁금했던 질문이 있다면 미리 준비하도록 함
- 전문직업인과의 대화 및 강연 중에 학생 통제가 원활하지 않을 경우, 입실 교사가 지도를 도움

- 강연을 듣기 전에 가졌던 정보나 그 직업에 대한 자신의 생각과 듣고 난 후 새롭게 배운 점이나 느낀 점에 대하여 보고서의 형태로 정리하도록 지도함

2 안전지도

1) 진로체험활동 운영 과정과 안전지도

진로체험활동은 체험 당일 체험처로 출발할 때부터 활동 종료 후 귀가할 때까지 이루어지는 활동을 의미한다. 아무리 좋은 진로체험이라 할지라도 안전하지 못하면 하지 않느니만 못하다. 따라서 시간, 인력, 여건이 부족하더라도 진로체험활동 중 학생들에 대한 철저한 안전 관리를 위해 인솔자는 출발 전 인원 확인부터 체험처에 도착하여 체험활동 전, 중, 후 각 활동 단계에 맞는 안전 요소 관리가 필요하다. 체험활동 운영과정에 따른 안전지도는 다음과 같다.

체험활동 운영 과정

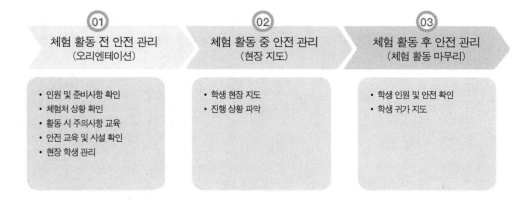

2) 안전관리

(1) 체험활동 전 안전관리(오리엔테이션)

① 체험처로 출발 전 인원 및 준비 사항 , 당일 학생들의 건강 상태, 학생/인솔자/ 체험처 멘토의 연락처, 구급약 등 상비약품 준비 여부확인, 이동시 주의 사항 재 교육을 실시한다.

② 체험처에 도착 후 체험활동 시 주의 사항(복장 및 장비 착용 여부) 교육

③ 체험처 내 안전교육 및 시설 확인. 응급상황 시 대처 방법 등 안전교육을 실시 하고, 학생들에게 사고가 발생했을 시 사소한 것이라도 즉시 인솔자에게 알리도 록 안내한다.

(2) 체험활동 중 안전 관리(현장 지도)

학생 현장 지도 시 인솔자는 현장 지도를 강화하여 체험처 도착에서 귀교(귀가) 지 도까지 학생들과 함께하며 수시로 인원을 점검하여 이탈자를 예방한다. 특별한 관심과 관리가 필요한 학생은 수시로 관찰하고 식사를 하게 될 경우 식중독 등 집단 환자가 발 생하지 않도록 유의한다. 직업체험 유형별 안전지도는 다음과 같다.

① 현장직업체험형

활동 내용 및 특징	학생이 체험처(직업 현장)에 방문하여 실제 업무 체험 및 체험처 멘토의 인터뷰를 통해 직업세계를 탐색하고 일하는 태도를 학습하므로 현장견학보다 수준 높은 진로체험과 자기주도적 체험이 가능하나 기업 및 직업인의 인식이 부족할 경우 실제적인 진로탐색이 어려울 수 있으므로 기관의 체계적 지원 및 운영이 필요
인솔자의 안전지도 사항	직업에 따라 도구를 많이 활용하는 체험활동은 사전 교육을 통해 기계 · 기구 사용 방법 및 안전대책을 수립하고, 실험 · 실습 시 위험의 사전 예방 및 제거, 노동 강도와 신체 건강상의 안전을 기초로 안전에 관한 지식과 기능 및 올바른 태도 등에 대한 지도가 필요
체험처 내 안전 유의 사항	실습에 적절한 복장 및 장비 착용 후 업무에 대한 기초 지식을 습득한 후 체험처 멘토의 지도하에 실습함. 도구(가위 등)를 사용하여 실습을 하게 될 때에는 도구 사용법 등을 충분히 교육 및 숙지한 후 체험처 멘토의 지도하에 실습하며 농어촌의 경우 체험처 멘토 및 인솔자는 지역의 지형적 특성과 날씨 등을 고려하여 사전 교육 실시

② 직업실무체험형

활동 내용 및 특징	학생들이 모의 체험처에서 업무 체험 및 멘토 인터뷰를 통해 직업세계를 탐색하고 일하는 태도를 학습하므로 체험처에서 안내자 또는 체험처 멘토가 지도할 경우에도 인솔자는 현장에서 학생과 함께 이동하면서 프로그램이 안전하게 진행되는지 확인한다. 인솔자는 학생들이 도구를 사용하거나 기구 탑승 시 멘토 또는 안내자의 지시 사항을 따르고 안내 사항을 청취하도록 지도
인솔자의 안전지도 사항	멘토를 통해 체험활동을 위한 기본예절, 질서 및 안전 수칙 교육 후 안내에 따라 체험활동하도록 하며 도구를 사용하거나 기구 탑승 시에는 멘토의 지시와 안내에 잘 따르도록 교육한다. 또 멘토 및 인솔자의 지시 없이 이동하거나 개인행동하지 않도록 지도
체험처 내 안전 유의 사항	현장직업체험형과 유사함

③ 현장견학형

활동 내용 및 특징	학생들이 체험처(작업장), 직업 관련 홍보관, 기업체, 공공기관 등을 방문하여 인솔자(체험처 멘토)를 따라 체험처를 관찰하고 본인의 진로와 어떤 연관이 있는지 탐색함. 짧은 시간에 많은 학생들이 함께 모여 체험할 수 있으나 인솔자의 역할에 따라 교육적 효과가 매우 달라질 수 있으므로 체계적인 계획과 운영이 필요
인솔자의 안전지도 사항	출발 전 체험처에서 지켜야 할 안전, 질서, 정숙, 기본예절 및 안전 수칙 등 준수 사항을 설명하고 인솔자가 현장에서 학생과 동행하여 지도하며,현장에서 교육 내용, 안전 문제, 학생 호응도 등을 관찰하고 안전사고 등 돌발 상황에 적절히 대응함. 장소 이동 시 학생 인원을 수시로 확인하며 질서를 지키도록 지도
체험처 내 안전 유의 사항	멘토를 통해 체험처에서의 기본예절, 질서 및 안전 수칙 교육 후 안내에 따라 견학-멘토 및 인솔자의 지시 없이 개인행동 삼가. 허락 없이 도구 사용 삼가. 공공장소에서 뛰거나 장난치는 것을 삼가.계단, 복도 등 이동 시 질서 유지. 체험 장소에서 큰소리로 떠드는 것 삼가.견학 시 멘토의 설명을 잘 청취

④ 학과체험형

활동 내용 및 특징	특성화고, 마이스터고, 대학교(원)를 방문하여 폭넓은 직업탐색의 기회 및 직업세계에서 요구하는 기초적인 지식이나 기술을 학습
인솔자의 안전지도 사항	도구를 많이 활용하는 체험활동은 사전 교육을 통해 기계·기구 사용 방법 및 안전 대책을 수립하고, 실험·실습 시 위험의 사전 예방 및 제거, 노동 강도와 신체 건강상의 안전을 기초로 안전에 관한 지식과 기능 및 올바른 태도 등에 대한 지도가 필요, 체험 학습의 실시 절차, 기본적인 이해, 안전사고 사례 및 원인 파악, 대처 방안, 안전 점검 사항 등을 출발 전에 꼭 이해하고 체험활동 운영 시 단계별로 지도
체험처 내 안전 유의 사항	실험실에서는 잡담을 하거나 장난을 삼가.모든 실험 재료는 지시하지 않는 한 맛보거나 먹는 것을 삼가.일을 시작하기 전에 도구의 안전 보호 장치 이상 유무 확인.작업에 적절한 복장을 입고 바른 작업 자세로 작업.가위, 칼 등 도구를 사용하여 실습을 할 경우 도구 사용법을 충분히 익힌 후 멘토의 지도하에 실습.위험하거나 날카로운 도구(칼이나 가위 등)를 바닥에 떨어뜨리지 않도록 주의하고, 손에 들고 장난 삼가. 뜨거워진 요리 기구를 들고 장난치지 않도록 하고 뜨거운 것을 다룰 때는 항상 주의

⑤ 진로캠프형

활동 내용 및 특징	특정 장소에서 진로심리검사 · 직업체험 · 상담 · 멘토링 · 특강 등 종합적인 진로교육 프로그램을 6시간 이상 집중적으로 체험	
인솔자의 안전지도 사항	체험 학습의 실시 절차, 기본적인 이해, 안전사고 사례 및 원인 파악, 대처 방안, 안전 점검 사항 등을 출발 전에 꼭 이해하고 체험활동 운영 시 단계별로 지도 – 강당이나 운동장에서 집단 활동을 하는 경우 질서를 지키며 활동하도록 지도	
체험처 내 안전 유의 사항	대규모 강당	– 멘토, 인솔자의 지시에 따라 이동 – 체험활동 중 강당이나 운동장에서 뛰거나 장난 삼가 – 계단, 복도 등 이동 시 질서 유지
	청소년 수련관	– 멘토 및 인솔자의 지시 없이 개인행동 삼가 – 멘토를 통해 체험활동을 위한 기본예절, 질서 및 안전 수칙 교육 후 안내에 따라 체험활동 진행

(3) 체험활동 후 안전관리(체험활동 마무리)

활동 종료 후 학생 인원이나 체험활동 중 다친 학생이 있는지 최종 확인. 경미한 상처라도 학부모에게 안내하고 적절한 조치를 취함. 귀가 예정 시간을 지켜 종례 후 전원 귀가 조치한 후 학교 상급자에게 귀가 조치 결과 및 사후 보고한다.

3) 체험활동 안전 관리 사후 관리

체험활동 중 안전사고가 발생할 경우 유선으로 즉시 학교에 보고하고 인솔자는 반드시 전체 내용을 구체적으로 작성한 '진로체험활동 사안 보고서'를 제출한다. '진로체험활동 사안 보고서'는 6하 원칙에 따라 사안 내용을 작성하며 사고 발생 원인 및 경찰 조사 내용과 현장 대처 내용을 구체적으로 작성한다.

배상 책임이 발생하는 처리 과정은 학교안전공제회(지역안전공제회)와 학교배상책임공제(중앙안전공제회)의 사고 통지 방법을 활용하여 대응한다. 보상 대상이 되는 학교 안전사고는 '교육활동' 중 발생한 사고로 학생 · 교직원 또는 교육활동참여자의 생명 또는 신체에 피해를 주는 모든 사고로 정의한다. 구체적인 내용은 『2017 진로체험매뉴얼』을 참고한다.

사고 발생 시 후속 조치

- 교장 보고 및 학부모 통보
  - 입원 치료 등 중대 인명 피해 사안 발생 시에는 신속하게 교육청으로 1차 구두 보고, 2차 서면 보고(6하 원칙에 의거) 실시
- 사고 경위 파악 및 증빙 자료 확보
  - 목격자 증언 청취 및 증거 자료 확보
  - 사고 경위 조사 시 학생들의 인권 존중 및 심리·정서적 안정에 유의
  - 사회적인 물의를 야기할 우려가 있을 경우 개인적인 견해 표명 자제: 사안에 따라 필요한 경우 교감, 학생부장, 설득력 있는 교사 등으로 대책위원회를 구성하여 발언 창구를 단일화하여 불필요한 오해의 발생 가능성을 사전 예방
- 가·피해 학생이 있을 경우 한쪽에 치우치는 인상을 주지 않도록 유의
  - 피해학생은 별도로 분리해서 상담
  - 학부모 상담을 통해 학생 지도에 상호 협조
- 피해 학생에 대한 위문·위로 등 성의 있는 자세로 신뢰 구축
  - 안전공제회의 보상제도 안내
- 분쟁 발생 시 '학교배상책임공제' 제도 활용: 피공제자 대상 상담, 학부모와의 합의·절충·중재·소송 대행 등의 법률 지원, 교직원 대상 경호 서비스 시행
- 학교와 학생의 조속한 안정화 조치 및 안전사고 재발 방지를 위한 추후 지도

참고자료 1 안전교육 콘텐츠 참고자료

- 국민안전처 '국민안전교육자료실'
  - 국민안전처 홈페이지 상단의 '재난안전정보' → '국민안전교육자료실' → '청소년기'
- 한국소비자원 '어린이 안전넷'
- 세이프키즈코리아 '안전지킴이 까꾸' (동영상)
  - 세이프키즈코리아 홈페이지 상단의 '정보마당' → '어린이 안전나라' → '애니메이션'

참고자료 2 학교 외에서 안전교육을 실시할 수 있는 기관 예시

- 보라매안전체험관: http://safe119.seoul.go.kr/
- 광나루안전체험관: http://safe119.seoul.go.kr/
- 국가민방위 재난안전교육원: http://safecenter.cdi.go.kr/
- 충북도민안전체험관: http://safe119.chungbuk.go.kr/index.do
- 365세이프타운: http://www.365safetown.com/
- 119시민체험센터: 119.daejeon.go.kr/safe
- 대구시민안전테마파크: http://safe119.daegu.go.kr/
- 전북119안전체험관: http://safe119.sobang.kr/index.sko
- 부산119안전체험관: http://safe119.busan.go.kr/

학습 문제

1. 학교에서 진행되고 있는 진로체험을 6가지 유형으로 분류하여 쓰시오.

	유형	활동 내용
1	현장직업체험형	
2	직업실무체험형 (모의 일터 직업체험)	
3	현장견학형	
4	학과체험형	
5	진로캠프형	
6	강연 · 대화형	

2. 진로체험 중 안전사고의 예를 들고 대처했던 경험을 논의해 보시오.

3. 안전한 진로체험을 실시하기 위한 안전지도의 방법과 내용에 대해 적어 보시오.

참고문헌

교육부(2017). 2017 진로체험 매뉴얼(학교용).

교육부(2015). 2015 학교진로교육 목표와 성취 기준. 한국직업능력개발원.

김봉환, 김은희, 김효원, 문승태, 방혜진, 이지연, 조붕환, 허은영(2017). 진로교육개론. 사회평론아카데미.

꿈길 소개 http://www.ggoomgil.go.kr/front/intro/intro02.do?rootMenuId=05&menuId=0502

찾아보기

저자 소개

허은영

한국기술교육대학교 인력개발대학원 박사(진로 및 직업 상담)

(전) 커리어넷 사이버상담 교사

(전) 서울교육연구정보원 진로상담 교사

양강중학교 수석교사

김덕경

공주사범대학 영어교육과 학사, 세종대학교 사회복지학과 석사

(전) 양화중학교 등 교사

(전) 'EBS 이 선생님이 달라졌어요' 컨설팅 교사, 한국협동학습연구회 부대표 및 이사

(전) 서울진로진학정보센터 사이버 상담요원, 2013 서울중학교진로진학상담교사협의회 대표

대림중학교 수석교사

한국협동학습연구회 고문, 서울중학교진로진학상담교사협의회 고문

서울중학교진로와직업교과연구회 회장, 커리어넷 사이버 상담요원

학교상담교사 자격증, 사회복지사 1급